法国大革命

［法］勒庞◎著

青闰◎译

天津社会科学院出版社

图书在版编目（CIP）数据

法国大革命 / (法) 勒庞著；青闰译. -- 天津：天津社会科学院出版社, 2016.2（2020.1重印）
ISBN 978-7-5563-0214-7

Ⅰ. ①法… Ⅱ. ①勒… ②青… Ⅲ. ①法国大革命 Ⅳ. ①K565.41

中国版本图书馆CIP数据核字(2015)第310666号

出版发行：天津社会科学院出版社
出 版 人：张 博
地 址：天津市南开区迎水道7号
邮 编：300191
电话/传真：（022）23360165（总编室）
（022）23075303（发行科）
网 址：www.tass-tj.org.cn
印 刷：香河县宏润印刷有限公司

开 本：787×1092毫米 1/16
印 张：18
字 数：300千字
版 次：2016年3月第1版 2020年1月第2次印刷
定 价：56.00元

导论　历史的修正

当今这个时代，不仅是一个发现的年代，也是一个应该修正知识的各种要素的时代。人们已经意识到，没有什么现象仍然可以沿用原来的解释。有鉴于此，人们还得继续考察那些陈旧知识，推翻那些经不起推敲的东西，从而形成科学的认识。当今时代，科学眼睁睁地看着那些古老法则一个个寿终正寝。陈旧的力学公理被人摒弃，而以前曾被视为世界永恒基础的物质，现在也已经成了各种力量昙花一现的简单聚合。

历史学有其推测性的一面，这使它在某种程度上可以逃避最严苛的批判。然而，它同样也面临着这种彻头彻尾的修正。再也不会有哪个阶段我们敢说确定无疑了，那些表面上看起来明明白白的东西再次变得模糊，疑窦丛生。

对历史上有些事件的研究看起来似乎已经山穷水尽，比如说法国大革命。经过几代作家的把脉，人们也许认为对它的研究已臻至境，完美无缺了。除了一些细枝末节，人们还能够提出什么新东西呢？

不过，即使是大革命最积极的辩护者，在作出判断时也开始变得犹豫起来。早先的证据被证明远非无懈可击，一度被奉若神明的教条开始动摇。试翻一下有关法国大革命的最新著述，我们就会发现，其中包含着很大的不确定性，人们在下结论时表现得越来越谨慎。

现在，人们不仅可以毫无顾忌地评判这场伟大革命中的英雄人物，而且思想家还在追问，在文明的进程中，革故鼎新之举难道就不能自然而然地建立起来，必须通过流血的冲突与暴力吗？然而，革命的后果似乎既与革命者当初付出牺牲以求得的希望相去甚远，也与由革命引发的深远后果风马牛不相及。

有几重原因引导我们重温那个悲剧的时代：一是时间磨平了激情的棱角，人们能够更加清醒地看待那个时代；二是越来越多的原始材料从档案中被挖掘出来，历史学家们现在还可以不受限制地解释这些材料。

不过，在这些原因当中，对于我们的思想产生了最显著影响的或许正是现代心理学的发展，借助现代心理学的方法，我们可以对人类及其行为动机有更加深刻的了解。

我们可以把现代心理学中的那些发现运用到我们必须论及的历史中来，尤为重要的是，我们更加深入地理解了古代的影响、支配人类群体行为的规律、集体行为中个性的消解、大众心理的精神传染、无意识的信仰和各种形式的逻辑之间的区别等心理因素。

实事求是地说，本书使用的这些科学方法迄今为止尚无先例。历史学家们常常浅尝辄止，只停留在对资料的研究上。不过，即使是这种研究，也足以激发我刚才提到的那些疑问。

塑造了人类命运的那些重大事件——比如说革命和宗教信仰的发生，有时是如此难以解释，因此我们只能局限在纯粹的叙述上。

从我最初研究历史开始，某些基本现象中令人费解的方面就让我感到困惑，尤其是那些有关信仰起源的现象。我深信，肯定是某些对理解这些现象至关重要的因素，我们还不得而知。理性已经尽其所能，我们不能对它再有更多的奢望了。如果真想让那些未能得到阐明的因素释然于心的话，我们就得另辟蹊径。

很长一段时间里，那些最重要的问题对我来说仍是雾里看花。我遍游名山大川，勤勤恳恳，考察那些逝去文明的残砖剩瓦，对这些问题仍然不能释然于心。

通过对这个问题的进一步反思和探索，我最后不得不承认：这个问题是由其他一系列问题构成的，对于这些问题，只能分开来逐一加以研究。二十多年来，我一直遵循着这一研究方法，取得的成果已经结集成一系列著作。

一开始，我致力于人类进化的心理法则的研究。我的研究表明，历史上的民族，也就是那些因历史偶然性而形成的民族，最终会获得一些与他们的生理解剖特征一样稳定的心理特征。我试图揭示出一个民族是如何改造它的制度、语言和艺术的；在同一本著作中，我还试图证明，在外界环境发生难以预料的变化时，个体性可能会完全消解。

但是，除了民族这一固定的集体形式之外，还有一些机动的、短暂的集体，这就是大众。现在，大众或者说乌合之众，借助于历史上发生的一些伟大的运动，使自己具备了一些完全不同于组成它的个人特征的集体特征。这些特征是什么呢？它们又是如何演进的呢？对于这一新的问题，我已经在《大众心理》一书中作了详尽的考察。

只有在做了这些研究之后，我才开始觉察到某些以前尚未了悟的因素。

然而，这并不是全部，在对历史产生重大影响的各种要素中，有一种尤为重要，那就是信仰的因素。这些信仰是如何发生的呢？它们真的像人们一直认为的那样，是理性的、自发的吗？还是不如说，它们是无意识的、独立于所有理性之外的呢？在最近出版的《意见与信仰》一书中，我对这一难题作了探讨。

只要心理学还认为信仰是自发的、理性的，人们就无法解释它是如何发生的等一系列问题。正因为我已经证明信仰通常是非理性的，并且总是无意识的，所以我能够给出如下这样一个重要问题的解决办法，那就是，那些无法证明的信仰常常被历朝历代开一代风气的精神领袖确信不疑。

这样一来，那些让人们百思不得其解的历史之谜就会涣然冰释，我的结论是：除了理性逻辑这一向来被我们视为行为唯一指南的逻辑之外，还存在着与之截然不同的其他形式的逻辑：情感逻辑、集体逻辑和神秘主义逻辑。这三种逻辑常常能够颠覆理性，而成为我们行为的深层动机。

如果上述事实一经确认，那么在我看来，大量的历史事件得不到合理的解释也就不足为奇了，那不是由于别的原因，而只是因为我们在试图解释这些历史事件时，据以思考的理性逻辑对于它们起源的影响实际上微乎其微。

所有这些研究工作，在这里可能三言两语就能提纲挈领，但要想真正有所收获，必须数年如一日孜孜以求。在对于理性逻辑的修修补补中，我产生了绝望，不止一次地将它们扔在一边，甘愿回到实验室中做一个苦力。在那里，你肯定会围绕着事实的真相进行研究，虽然可能得到的只是一些断片，但那却是真实的。

虽然发掘现实世界中的物质现象其乐无穷，但破解人类行为之谜更加令人神往，正是由于这个原因，我才又回到心理学上来。

虽然从我的研究中推演出的某些原则看起来似乎可以取得累累硕果，但我还是决定将它们应用于具体的实例。由此，我开始致力于革命心理学的研究，特别是对于法国大革命的心理研究。

在分析这场伟大革命的过程中，大部分纸上得来的观点均被我一一放弃，虽然以前我曾对它们坚信不疑。

同许多历史学家一样，我们在解释这一时期的历史时必须把它视为一个整体；不过我们也应该注意到，虽然是由一系列同时发生的现象组成，但它们各自之间却是相互独立的。

法国大革命每一阶段中发生的事件都是由心理学的法则决定的，它们就像时钟那样有规律地运行着。在法国大革命这一宏大的戏剧中，演员们粉墨登场，但其角色却早就由剧本决定了。每个人都说他必须说的话，做他必须做的事。

当然，革命戏剧中的这些演员毕竟不可与按照剧本进行演出的演员们同日而语，因为他们并没有研究过剧本，揣摩过角色，他们的所作所为似乎受到冥冥之中某种神秘力量的支配。

更准确地说，这些革命人物服从于某种不可避免的逻辑进程，这一进程甚至连他们自己也不能理解。所以，虽然他们是当事人，但对这一进程，他们的惊讶程度一点也不亚于我们。他们甚至从未察觉冥冥之中有一种力量，鬼使神差地左右着他们的一举一动。狂怒无以自制，弱质不能自持，都源于此。他们以理性为标榜，声称受理性的支配，但实际上，推动他们行为的却根本不是理性。

革命者比约·瓦伦写道："现在备受人訾议和诟病的那些决议，即使在事先一两天都不是我们打算或希望做出的；只不过是在危机时刻，为形势所迫，才不得已通过。"

倒不是说，我们必须把大革命中的事件看成是一种不可抗拒的天命的安排，本书的读者将会看到，我们承认那些优秀人物身上具有某种改变命运的能力；但是，他们只是在少数几件事上能够摆脱命运的束缚，而对于那些一开始其后果就难以控制的事件，他们回天乏术。科学家知道如何在细菌感染之前将它杀灭，但他却不能阻止作为其后果的疾病的发作。

当任何一个问题在观点上引起激烈冲突时，我们都可以确信，它属于信仰的范畴，而不是知识的范畴。

在先前的一本著作中，我们业已证明：信仰源于无意识，并独立于一切理性之外，从来不会受到理性的影响。

法国大革命是信徒的事业，很少被信徒之外的人理解，对这一事业，有人切齿痛恨，有人高歌盛赞。时至今日，它依然是一种教条，要么被人全部接受，要么被人通盘摒弃，这一切都与理性逻辑毫无瓜葛。

虽然宗教的或政治的革命在其刚刚兴起之时，很有可能得到理性因素的支持，但革命只有借助神秘主义或情感要素的力量才能继续发展，而这些要素同理性却风马牛不相及。

历史学家通常根据理性逻辑来理解法国大革命，结果面对林林总总的革命事件，他们陷入了困惑。为什么呢？这是因为这种逻辑并不能给他们启示。既然连革命的亲历者自己都无法正确理解这些事件，那就不会离事实太远，即大革命这一现象既被它的发动者误解，也被它的记述者误解。这是史无前例的，历史上还没有哪一个阶段像大革命时代的人们这样，对当前知之甚少，对过去不屑一顾，对未来盲目崇拜。

法国大革命的力量不在于它试图传播的那些原则——这些原则在实质内容上毫无新颖之处；也不在于它试图建立的制度——人们对制度的关心，甚至不如对教条的关心。法国大革命的影响是有目共睹的：它让法国承担了暴力、谋杀以及由一场可怕的内战带来的毁灭和恐怖；在军事上，它最终成功地对抗了整个欧洲，从而捍卫了自己，所有这一切与其说归功于它建立的一个新的政府体系，不如说归功于它建立的一个新的宗教。现在，历史已经向我们证明，一个坚定的信仰是何等强悍有力：战无不胜的罗马人不得不拜倒在游牧部落的军队面前，那是因为这些牧羊人受到穆罕默德的信仰指引；同样的原因，欧洲的君主们无法抵抗法国国民公会派出的装备极差的军队。像所有使徒一样，革命者为了传播他们的信仰，创造一个梦寐以求的新世界，他们随时准备牺牲自己。

由此建立的革命信仰，如果不看持久性的话，比起其他宗教信仰来，在力量上毫不逊色。不仅如此，只要这一信仰还未能走出历史的怪圈，它的力量就不会减弱，而且时至今日它的影响依然鲜活有力。

大革命的使徒相信法国大革命是对历史的一次大扫除，对此我们不敢苟同。我们知道，为了实现他们破旧立新的目的，他们公开声称要与过去的一切遗迹彻底决裂，开创一个全新的时代。

但是，过去并未因此消失，反倒更加真切地融入了我们的血液。与他们开天辟地的意图相反，大革命的改革者们依然沉浸在过去之中，而且君主制的传统在改头换面之后继续保留着，而旧制度中的独裁政治和中央集权甚至变本加厉了。托克维尔轻而易举地就向我们证明了法国大革命除了推翻了行将崩溃的制度之外，几乎乏善可陈。实际上，除了破坏之外，法国大革命几乎无所作为，对此后继续发展的某些思想成果也贡献甚少。大革命弘扬的博爱和自由从未对人们形成多大的吸引力，但它倡导的平等却构成了他们的福音：平等是社会主义的支点，是整个现代民主思想演进的枢轴。因此，我们可以说，大革命并没有随着拿破仑帝国的到来而终结，也没有因为继之而来的一系列复辟而终结。大革命无论是明里还是暗里都在逐渐实现自己的目标，并且它依然影响着人们的心灵。

对于法国大革命的研究占去了本书的大部分篇幅，它将向读者表明，叙述法国大革命历史的书籍实际上包含了大量与事实不符的传闻，这也许会消除读者的一些幻觉。

毫无疑问，这些传闻比历史本身更富有生命力，但对此我们不必过于遗憾，也许还有几位哲学家对了解真相颇感兴趣，而人民总是宁愿选择幻想。由于这些幻想聚合了人们的理想，因此它们常常会成为行为的有力动机。丰特内勒曾经说过，如果人们不受到虚幻的理想鼓舞的话，就往往会失去勇气。圣女贞德、国民公会的伟人、拿破仑皇帝的伟大事迹等——所有这些令人眩目的关于过去的形象，在经历失败之后的消沉黯淡的岁月里，常常会成为人们希望的源泉。这些形象是我们的父辈留给我们的诸多幻觉遗产的一部分，这些幻觉通常比事实拥有更强大的力量：无论是梦想、理想，还是传闻——总之，只要是不真实的东西——都是历史的塑造者。

目　录

第一部　革命运动的心理学元素

第二部　法国大革命

第一卷　法国大革命的起源

第二卷　大革命时期理性、情感、神秘主义以及集体诸要素的影响

第三卷　古代传统与革命原则之间的冲突

第三部　革命原则的新近发展

第四部　民族心理学

第一部
革命运动的心理学元素

第一卷　革命的一般特征

第一章　科学革命和政治革命

一、革命的分类

我们一般都将“革命”一词用于突然的政治变革，而实际上这一措辞可以用来指一切突然的变化或表面上的突然变化，无论是信仰、思想还是学说。

我们在其他地方已经考察过，理性的、情感的以及神秘主义的因素在意见和信仰，决定人们行为的正是意见和信仰的起源中所起的作用，因此这里不再赘述。

一场革命最终可能会变成一种信仰，但它却常常是在相当理性的动机驱使下发动的：或是对苛刻暴政的反抗，或是对令人憎恶的专制政府的反抗，或是对某个不得人心的君主的反抗等，不一而足。

虽然革命的起源可能是纯粹理性的，但我们千万不能忘记，除非理性转变为情感，否则革命酝酿过程中的理性不会对大众有什么影响。

理性逻辑能够指出即将被摧毁的暴政，但如果想用它来引导大众，恐怕效果不大；只有情感的因素以及神秘主义的因素才能够给人的行为以动力，才能够影响大众。比如，在法国大革命当中，哲学家运用理性逻辑来指责旧制度的弊端，激发人们改革的愿望；神秘主义逻辑依靠一个社团，根据某种原则来发展其成员，激发人们的信仰；情感逻辑则释放了人们多少世代以来一直受到禁锢的热情，并导致了最恶劣的放纵；集体逻辑支配着俱乐部、议会等团体和机构，推动其成员的行动，结果使他们犯下了其他任何一种逻辑都不会导致的暴行。

无论一场革命的起源是什么，除非它已经深入大众的灵魂，否则它就不会取得任何丰富的成果。于是，历史事件因大众的独特心理而获得了特殊的形式，而大众运动也因此具备了如此显著的特征，只要描述其中的一个，我们就可以理解其他运动。

因此，大众是一场革命的工具，却不是它的出发点。大众象征着一种无组织的存在，如果没有人在前面领导的话，它就会碌碌无为，一事无成。大众一旦接受了刺激，很快就会超越它，但大众不能自己创造刺激。

突然的政治革命虽然能够给历史学家强烈的震撼，但它通常是无足轻重的；真正伟大的革命是行为方式的革命和思想的革命。因此，变换政府的名称并不会改变一个民族的精神状态，推翻一个民族的制度也不会重塑它的灵魂。

真正的革命，也就是那些改变民族命运的革命，总是进行得如此缓慢，历史学家们甚至很难指出它是从什么时候开始的，因此“进化”这一说法比“革命”更贴切。

当深入考察大多数革命的起源时，我们会发现，如果要对它们进行分类的话，我们前面列举的各种要素就显得有些捉襟见肘。如果仅仅从革命对象这一角度考虑的话，我们则可以把它们分为科学革命、政治革命和宗教革命。

二、科学革命

到目前为止，科学革命是最重要的革命。虽然科学革命很少引起人们的注意，但它却常常能够产生重大而深远的影响，而这是政治革命不能做到的。因此，我们对于它首先加以考虑，尽管我们在这里不能深入研究它。

比如，如果说自大革命时代以来，我们的宇宙观已经发生了深刻的变化，那仅仅是天文学上的发现及其试验方法的应用产生的革命性后果。人们在描述宇宙现象时，不再求助于上帝之类怪诞的想法，而认为它是受永恒规律支配的。

因为这样的革命进展得极其缓慢，所以可以恰当地称之为“进化”；不过，还有一些其他形式的科学革命，虽然有同样的效果，但由于它们进展迅速，因此配得上“革命”之名。比如，达尔文的理论，短短数年就颠覆了整个生物学界；又如，巴斯德的发现，它在巴斯德有生之年就给医学界带来了革命性变革；再如，物质裂变理论，它向人们表明，以前被视为永恒的原子也不能摆脱宇宙万物衰变、消亡的法则。

这些发生在观念领域内的科学革命是纯粹知识性的，我们的情感和信仰对它们几乎没有什么影响。人类必须无条件地服从它们，因为它们的结果受到实验的控制，所以它们可以免除一切批评。

三、政治革命

接下来要说一说宗教革命和政治革命，科学革命带来了文明的进步，而宗教革命和政治革命的作用则远远赶不上科学革命，它们之间也没有任何亲缘关系。科学革命的唯一起源就是理性因素，而政治信仰和宗教信仰几乎完全只受神秘主义因素的支配，理性对它们起源的影响微不足道。

在《意见与信仰》一书中，我已经详尽探讨了信仰的两种起源——情感的起源和神秘主义的起源，它表明政治的或宗教的信仰构成了一种精微的无意识信仰行为，无论其外表如何，理性对于这种信仰无法施加控制；我同时也证明了信仰往往强烈到这样一种程度，以致没有任何事物可以阻挡它。人一旦受到信仰的催眠，就会变成一个信徒，随时准备为了信仰而牺牲自己的利益、幸福乃至生命。至于说他的信仰是否荒谬绝伦，那已无关紧要；对信徒来说，信仰就是明摆着的事实。对于信仰的神秘主义起源坚信不疑，使它有了一种神奇的力量，竟可以完全控制人们的思想，它的力量也只有时光的流逝才会使它发生改变。

正是信仰被视为绝对真理这一事实，才使它必然变得不宽容。这就解释了为什么暴力、仇恨和迫害常常是重大的政治革命或宗教革命的伴生物，其中又以宗教改革和法国大革命最典型。

信仰有着情感的和神秘主义的起源，如果我们对此视而不见的话，我们就无法理解法国历史上的某些阶段。当人们互相交往时，他们互不宽容，不相调和，这都是神秘主义的信仰作用于情感而体现出来的力量。

如果我们看不到信仰的情感的和神秘主义的起源，看不到信仰必然的不宽容，看不到人们在交往时不可能实现的和解，看不到神秘主义的信仰对于情感具有的强大力量，那么，大革命历史中的某些阶段就依然得不到理解。

上述这些概念对历史学家来说显得过于新奇，还不足以改变他们的思想，他们试图继续通过理性逻辑来解释那些显然与理性无关的种种现象。

比如宗教改革，在长达半个世纪的时间里淹没了法国，它就不是由理性的影响决定的。然而，甚至是在最近的著作中，人们仍然用理性的影响来对它加以解释。比如，在拉维斯先生和朗鲍德先生合著的《通史》中，我们就读到过这样一段关于宗教改革的解释：

这是一场遍及全国的自发运动，人们通过各种形式来参与这场运动，从阅读福音书到个人的自由思考，这一切都表明个人可以拥有极为虔敬的道德心和非常大胆的推理能力。

与这些历史学家的断言恰好相反，我们可以肯定如下几点：首先，诸如此类的运动绝不是自发的；其次，理性在其中并没有起到什么作用。

政治信仰和宗教信仰之所以能够拥有撼动世界的力量，恰恰就在于这样一个事实，即它们源自情感的和神秘主义的因素；它们既不是由理性塑造的，也不受理性的引导。

政治信仰和宗教信仰有一个共同的起源，并遵循着同样的法则，它们的形成更多地借助了非理性的力量，而不是理性的力量，佛教、伊斯兰教、宗教改革、雅各宾主义等，看起来似乎是迥然不同的思想形式。然而，它们却有着相同的情感基础和神秘主义基础，它们遵循的是一种与理性没有任何关系的逻辑。

政治革命可能是由深植在人们头脑中的信仰导致的，但革命的产生还有其他许多原因，这些原因可以一言蔽之曰“不满”。只要不满开始普遍化，一个反对派就会形成，它常常可以强大到足以与政府相抗衡的程度。

不满要想发挥作用，必须经过很长一段时间的酝酿和积累，正是因为这个原因，一场革命通常表现为一种连续的现象，其间它的演化有加速之势，而不会是那种一个阶段结束、另一个阶段接踵而至的现象。但是，几乎所有的当代革命都是突然爆发的运动，它们顷刻之间就导致了政府的垮台，比如巴西、葡萄牙、土耳其和中国的革命都是如此。

与我们通常的看法相反，那些非常保守的民族往往热衷于最激烈的革命。恰恰是因为保守，所以他们才不能接受缓慢的进化，不能适应环境的各种变化，当矛盾变得过于激烈时，他们常常倾向于突然间的猝变。这种突然间的进化就成为一场革命，即使是那些适应渐进演化的民族，也并不总是能够避免革命的发生，比如，在英国，君主寻求个人的绝对权力，而人民则主张以代表为媒介实现自主。这场斗争拖拖拉拉近一个世纪，直到1688年，它才通过一场革命对此作了一个了断。

任何一场大革命通常都是由上层人士而不是由下层人民引发的。而一旦人民挣脱了枷锁，革命的威力就属于人民。

显而易见，如果离开了军队中非常重要的那一部分人的支持，革命过去就不会发生，将来也不会发生。并不是在路易十六被送上断头台时，王权在法国才开始丧失，早在国王的军队拒绝保护他的那一刻起，王权就已经不存在了。

军队渐生叛意，对于现存秩序的存亡无动于衷，正是通过精神传染这种方式达到的。虽然希腊和土耳其这两种制度并无类似之处，但当少数军官的联合成功推翻了土耳其政府时，希腊军官便密谋步其后尘，改组希腊政权。

一次军事行动也许能够推翻政府——比如，在前西班牙殖民地的拉美各共和国，其政府几乎无一例外都是被军事政变推翻的，但如果革命想取得重大成效的话，它就必须依赖普遍的不满和普遍的希望。

除非不满是普遍而强烈的，否则仅仅是不满还不足以引发一场革命。领着一伙人进行劫掠、破坏和屠杀当然不难；但是，如果要发动整个民族或一个民族的大部分人，革命领导人就必须具有坚韧持久的勇气、百折不挠的精神。他们夸大不满，向愤愤不平的人们灌输说，当前的政府是一切苦难——尤其是长久匮乏的唯一根源，并信誓旦旦地向人们保证说，他们提议的新制度将造就一个幸福的时代。借助暗示和传染这两种途径，这些思想得以萌发、传播，一旦时机成熟，革命也就会水到渠成。

基督教革命和法国大革命正是通过这种方式酝酿成熟的，只不过后者用了几年时间就完成了，而前者则颇费时日。之所以情况如此，是因为法国大革命很快就有了一支可供自己支配的军队，而基督教则花费了很长时间才赢得物质权力。开始时，基督教仅有的一些信都就是下等人、穷人或奴隶。他们满怀热情，憧憬着自己今生悲惨的生活能够换取来世的幸福。历史不止一次地向我们证明，通过自下而上的传染，教义最终扩散到一个国家的上层。但是，在一国之君认为新的宗教信徒众多到足以接受为国教之前，这肯定要经历很长一段时间。

四、政治革命的结果

当一个政党取得胜利时，它自然就会根据自己的利益来组织社会。至于说把社会组织成什么样，这得视革命是受士兵、激进主义者，还是保守主义者等的影响而定。新的法律和制度将取决于获胜党派以及支持它的社会阶级的利益，比如说教士的利益。

如果革命是通过纯粹的暴力斗争而取得胜利的——法国大革命就属于这种情况，那么胜利者将全盘否定旧的法律体系，已经倒台的旧制度的支持者将受到迫害、流放或消灭。

除了要保护自己的物质利益之外，获胜的党派还要捍卫自己的信仰，因此在这些迫害中使用的暴力就会达到极致，那些被征服者休想得到一丝怜悯。这也许可以解释为什么西班牙要驱逐摩尔人，宗教裁判所要对异教徒施以火刑，国民公会要实行严刑酷法，还有法国最近颁布法律禁止宗教集会。

胜利者拥有的绝对权力有时会导致他们采取极端的措施，比如，国民公会就曾颁布法令用纸币代替金币，对于商品进行限价等等。不久，它就在生活必需品的限价上碰了壁，对于它的非难之声四起，到大革命行将结束时，它几乎已经成了一纸空文。同样的事情最近也发生过，澳大利亚一个几乎完全由工人组成的社会党内阁，颁布的法律是如此荒谬，一切以工会的特权为转移，结果遭到公共舆论的一致谴责，不到三个月，这个内阁就倒台了。

不过，我们考虑的这种情况一般都属于例外，大多数革命都是以一个大权在握的新元首的确立而告终。这个新元首深知，如果要维持自己的权力的话，首先就不能只考虑某一个阶级的利益，而应该折中调和，兼顾各方。为了达到这一目的，他必须在各种势力之间建立一种平衡，以免受制于任何一个阶级。允许某个阶级坐大无异于听任大权旁落，卧榻之侧岂容他人酣睡？这是政治心理学中最确凿无疑的定律之一。法国历代的国王都深谙此道，他们励精图治，积极巩固王权，先是抵制了贵族的侵蚀，随后又削弱了教士的势力。只有这样，他们才避免了重蹈中世纪德意志皇帝不幸命运的覆辙，就像亨利四世被教皇革出了教门，名誉扫地，最后不得不前往卡诺萨觐见教皇，谦恭地乞求他的宽宥。

同样的法则在历史进程中不止一次地得到印证。在罗马帝国末期，军事集团炙手可热，煊赫一时，皇帝得完全依靠他的士兵，其存亡废立，均取决于他们的意愿。

因此，对法国来说，长期由一个几乎拥有绝对权力的君主来统治未尝不是一个巨大的优势，因为这样的君主以君权神授为依托，所以他享有极高的威望。没有这样一种权威，他就不可能钳制封建贵族、教士乃至议会的势力。如果波兰在十六世纪末也拥有一个既具有绝对权力又能受人尊敬的君主，它就不至于日渐衰微了。

在这一章中，我们已经揭示了政治革命可能伴随的重大社会变革。接下来，我们就要看一看，同宗教革命带来的变革相比，它们显得多么无足轻重。

第二章 宗教革命

一、宗教革命与政治革命

本书任务之一就是探讨法国大革命，这场革命既然充满了暴力行为，它自然就有其重要的心理原因。

那些出人意料的历史事件常常让我们大吃一惊，从何而起，缘何而终，着实让人觉得不可思议。就拿法国大革命来说，如果我们将其视为一种新的宗教的话，那它就一定遵循着所有宗教传播的法则。如果从这一点来看，先有群情激奋，后有血腥杀戮，其前因后果就会让人恍然大悟。

在研究一次重大的宗教革命的历史，比如宗教改革的历史过程中，我们会看到，法国大革命中异常活跃的一些心理因素，在这里同样发挥了重要的作用。在这两种革命中，我们可以观察到同样的现象：在信仰的传播过程中，理性的价值是多么无足轻重；虽然迫害起不了什么作用，但从未间断；相互对立的信仰之间几乎无法实现宽容；不同信念之间的冲突引发了可怕的暴力和殊死的斗争。我们同时也看到，与信仰完全无关的利益是如何借助一种信仰进行掠夺的。最后，我们还会得出这样一个结论，那就是如果不同时改变人的生活状态的话，就无法改变他们的信念。

通过这些现象的印证，我们就会明白，大革命福音的传播方式何以与一切宗教福音，尤其是加尔文教福音的传播方式毫无二致，它根本就没有其他的传播方式。

不过，虽然像宗教改革这样的宗教革命和法国大革命这样的重大政治革命，在起源上是如此相近，但它们的长远后果却迥然有别，这就可以解释为什么它们会表现出不同的持久力。在宗教革命中，没有任何经验可以向其信徒们揭示他们受到了欺骗，因为他们必须进入天堂才能验证；而在政治革命中，一种虚假教条的错误很快就会大白于天下，经验迫使人们不得不抛弃它。

因此，到督政府统治末期，雅各宾主义信仰的实施导致法国陷入了如此一种贫困和绝望的境地，以致最疯狂的雅各宾主义者自己都不得不摒弃他们的那套体系。除了少数几条无法得到经验证明的原则——诸如平等会给人类带来普遍的幸福等，他们的理论早已荡然无存了。

二、宗教改革的开始和它的第一个信徒

宗教改革对人类的情感和道德产生了深远的影响。然而，其朴素的初衷仅仅是为了反对教士的恶习。事实上，宗教改革只是对福音书的回归，它从未奢求那些自由的思想，加尔文并不比罗伯斯庇尔宽容。实际情况是，在那些实行了宗教改革的国家，仅仅是君主代替了罗马教皇，君主给人们的权利并不比以前多，他行使的权力也并不比以前少。

在法国，借助于宣传和交流的手段，新信仰开始慢慢地传播。大约是在1520年，路德招募了一批专家，而且直到1535年，新信仰才得到广泛的传播，人们认识到了皈依此种信仰的必要性。

遵照人熟知的心理学规律，这些行为仅仅是有利于宗教改革的传播。宗教改革的第一批信徒包括牧师和地方官员，但主要是一些对于这些信条含混不清的手工业工人。他们改信新教，几乎完全是传染和暗示的结果。

一旦新的信条得到了传播，我们就会看到，聚拢在这一信条周围的是一群鱼龙混杂的人物，他们对新教教条漠不关心。但是，这些人都找到了借口或机会，以满足他们的热情或贪婪。这种现象在实行宗教改革的诸国比比皆是，而以德国和英国为甚。路德宣称教士没有拥有财产的需要，德国的封建领主则从这一信条中受益，因为这使他们可以名正言顺地攫取教会的财产。亨利八世更是以同样的手段发家，那些常受教皇骚扰的君主则对于那些政教分离的教义窃喜。宗教改革并没有削弱统治者绝对专制主义的影响，反而得以增强。

三、宗教改革教义的理性价值

宗教改革颠覆了整个欧洲，法兰西也就跟着倒了霉。在接下来的50年中，它成了一个战场。从理性的观点来看，从来没有哪一个事业能够产生如此重大的影响。

这里有数不清的事实可以证明，信仰是独立于所有理性而传播的。正如我们从加尔文那里看到的那样，神学的教义虽然能够唤醒人们如此高涨的热情，但经不起理性逻辑的检验。

深受“救赎理论”的影响，路德对恶魔有一种格外的恐惧。他知道忏悔无济于事，于是就千方百计地寻找一种万无一失的手段来“讨好”上帝，以逃过炼狱之灾。从抨击教皇贩卖“赎罪券”开始，路德不仅否认了教会的权威，而且也否认了他自己的权威。路德谴责宗教仪式、忏悔、圣徒的礼拜，并宣扬基督徒“唯信称义”，他还认为每个人只能够蒙上帝的恩惠而得救。

这被称为预定论的最后一条教义连路德都摸不准，但它却被加尔文清晰地表述出来。加尔文认为多数新教教徒在上帝面前都是微不足道的。根据这项由他奠定的教义，“一些人将受火刑而死，另一些人则得救，这在永恒的全能上帝那里是注定了的”。为什么会有如此天壤之别呢？原因只有一个，那就是“上帝的意志”。

从这一点来看，加尔文不过是发展了圣奥古斯丁的某些见解：全能的上帝创造了人类，有些人注定了要在来世饱受炼狱之苦，对于他们的功行和美德全然不必考虑。虽然如此令人厌恶的思想显然是精神错乱之作，但它却在这么长的时间里使这么多人为之折服，实在叫人匪夷所思。更不可思议的是，甚至时至今日，这种情况仍有过而无不及。[1]

按照上帝的圣定，为了彰显上帝的荣耀，有些人和天使被选定得永生，其余者被预订受永死。

上帝如此选定和预定的这些天使和人，都是经过个别而又不可变的计划；而且他们的数目是如此确定，既不可增，又不可减。

在人类中蒙上帝选定得生命的人，是上帝从创立世界以前，按照他永远与不变的目的，以及自己意志的隐秘计划和美意，已经在基督教里拣选了他们得到永远的荣耀。这个选定只是出于上帝自由的恩宠与慈爱，并非由于上帝预见他们的信心、善行或在信心与善行中的耐久性，或以被造者中其他任何事情作为上帝选定的条件或动因，总之这都是要使他荣耀的恩典得到称赞。

上帝既指定蒙选召者得荣耀，所以他便借着他自己永远的意志与最自由的宗旨，预定了达此目的的一切手段。蒙选召者，虽在亚当里堕落了，但得到了基督救赎；到了适当时候，由于圣灵的工作，选召他们对基督发生有效的信心；被称为义，得儿子的名分，成圣，借着信，得蒙他能力的保守，最后得

---

[1] 预定论的教义仍在新教的《问答集》中出现，它从官方《问答集》最新版本中选取某些部分来证明其正当性。

救。除了蒙上帝选召的人以外，无人被基督救赎，蒙有效恩召，称义，得儿子的名分、成圣与得救。

加尔文的心理与罗伯斯庇尔的心理并不是没有亲缘性，同后者一样，加尔文自以为掌握了绝对真理，对于那些拒不接受其教条的人，他毫不怜悯地把他们处死。对此，加尔文声称：上帝要求“我们在捍卫上帝的荣光时，哪怕毁掉所有人都在所不惜”。

加尔文及其信徒的例子表明，从理性的角度看来是再悖谬不过的事情，在那些受到信仰蛊惑的大脑看来也是极为正常的。根据理性逻辑，将一种道德建立在预定论基础上似乎是不可能的，因为人们无论做出什么样的努力都无法避免要么获得拯救，要么受到审判的命运。然而，加尔文却毫不费力地在这个完全非理性的基础上建立了一种非常严格的道德。他的信徒以上帝的选民自居，他们的自豪感和尊严感是如此强烈，以致他们都觉得必须以自己的行为做为楷模。

四、宗教改革的传播

新信仰不是通过演说来传播的，更不是通过论证来传播的，而是通过我们前述作品中描述的机制，也就是通过断言、重复、精神传染，以及大造声势，在后来的岁月中，革命思想以同样的方式在法国传播开来。

诚如我们已经指出的那样，对于信徒的迫害只能够促进新信仰的传播，每一次迫害之后都会有人接受新的信仰，就像我们在基督教早年的经历中看到的那样。市政议员阿内·迪堡被处以火刑，就在走向火刑柱之时，他还规劝围观的群众改信新教，一位目击者说：“比起加尔文的著作，他坚定不移的信念让更多大学中的年轻人皈依了新教。”

为了阻止他们向人群布道，他们在被烧死之前都被割掉了舌头；为了加强对他们折磨，在行刑时还给他们缚上一条铁链，这样在把他们投入烈火中之后，行刑人可以再把他们拖出来，反复施虐。

但是，没有什么能够使新教徒退缩，反而让他们觉得烈火的考验是一种解脱。

1535年，弗朗索瓦一世放弃他先前的宽容态度，下令在巴黎同时设下六处火刑场来惩罚新教徒，而正如我们知道的那样，国民公会在同一座城市中只是设了一座断头台，而且受难者的痛苦也没有那么惨烈。殉教基督徒的大无畏精神也早已有目共睹。我们现在已经知道，在其信仰的催眠作用下，信徒们可以变得完全无所畏惧。

新宗教得到了迅速传播，到1560年法国就已经有了两千多座新教教堂，许多大领主一开始还无动于衷，但后来也转信了新教。

五、不同宗教信仰间的冲突：宽容的不可能

我已经说过，不宽容是强势宗教信仰的必然伴生物。政治革命和宗教革命为我们提供了这一事实的大量证据，从中我们也可以发现，同一宗教内部不同教派之间的不宽容，比起那些差距很大、互不熟悉的宗教——比如，基督教与伊斯兰教——之间的不宽容来，要有过之而无不及。实际上，如果仔细考察一下长期以来把法国搞得四分五裂的那些教派的话，我们就会发现，除了一些细枝末节之外，它们并没有多大差异。天主教和新教都信仰同一个上帝，唯一的区别就在于信仰方式的不同。如果理性能够对他们的信仰产生一点作用的话，他们很容易就会明白，对上帝来说，以这种方式还是那种方式崇拜他，是无关紧要的。

理智对那些狂热的大脑是起不了任何作用的，新教徒与天主教之间继续爆发持久而激烈的冲突，历代君主试图让他们实现和解的努力都付诸东流。卡特琳·德·梅迪奇看到，虽然一再遭到镇压，但新教的势力却还是与日俱增，并吸引了相当数量的贵族和地方官员。为了促成双方的和解，王后于1561年召集主教和牧师在普瓦西举行宗教会议，就两种教义的融合问题进行讨论。虽然王后精明过人，但这一计划只能说明王后对于神秘主义逻辑的法则一无所知，在人类历史上还没有听说过一种信仰因辩驳而毁灭或削减的先例。卡特琳甚至没有想过，个人之间的宽容虽然困难重重，但毕竟是可能的，而集体之间的宽容根本就不可能。她的努力最后以失败告终，与会的神学家们唇枪舌剑，并对对方的首领百般侮辱，但没有一个人发生动摇。此后，卡特琳还在1562年颁布一项敕令，允许新教徒以自己的方式公开集会，举行礼拜仪式。

从一种哲学的立场来看，这种宽容诚然可贵，但从政治的角度看却是不明智的，除了进一步激怒双方之外，一无所获。在法国新教势力最强大的米迪地区，新教徒大肆迫害天主教徒，企图通过暴力迫使他们改变宗教信仰，如果不能得逞的话，就割断他们的喉管，并洗劫他们的教堂。在天主教的势力范围内，对于新教徒的迫害也不相上下。

这样的对抗不可避免地引发了内战，这就是所谓的宗教战争。在很长一段时间里，法国饱受兵燹之灾，血流成河，城市被劫掠，居民遭屠杀。宗教冲突和政治冲突特有的那种残酷本性在战争中表现得淋漓尽致，这一场景在多年以后的旺代战争中再次出现。

老人、妇女和儿童，统统遭到杀戮。一个叫多普德的男爵就是典型的例子，他是艾克斯市议会的第一任议长，十天时间里残忍杀害了三千人，毁坏了三座城池、二十二个村庄；一个叫蒙吕克的人则可以称得上是卡里埃的先驱，他把加尔文教徒统统扔进井里，直到井被填满为止。新教徒也仁慈不到哪里去，他们甚至连天主教的教堂也不放过，他们大肆毁坏坟墓和塑像，其行径与国民公会的代表们对待圣丹尼斯王家墓地的行为如出一辙。

在诸多错综复杂的矛盾的影响下，法国在亨利三世统治时期就已经变得四分五裂，它被肢解成一些小的市政共和国，邦国林立，各自为政，王室的权威荡然无存。布卢瓦邦直接向被迫逃离首都、寻求避难的亨利三世提出自己的要求。1577年，旅游家利波马诺游历法国时，看到一些重要的城市——如奥尔良、图尔、布卢瓦、波瓦第尔——已经完全被毁坏，大大小小的教堂成了一片废墟，墓地也是七零八落，狼藉不堪。这一场景与督政府统治末期的法国没有什么两样。

在这一时代的诸多事件当中，1572年发生的圣巴托罗缪之夜大屠杀也许不是杀人最多的，但它却给人留下了最灰暗的记忆。历史学家认为，是卡特琳·德·梅迪奇和查理九世下令发动了这场大屠杀。

我们不需要有多少深刻的心理学知识，就能够明白，没有哪个统治者会发布这样的命令。圣巴托罗缪之夜大屠杀不是王室的阴谋，而是大众犯下的罪行。当时，卡特琳·德·梅迪奇相信，有四五个新教徒首领正在策划一场威胁到她以及国王生命的阴谋。于是，她就根据当时通行的做法，派人将他们刺杀。巴蒂福尔先生对于随之而来的大屠杀作了很好的解释，他写道：

一听到这个消息，马上谣言四起，满城风雨：整个巴黎的胡格诺教徒都要被处死。于是，天主教贵族、卫队的士兵、弓箭手以及普通民众——一句话，所有的巴黎人，纷纷冲上街头，手持利刃，随时准备参与屠杀。杀死胡格诺教徒！杀死胡格诺教徒！叫嚣声一时响彻街头，大屠杀就这样爆发了。那些胡格诺教徒或被击毙，或被溺杀，或被绞死，凡是被怀疑为异教徒的人都惨遭厄运，巴黎大约有两千多人被杀。

通过传染的作用，外省群众纷纷效尤，大约有六千到八千名新教徒惨遭杀害。

当时间冷却了人们的宗教狂热之后，所有的历史学家，甚至包括天主教的历史学家，只要提起圣巴托罗缪之夜大屠杀，无一不表示强烈的愤慨。这就告诉我们，一个时代的人要想理解另一个时代人的精神状态是何等困难。

圣巴托罗缪之夜大屠杀当时非但没有受到责难，反而在整个欧洲的天主教人士当中激起了一种难以描述的狂热。西班牙的菲利普二世闻此消息之后，欣喜若狂；给法国国王的贺信纷至沓来，其热烈程度远胜于他赢得了一场伟大战争的胜利。

没有谁比教皇格列高利十三世对此更兴高采烈了，为了纪念这一大快人心的事件，[1]他让人铸造了一款金牌，点起狂欢的焰火，鸣炮祝贺，并多次集会，举行庆典。他还命令画家瓦萨里在梵蒂冈教廷的墙壁上绘制出大屠杀的主要场面，以资纪念。此外，他还遣使至法国，对于法王的善举通令嘉奖。此类历史细节有助于我们理解信徒的心理。大恐怖时期，雅各宾主义者具有的精神状态就非常类似于格里高利。

新教徒对于这样一场大屠杀自然不会善罢甘休，他们奋起反抗，直到1576年，亨利三世被迫通过《博利厄赦令》，赋予他们完全的信教自由、占领八个城市，并在议会中天主教徒与新教徒各占一半议席。

这些勉强的让步并没有带来真正的和平，以吉斯公爵为首领的天主教同盟开始形成，双方的冲突愈演愈烈。不过，它并没有一直持续下去。我们知道，亨利四世在1593年宣誓脱离新教，后来又颁布了《南特敕令》，终于暂时结束了这场战争。

这场斗争虽然暂时平息了，但并没有终结。在路易十三统治时期，新教徒依然没有偃旗息鼓。1627年，黎塞留被责成围攻拉罗谢尔，杀戮新教徒一万五千人。后来，更多是出于政治上而不是出于宗教上的考虑，还是对新教徒表示了难得的宽容。

这种宽容没有持续多久，只要一方觉得自己有能力将对方压垮，相互对

[1] 金牌必须广为传播，在国家图书馆就有三块，一块是金的，一块是银的，还有一块是铜的。这块金牌一同铸着格里高利，另一面则显眼地刻着手持利剑的胡格诺教徒。金牌背面的花纹与边缘之间则铭刻着：“Ugonotorumstages”，也就是“屠杀胡格诺派”。（根据西塞罗或李维的解释，“stages”可释译为残杀或大屠杀；如果根据维吉尔或塔西佗的解释，则可译为“灾难、毁灭”等意思）。

立的信仰之间就不会达成和解，除非双方鱼死网破，两败俱伤。到路易十四时代，新教徒的势力已经大为削弱，他们不得不放弃斗争，但求和平相处。此时，他们的数量大约在一亿六千一百二十万人左右，拥有六百多座教堂和大约七百位本堂牧师。

在天主教牧师看来，在法国这片土地上继续存在异教徒是不能容忍的，他们殚精竭虑，以各种方式迫害这些异教徒。由于这些迫害收效甚微，因此路易十四在1685年再次诉助武力，派出龙骑兵大肆追捕新教徒，许多人惨遭屠戮，但是没有更大的收获。在天主教牧师尤其是博絮埃的压力下，路易十四收回了《南特敕令》，新教徒被迫走上绝路：要么改变信仰，要么离开法国。这一悲壮的移民运动持续了很长时间，据说大约有四十万名法国人远走他乡，这些移民都是一些品德高尚之士，他们遵从了自己的良心，置物质利益于不顾，毅然踏上了背井离乡的不归之路。

六、宗教革命的结果

如果仅仅根据宗教改革这段灰暗的往事来判断宗教革命的话，我们就不得不承认宗教革命是一场巨大的灾难。但是，也不可一概而论，有些宗教革命就产生了相当大的文明影响。

这些宗教革命通过实现精神统一，极大增进了一个民族的物质力量。比较突出的就是伊斯兰教，我们看到，由穆罕默德建立的这种新的信仰，一下子将阿拉伯那些弱小贫困的部落改造成一个强悍的国家。

这样一种新的宗教信仰并不只限于追求一个民族的统一，它取得了以往任何一种哲学、任何一部法典都不可能实现的效果：它明显地改变了那些几乎是不可变更的要素，即一个民族的情感。

人类有史以来最伟大的宗教革命——基督教的诞生就充分证明了这一点，我们看到，它抛弃了一切异教的信仰，代之以一个来自加利利平原的上帝，新的理想要求人们为了获得天堂中永恒的幸福，必须放弃一切世俗的欢乐。毫无疑问，这样一种理想很容易为那些穷人、奴隶以及被剥夺了所有此生幸福的人接受，在他们看来，一种毫无希望的生活即将被美好的未来所取代。操行上一丝不苟的生活既容易被穷人信奉，也好被富人接受。这正是新的信仰展现的力量。

综观基督教诞生以来两千年的历史，我们看到，基督教革命不仅是改变了人们的生活方式，而且对于文明的进程产生了极其深远的影响。宗教信仰随即征服了文明的一切要素，并使之自然而然地适应了宗教，这样文明就发生了迅速的转变。作家、艺术家以及哲学家只不过是以符号在他们的作品中表达了这种新信仰。任何一种宗教信仰或政治信仰一旦取得了统治地位，不仅是理性对它起不了任何作用，反而是它会寻找理由来迫使理性为这种信仰做出解释和合理性证明，并企图把它强加于人。在摩洛神流行的时代，大概也会有不少神学家和布道者大谈特谈以人为祭的必要性，这与其他时代的人们盛赞宗教裁判所、圣巴托罗缪之夜大屠杀以及大恐怖时期的屠杀如出一辙。

我们千万不要指望那些拥有坚定信仰的民族能够欣然接受宽容。在古代社会中，只有多神论者才会保持宽容。在当前这个时代中，实行宽容的国家正是那些可以被恰当地称作是多神论的国家，比如英国和美国，它们已经分裂成不计其数的小教派。在同一名义下，他们实际上信奉着相去甚远的神祇。

信仰的多样性既导致了这种宽容，但同时也削弱了信仰。于是，我们就碰到了一个至今尚未解决的心理学难题：如何在保持坚定信仰的同时坚持宽容?

以上我们简要揭示了宗教革命扮演的重要角色和信仰的巨大力量，虽然它们的理性价值微乎其微，但它们却塑造着历史，为各民族提供凝聚力或力量，使他们不再成为一盘散沙。人类在任何时候都需要宗教和信仰来指导自己的思想，引导自己的行为，至今还没有哪一种哲学能够替代它们。

第三章　革命中的政府行为

一、革命时代中政府的微弱抵抗

许多现代国家——如法兰西、西班牙、意大利、奥地利、波兰、日本、土耳其、葡萄牙等——在19世纪中革命迭起，其典型特征之一就是革命的发生有迅雷不及掩耳之势，而作为革命对象的政府则轻而易举地被推翻。

在现代社会中，传播消息的渠道更加便捷，这使精神的传染变得异常迅速，因此革命的突发性不难理解。然而，一旦遭到革命的袭击，政府只能够做出微弱的抵抗，这就让人感到不可思议了。它向我们表明，政府由于对自己的力量过于自信，盲目乐观，因此根本无法理解和预见革命的发生。

不过，颠覆政府如探囊取物并不是什么新现象，历史已经不止一次向我们证明了这一点：它不仅是发生在那些通常是被宫廷政变推翻的独裁体制中，而且也会发生在那些得到公共舆论和人民代表支持的政府身上。

在这些迅速崩溃的体制中，一个最显著的例子发生在查理十世颁布《四项敕令》之后，正如我们知道的那样，国王仅在四天之内就被推翻了。查理十世的首相波里尼雅克几乎没有采取任何防范措施，国王本人也自信巴黎平安无事，于是就外出狩猎了。同路易十六时代一样，军队丝毫没有反叛之意，但因为指挥失误，所以在一小撮起义者的进攻面前显得不堪一击。

虽然路易·菲利普在他统治时期并无独裁专制之举，但依然在顷刻间倒台，这就使他的例子更具有典型意义。这位国王并没有像查理十世那样最终陷入四面受敌的境地，他的倒台起因于一场本来可以轻而易举镇压下去的不起眼的小暴动。

一个以装备精良的军队为后盾、根基稳固的政府何以如此轻易就被少数几个揭竿而起的乌合之众推翻呢？历史学家们对此百思不得其解，于是他们顺理成章地把路易·菲利普的倒台归咎于某些所谓“深层”的原因。实际上，这里并没有什么玄奥，那些被委以防守之职的将军们的无能就是国王倒台的真正原因。

在可资引用的例子中，这一案例最富教益，因此它值得我们花工夫去思考。在这一案例中，埃尔兴根将军亲历其中，以亲眼所见记录下当时的情况。根据埃尔兴根将军所做的记录，博纳尔将军进行了深入的调查。当时在巴黎有三万六千名士兵，但软弱无能的军官们根本无力指挥他们。不仅是发出的命令相互矛盾，而且最危险的是，普通民众竟被允许混杂于军队之中，以致后来军队拒绝向民众开枪，就这样几乎没有进行什么战斗，起义就成功了，国王被迫退位。

正是把大众心理学的知识运用到上述事件中，博纳尔将军向我们揭示了，导致路易·菲利普倒台的暴动，实际上很容易就可以控制住。特别是他证明了，如果那些指挥官能够处惊不乱的话，只需要派出一支非常小的军队，就可以阻止起义者闯入议会，而当时的议会主要由保王派组成，他们必然会宣布由巴黎伯爵在其母摄政下继承王位。

类似的现象也发生在西班牙革命和葡萄牙革命当中。

这些事实表明，在一些翻天覆地的重大事变之中，常常会有微不足道的小事因之而起，在其中产生错综复杂的影响，其作用不可等闲视之；它同时告诉我们，对于普遍的历史规律，不可妄下断言。如果路易·菲利普不是被暴乱推翻的话，我们可能就看不到1848年的共和国、1852年的第二帝国，也就没有什么色当之役的惨败、普鲁士的入侵，当然就不会有阿尔萨斯被割占之事了。

在我刚刚提到的那些革命中，军队在捍卫政府的过程中都没有起到多大作用，但它也没有背叛政府。有时也会出现相反的情况，即常常是军队引发了革命，土耳其和葡萄牙就是如此。在拉丁美洲的各共和国中，军队更是进行了无数次的革命。

当革命受到军队的影响时，新的统治者必然会处在军队的支配之下。罗马帝国末期，皇帝的存亡废立皆取决于军人，就是一个典型的例子，我在前文已经提到这一点，在此不再赘言。

这一点在当今时代也可以得到验证，下面的这段话就是从报纸上关于希腊革命的新闻中摘录下来的，它告诉我们一个处在军队支配之下政府会变成什么样子：

某一天，八十名海军军官宣布，如果政府不解除那些受到他们指控的领导人的职务的话，他们将集体辞职。还有一次，一个属于王储的农场的农民要求瓜分土地。海军的抗议针对的是政府晋升佐尔巴斯上校的许诺。于是，佐尔巴斯上校在与海军上尉台帕多斯进行了一个星期的磋商后，决定撤换参议院的议长。在此期间，市政联盟诋毁了海军军官，一名代表谴责说，这些军官及其家属都应该以强盗论处。当指挥官米亚乌利斯下令向叛乱者开枪时，那些曾经唯台帕多斯马首是瞻的士兵却在阵前倒戈。古希腊时代地米斯托克利与伯里克利之间的那种默契一致已经一去不复返了。

如果没有军队的帮助或至少是中立的话，一场革命通常就很难取得胜利，但在军队还没有介入时革命就已经发生的情形则更为常见。法国1830年革命、1848年革命和1870年革命都是如此。在1870年革命中，色当投降使法国人蒙受了巨大的耻辱，人们一举推翻了第二帝国。

大多数的革命都发生在首都，随后又借助传染的作用蔓延到全国，但有时也不尽然。我们知道，在法国大革命期间，旺代、布列塔尼和米迪等地就是自发起来反抗巴黎的。

二、政府的抵制如何才能克服革命

我们已经看到，在上面列举的这些革命中，大多数的政府都是由于自身的软弱而毁灭，面对革命，政府几乎毫无招架之力。

然而，并不是所有政府在革命面前都无所作为。发生在俄国的革命就表明，只要政府积极采取防范措施，扼制革命并最终取得胜利不是不可能。

对一个政府来说，没有什么比革命更具有威胁了。在东方遭到惨败之后，长期处在极端专制统治之下的俄国社会各阶级——包括一部分军队和舰队，纷纷揭竿而起。铁路、邮局、通讯部门罢工不断，偌大一个帝国各地之间的联系和交通由此中断。

构成这个国家主体的农民阶级本身，也开始受到革命宣传的影响。当时，俄罗斯大多数农民的生活极为悲惨。在米尔制度下，他们被迫耕种土地，却得不到任何报酬。于是，政府当机立断决定将这些农民转化为经营者，以此来安抚这一庞大的阶级。为了迫使地主将他们的一部分土地卖给农民，政府通过了特别的法律，同时银行为那些土地购买者准备了必要的贷款，贷款的利息则由从每年的收成中抽取的小额养老金来支付。

由于确保了农民的中立，因此政府就可以腾出手来对付那些狂热分子，这些人正在焚毁城镇，向人群中投弹，并不断挑起激烈的争端。所有这些人都应该被赶尽杀绝，这也许是人类有史以来发现的可以保护社会免遭破坏的唯一办法。

取得胜利的政府知道，除了必须满足国内那些开明人士的合法要求之外，还应该另有作为，于是它建立了一个议会来指导立法，控制财政支出。

俄国革命的历史告诉我们，当一个政府的天然支持者逐一消亡时，它依然可以凭借其智慧和意志，克服一切棘手难缠的障碍。可以客观公正地说，没有哪个政府是被人推翻的，它们的失败常常是自取灭亡。

三、政府进行的革命：以中国和土耳其为例

政府几乎不可避免地要阻止一切革命，决不会革自己的命。有时出于暂时或长远需要的考虑，他们也会小心翼翼地进行一番改革；但是，他们却不会先于这些要求进行改革。然而，有时某些政府也会进行一些突发的改革，我们常称之为革命。这种改革努力的成败将取决于国民精神状态的稳定与否。

如果一个民族是由那些半野蛮的部落组成的话，他们就没有固定的法律和习俗，也就是说，如果没有稳定的民族精神，政府就能够成功地实施新的制度。彼得大帝统治下的俄罗斯就处在这样一种状态中，我们知道他是如何通过武力将那些半亚细亚的人口欧洲化的。

日本为我们提供了由政府发动革命的又一典型，但被彻底改造的不是它的精神，而是它的机器。

完成这样一个任务——哪怕是部分的完成，都需要一个强有力的独裁者，并辅之以一个天才人物。改革者常常会发现，整个民族都会起来反抗他，因此与一般革命中的情形恰好相反，在这种情况下，独裁者是革命的，而人民则是保守的。只要做一番细心研究，你很快就会发现，事实上人民极端保守。

在这些尝试中，失败在所难免。不管革命是由上层阶级动员的，还是由下层阶级自发的，一般都不会改变人们长期以来形成的精神状态，革命只能改变那些因时间的销蚀而行将崩溃的东西。

当前，中国正在进行一场十分有趣却注定要失败的实验，它试图通过政府来一下子改变这个国家的制度。古老的君主制王朝之所以被革命推翻，从间接原因上说，就是因为清政府为了改变中国的现状，企图强制推行改革，结果引起普遍的不满而导致的。禁烟禁赌、改革军队、建立新式学校等改革措施必然要提高税收，这一后果连同改革本身都引起了民众的极大不满，因此革命也就不可避免了。

在欧洲学校里接受过教育的少数几个有文化的中国人借助这种不满，发动人民起义，并宣布建立一个共和国，而共和制根本就是中国人闻所未闻的。

这种共和制注定不能持久，因为催生它的动力并不是一场进步的运动，而是一场反动的运动。“共和”一词即使对于那些受过欧洲教育的中国人来说，也仅仅意味着摆脱一切法律、习俗和长期建立起来的规范的束缚与羁绊而已。剪掉辫子，戴上帽子，自称为共和人士，年轻的华人试图控制他们的天性。这与大革命时期大多数法国人接受的共和观念又是多么相似！

中国不久便会发现，如果一个社会被剥夺了长年累月铸就的盔甲的话，那等待它的命运将是什么。在经过了几年血腥的无政府状态后，就有必要建立一种政权，其专制程度不可避免地比以前被推翻的政权要严重得多。

迄今为止，科学还没有发现这样的魔戒，借助于它的力量能够不通过纪律来挽救一个社会。当纪律已经内化为一种遗传因素时，就没有必要强力加以规制；但是，当原始的本能尽情宣泄，冲破由祖先费经年累月之功建成的种种屏障时，只有靠一种严厉的专制才能重建秩序。

作为上述断言的一个印证，我们可以举最近在土耳其发生的一个与中国极为相似的实验为例。几年前，几个在欧洲接受了良好教育的年轻人，满怀爱国热忱，在一群军官的帮助下成功地推翻了苏丹的政权，虽然这一政权的专制程度尚可忍受。当时的土耳其还是一个半文明半野蛮的国家，宗教仇恨和民族矛盾使这个国家四分五裂。然而，就在这样一个国家里，革命者们对于规则的神奇力量像我们拉丁人一样虔信，他们认为自己能够建立起代议制政体。

这一努力至今仍未取得任何重大成果，改革的发起者们不得不认识到，虽然自己信奉自由主义，但他们的统治方法却与苏丹政府使用的方法并无二致。他们既不能阻止草率的处决，也不能阻止对于基督教徒的大规模屠杀，他们甚至无法废除某种陋习。

因此，责备他们显然是不公正的。事实上，要想改变这样一个有着悠久而深厚传统的民族，他们又能够做什么呢？在这个国家里，人们的宗教热情是如此强烈，以致伊斯兰教徒虽然只占少数，但可以根据他们的法典合法地统治其信仰的圣地；在这个国家里，民法与宗教法还没彻底分离，对于古兰经的信仰还是其民族思想得以维系的唯一纽带，要阻止伊斯兰教成为它的国教，谈何容易？

要想打破这种状态是困难的，因此我们必然会看到这样一种状态，专制体制打着立宪主义的旗号掩人耳目地再次登台亮相——也就是旧制度将卷土重来。诸如此类的尝试向我们揭示了这样一个事实，那就是，一个民族除非首先改造它的精神，否则就无法选择自己的制度。

四、革命后存留的社会要素

接下来，我们将要探讨民族精神的刚性基础。民族精神的刚性基础使我们体会到了历史悠久的政府体系的力量，比如说古代的君主政体。一个君主政体很容易为一群反叛者所推翻。然而，改朝换代并没有改变君主政体体现的原则，同这一原则相比，改朝换代的力量就显得微乎其微了。拿破仑下台后，取代他的并不是他的嫡亲子嗣，而是波旁王朝的后代，后者体现了一种古代原则，而“皇帝的儿子”这一人格化的观念尚未在人们的心目牢固确立。

出于同样的原因，一个大臣虽然有旷世之才、盖世之功，但很少有能力推翻其君主的。俾斯麦就是这样一个例子，这位伟大的首相一手创建了德意志联盟，而他的主子却能够运其生死于掌上。在公共舆论支持的原则面前，单个人的力量实在是微不足道。

但是，由于各种各样的原因，因此即使通过政府体现的原则随着政府的变化而消失，该社会组织的要素也并不会同时一下子消失，我们可以从法国大革命期间发生的事件中得出这一结论。

如果我们对于法国以前的历史一无所知，而只知道法国大革命以来近一个多世纪的动乱的话，我们也许就会认为这是一个陷入严重无政府状态的国家。然而，法国的经济生活、工业生活，甚至政治生活现在却表现出一种连贯性，似乎超脱于一切革命与政府的影响之外。

事实上，除了历史上那些值得大书特书的伟大事件之外，还存在着许多与日常生活息息相关的琐事，这些琐事常常是名不见经传。它们必然受到那些不以任何人的意志为转移的专横支配，它们的总和构成了人类生活的真实框架。

通过对于重大历史事件的研究我们了解到，名义上的法兰西政府在一百多年的时间里，经历了沧海桑田的变化；然而，当我们去考察日常生活中的琐事时，我们就会发现，与这些表面上的变迁相反，真实的法兰西政府几乎未有任何改变。

主宰一个民族命运的真正力量到底是什么呢？毫无疑问，在一个民族生死存亡的关键时刻，国王和大臣是至关重要的；但是，他们却在那些构成日常生活的琐事中无足轻重。真正对一个国家起决定性作用的是行政部门，它不依赖于个人的意志而存在，政府的更迭也不足以对这些要素产生影响。行政部门守护着传统，人们很难说清它们，它们却经久不衰，一切其他的要素都不得不屈从于这种神秘主义的力量。正如我们将要指出的那样，它们的作用甚至达到这样一种危险的程度，以致它们可以在形式上的国家之外构成一个权力更强大的无名国家。因此，可以说法兰西实际上是由各部的首脑和政府职员统治的。我们越是深入考察革命的历史，就越会发现除了标签之外，它们引起的变化事实上根本就无从说起。发动一场革命容易，但要改造一个民族的精神却是难上加难。

第四章　人民在革命中扮演的角色

一、民族精神的刚性与柔性

如果要理解一个民族在特定时期的历史，就一定要理解它所处的环境，尤其是要理解它的过去。一个人虽然可以从理论上否认过去——大革命时代的人们就是这样做的，而且今天有许多人还在效仿，但历史的影响仍不可避免。

只有通过若干世纪的缓慢积累，思想、情感、惯例乃至偏见才能汇集成一种民族精神，它赋予一个民族以力量。没有这种民族精神，进步就无从谈起，每一代人将不得不从头开始。

只有当构成民族精神的那些要素拥有了某种程度的刚性之后，这种民族精神才算稳定建立起来。但是，这种刚性又不能超出一定的限度，或者说它还得具有柔性。

没有刚性，先辈的精神就无法继承；而没有柔性，则先辈的精神就不能适应因文明的进步而带来的环境变化。

如果一个民族的民族精神过于柔韧的话，就会导致革命的不断发生；而如果民族精神过于固化，则会导致这一精神走向没落。同人类一样，普通物种也遵循这一规律，如果固守原来的形态，无法适应新的生存环境，就要灭亡，所谓物竞天择，适者生存。

很少有几个民族能够在刚性与柔性这一对于相互矛盾的品性之间达到一种恰当的平衡，古代的罗马、当代的英国也许可以看作是实现了这种平衡的完美典型。

那些精神极为稳固、持久的民族通常会爆发激烈的暴力革命。因为不能通过逐步的演进来适应环境的变化，所以当这种适应必须做出时，他们将不得不在猝然间被迫激烈地改变自身。

民族精神的刚性绝不是一朝一夕就可以形成的，一个民族的历史首先就是建立其民族精神的过程。对一个民族来说，只要它还没有形成自己的民族精神，它就是一个缺乏凝聚力和力量、尚未开化的游牧部落。自罗马帝国末期法兰克人入侵以来，法兰西费了几个世纪才形成了自己的民族精神。

虽然她最终形成了自己的民族精神，但在数个世纪的演化过程中，这种精神变得过于僵化。如果她再多一点柔韧性的话，古代的君主政体也许就会像其他地方那样慢慢地转变过来，而我们也就能够避免大革命及其破坏性的后果了，重塑民族精神的任务也就不至于如此艰难。

以上思考，向我们指出了大革命在民族方面的起因，并揭示了同样的革命为什么在不同的国家会产生如此不同结果的原因。就以法国大革命为例，有些民族对它热烈欢迎；而有些民族则漠然拒绝。之所以反应如此迥异，是因为民族精神的不同。

英国经历了两次革命，并把一位国王送上了断头台，但仍可称得上是一个稳定的国家。情况之所以如此，是因为其民族精神既稳固得足以守成传统，取其精华，又柔韧得足以修正自身而不越轨。英国人从来没有像我们大革命中的革命者那样，梦想以理性的名义彻底打破古代的传统，建立一个全新的社会。

索列尔写道："法国人蔑视政府，憎恶牧师和贵族，反抗法律；而英国人则以其宗教、宪法、贵族制以及上院为荣。在英国人看来，这些东西就像那令人生畏的巴士底狱中林立的塔楼，擅入者以藐视罪论处。英国人承认，这一城堡内部的命令颇具争议，但陌生人越俎代庖却是绝对禁止的。"

民族气质对各民族命运的影响，再明显不过地体现在西班牙语系的南美各共和国的历史之中。在这些国家里，革命频仍，政变迭起。它的人民大多是混血儿，也就是说，他们纷杂的遗传已经将其祖的特征稀释掉了，因此他们很难形成一种民族精神，也就谈不上什么稳定。混血的种族往往是最难统治的。

如果我们想更多地了解因民族原因而导致政治能力的差异的话，我们就得去考察那些曾经先后被两个民族统治过的国家。

这种情况在历史上并不罕见，晚近的古巴和菲律宾就是明显的例子。这两个国家原来都受西班牙的统治，后又易手转而由美国统治。

西班牙统治下的古巴，以混乱和贫穷而闻名于世；然而，当这个岛国被美国接管之后，其繁荣昌盛又是有目共睹的。

同样的情况也发生在菲律宾。几个世纪以来，菲律宾一直为西班牙所控制，结果这个国家被弄得一团糟：灌木丛生，疫病流行，既没有工业，也没有商业，人民过着悲惨乏味的生活。经过美国的几年统治后，这个国家发生了脱胎换骨的变化：疟疾、黄热病、瘟疫和霍乱被彻底消灭；沼泽得到了治理；农村开始建设铁路、工厂和学校；十三年里，人口死亡率降低了三分之二。

我们应该用这些实例给那些理论家们提个醒，千万不要忽视民族一词的深刻含义，也不要忘记一个民族的传统精神是如何决定其命运的。

二、人民是如何看待革命的

人民在所有革命中的角色都是一样的：他们既不会去发动革命，也不能指导革命；在革命中，人民的行为是受革命领袖支配的。

正如我们在最近香槟省发生的事件中看到的那样，只有当人民的直接利益受到触动时，人民中的各个部分才会自发地起来反抗，但这种地方性的运动不过是一场骚乱而已。

当革命领袖具有超凡的影响力时，革命就非常容易发生，葡萄牙和巴西最近发生的革命就证明了这一点。不过，新思想渗透到人民的头脑中确实是一个极其缓慢的过程。一般来说，人民总是在他们不知其所以然的情况下就懵懵懂懂地接受了一场革命；如果他们碰巧理解了为什么要革命时，革命早就结束很长时间了。

人民参加革命仅仅是因为革命领袖们鼓动他们这样做，但事实上他们并没有理解革命领袖们的真正意图。他们以自己的方式理解革命的意图，而这种方式却绝不会是革命真正发动者们所向往的。法国大革命显然就是这样一种情况。

1789年大革命的真正目标是要实现贵族与资产阶级之间的权力更替，也就是说，平庸无能的旧精英将被精明强干的新精英取代。

在大革命的第一阶段，革命的议题几乎与人民没有什么相干。虽然公布了人民主权的原则，但人民主权仅仅意味着人们选举代表的权利。

普通老百姓都是一些文盲，他们不可能像中产阶级那样渴望跻身社会上层，他们也绝不会认为自己与贵族是平等的，甚至从不奢望同他们平等。无论是在观点上还是在利益上，普通老百姓与社会上层阶级都有天壤之别。

议会与王权之间的斗争需要普通民众加入其中，结果民众越陷越深。于是，资产阶级革命很快就变成了一场大众革命。

一种思想本身是没有什么力量的，只有在具备了支持它的情感以及神秘主义基础之后，它才会发挥作用。资产阶级的理论在对普通民众产生影响之前，必须根据明显的实际利益转变成一种极为明确的新信仰。

当政府向人民保证说他们可以与先前的主人平起平坐时，这种转换就起到了立竿见影的效果：人们开始觉得自己是受害者，于是就开始抢劫、纵火、杀戮，并认为这样做就是在行使自己的权利。

革命原则的巨大力量就在于它们放纵了野蛮的原始本能，而在此之前，这些本能一直受到环境、传统和法律的约束。

群众心目中原本存留的那些社会约束逐渐卸除了，直到有一天，他们自命不凡，被那种无限权力的观念冲昏了头脑，兴高采烈地看着他们以前的主子被驱逐、被掠夺。既然大家都是主权之人，还有什么事情是不允许的呢？

在大革命开始时，自由、平等、博爱之类的格言确实表达了人们的真实希望和信念；但是随着革命的发展，嫉妒、贪婪和对优越者的仇恨到处泛滥，而这些格言则很快成了人们为此进行辩护的合法借口，沦为这些邪恶情感的遮羞布。在自由、平等、博爱这些口号的背后，大众要摆脱纪律的限制才是真正的动机。这就是为什么革命不久就以失序、暴力、无政府状态而告终的原因。

当革命从中产阶级蔓延到社会下层时，理性对本能的支配也就相应终结了，转而变成了本能支配理性。

隔代遗传的本能对理性的这种胜利是可怕的，社会所做的一切努力——这种努力对社会的存在来说是不可或缺的——就是依靠传统、习俗和法律的力量来限制人类的自然本能，这些自然本能是人类原始兽性的遗传。控制这些原始本能是可能的——一个民族越是能够克服这些本能，这个民族就越文明；但是，它们却不会彻底根除，有各种各样的因素可以轻而易举地把它们激活。

这就是为什么大众的激情被释放以后会变得如此危险的原因。它就像奔流的洪水，一旦冲垮了堤坝，就会一泻千里，直至泛滥成灾，浮尸遍野。“把一个民族的糟粕激将起来无异于引火烧身！”里伐罗尔在大革命之初就曾经哀叹道，“对民众进行启蒙的时代已经一去不复返了。”

三、人民在大革命中的作用

大众心理学的法则告诉我们：虽然人民可以通过追随、夸大它受到的刺激，从而在革命中发挥相当重要的作用，但如果没有了领袖，人民就会无所作为，他们从来不能引导自己的运动。

在所有的政治革命中，我们都会看到领袖的作用。虽然他们自己并不创立什么理念用以作为革命的理论基础，但他们却知道如何把理念作为一种手段，利用它们来为自己的行为辩护；思想观念、领袖、军队和大众构成了所有革命缺一不可的四个要素。

群众在领袖的鼓动下，借助人多势众蜂拥而起，他们的行动就好比一颗炮弹，在外力的作用下，能够产生一种它本身不具备的足以穿透钢板的冲击力。在群众的襄助下，革命如火如荼，而群众对于革命的要义却是一无所知；他们忠实追随其领袖，而从不问自己到底需要什么。群众推翻查理十世，是因为他颁布了《四项敕令》，至于这些敕令的内容，他们毫不关心；后来，他们又把路易·菲利普赶下了台，如果你问他们为什么要这样做的话，恐怕他们就会十分尴尬，无言以对。

许多作家，从米什莱到奥拉尔都被事物的表面现象所蒙蔽，他们无一不认为是人民发动了我们伟大的革命。

米什莱断言："革命的主角是人民。"

奥拉尔写道："这样的看法是错误的，即认为法国大革命是由少数几个杰出人物或英雄人物发动的……我相信，从1789年到1799年，在整个这段历史中，没有谁能够凭借一己之力来引导或左右事件的发展：无论是路易十六、米拉波、丹东还是罗伯斯庇尔。法国大革命的真正主角是法国人民吗——只要我们看到法国人民是一些有组织的群体，而非乌合之众的话，答案便是肯定的。"

柯钦先生在他最近出版的一部著作中还坚持这种流行的观点。他写道：

米什莱说得对，这简直就是一个奇迹。我们越是深入了解他们，就越会感到这些事实就像天方夜谭。这样一群乌合之众，不依靠领袖，也不依靠法律，整个就是混沌一团，却在五年的时间里实现了统治，对全国发号施令，其言行表现出的明确连贯，始终让人感到匪夷所思。

无政府状态对于他们教益颇深，旧的秩序被打破，新的秩序与纪律很快建立起来……散布于三万多个街区社团之中的两千五百万人行动起来步调一致，形同一人。

如果人民同时采取的这些行动真的像作者设想的那样，是完全自发的话，那它确实是一个奇迹。奥拉尔先生自己很清楚这种现象是不可能的；因此，当说起人民时，他非常谨慎地指出，所谓人民就是指群体，而且这些群体可能受到了某些领袖的领导。

那么，是什么将全体国民团结在一起的呢？在国王发动进攻、内战威胁国家统一的紧要关头，是谁力挽狂澜拯救了这个国家的呢？丹东、罗伯斯庇尔，抑或是卡尔诺这些人当然发挥了重要作用，但真正维护了团结、捍卫了独立的是人民俱乐部，它把法国人民组织成为公社或群众团体；迫使欧洲反法联盟不得不撤军的正是法国的地方自治团体和雅各宾派的组织。如果进一步观察，我们就会发现，在这些团体当中，总有那么两三个人比其他人更有才干，无论是在政策的制定上，还是在决议的执行中，他们都表现出了领袖的风范，但我们看到——比如说，在我们阅读人民俱乐部的会议记录时——他们的力量与其说来自他们自己，远不如说来自团体。

奥拉尔先生的错误在于，他认为所有这些团体都起源于“一场充满了博爱与理性的自发运动”。那个时候，数以千计的小型俱乐部遍布法国，它们唯巴黎的雅各宾俱乐部总部马首是瞻，不敢越雷池一步。这就是事实给我们的教训，但许多人出于对雅各宾派的幻想根本不愿意承认这一事实。[1]

四、大众及其组成要素

为了确立某些理论上的概念，人民被设想成一个神秘的实体，它无所不能，具备一切美德，政客们对它大加赞赏，溢美之词不绝于耳。接下来，我们就要看一看，人民在法国大革命中到底扮演了什么样的角色，它又是如何被编造成一个概念的。

无论是大革命时代的雅各宾派，还是今天的雅各宾派，无一不把人民这一大众整体奉若神明，它不必为其所作所为负责，而且它从不会犯错误，人民的意愿必须得到满足。人民可以烧杀劫掠，犯下最可怕的罪行，他们今天把自己的英雄捧上天，明天又会把他贬得一文不值，他们就是这样。政客们一刻也

[1] 在与德比杜尔先生合着的一本历史教学手册中，奥拉尔先生赋予作为一个整体的人民以更加突出的地位。我们看到，人民持续而自发地干预了事件的发展，这里举几个例子：

6月20日：“由于国王解除了吉伦特派大臣的职务，因此巴黎人民群情激愤，自发地进行反抗，冲入杜伊勒里宫示威。”

8月10日：“立法议会不敢推翻国王，正是巴黎人民在来自各地的结盟军的帮助下，以血的代价发动了这次起义。”

在吉伦特派与山岳派的冲突中：“大敌当前这种内讧是极其危险的，人民在1793年5月31日和6月2日迫使国民公会开除了吉伦特派领袖，并签署命令将他们逮捕。”

没有停止过吹嘘人民的崇高美德和非凡智慧，并对他们的每个决定都俯首帖耳。[1]

那么，一个多世纪以来一直被革命者们奉若神明、崇敬有加的神秘实体到底是由什么组成的呢?

我们可以把人民分成截然不同的两种类型：第一类包括农民、商人和各种各样的工人，这些人希望得到安宁和秩序。这样的话，他们就可以安心从事自己的职业了。这一类人构成了人民中的大多数，但这一部分人却从未想过发动一场革命。他们在默默无闻的劳作中维持生计，历史学家们常常把他们忽略。

第二类包括了那些具有破坏性的社会渣滓，这一群人受到犯罪心理的支配，是国家动荡不安的主要根源。酗酒成性的穷困潦倒之徒、盗贼、乞丐、市井无赖、居无定所的雇工，所有这些人构成了起义队伍中最危险的群体。

对于惩罚的恐惧使他们中的大多数人平时只能收敛他们的犯罪倾向，一旦当惩罚的危险消失，他们邪恶的本能就会暴露于光天化日之下，成为一帮凶犯。

那些玷污了一切革命美誉的大屠杀就得归咎于这一罪恶的渊薮。

正是这一帮人，在其领袖的指挥下，不断冲击大革命时期的议会。除了杀人放火、打家劫舍之外，这群无法无天的家伙没有任何理想，什么理论，什么原则，他们根本就没有放在心上。

还得加上那些从最底层的平民中吸收过来的渣滓，这群人游手好闲，无所事事，在感染的作用下，他们也加入了运动。之所以他们大喊大叫，是因为其他人也在疯狂叫嚣；之所以他们起来造反，是因为其他人也在进行暴动，他们对自己行为的目的没有任何意识。外在环境的暗示力量，使他们进入催眠状态，一举一动都无法自持。

从古到今，这样一群骚动不安却又极其危险的乌合之众，向来都是一切起义的核心力量，他们只受到煽动家关注。在煽动家们看来，他们就是拥有至高无上主权的人民。事实上，所谓拥有最高主权的人民主要是由底层的民众构成的，这些人正如梯也尔描绘的那样：

从塔西佗见证了大众为罗马皇帝犯下的种种罪行击节叫好以来，他们的本

[1] 这些似是而非的看法，至少在那些更加明智的共和主义者那里，已经逐渐失去了市场。

性始终没有发生任何改变。这帮野蛮的家伙麇集在社会底层，蠢蠢欲动，一旦得到权力的首肯，他们就准备以罪行来玷污人民的美名，破坏一切事业。

像法国大革命这样如此持久受到社会最底层大众支配的情况，在历史上恐怕是绝无仅有的。

从1789年开始，也就是说早在国民公会之前，当大众的兽性被释放出来时，惨绝人寰的大屠杀就已经开始了。这些屠杀进行得非常残酷，几乎无所不用其极。在9月屠杀中，囚徒们被慢慢地用马刀一块一块割成碎片，以延长他们的痛苦取悦观众，而那些暴徒则从受害者抽搐的场景和痛苦的尖叫声中获得了极大的快乐。

早在大革命之初，类似的场面就在法国随处可见。当然，那时还没有对外战争可以作为借口，事实上没有任何借口可以为这种残忍开脱。

从3月到9月，一系列的烧杀抢掠使法国血流成河，泰纳曾列举了一百二十个这样的例子，鲁昂、里昂、斯特拉斯堡等城市均落入大众的控制之中。

特鲁瓦市长被剪刀戳瞎了双眼，在经历几个小时的折磨之后死去，原龙骑兵团长贝尔鲁斯被活活地剐成碎片；在许多地方，遇害者的心脏被挖了出来，并被挑在枪尖上招摇过市。

这就是那些底层民众在限制其原始野性的规范体系被轻率打破之后实施的令人发指的暴行。他们之所以受到纵容，就是因为他们迎合了那些对其百般奉承的政治家们的野心。我们姑且设想一下，如果把这些数以千计的暴民压缩为一个人的话，这将是一个何等残忍、狭隘、可憎的怪物，它比历史上最残酷嗜血的暴君都要可怕。

不过，一旦他们受到一个强有力权威的镇压，这些冲动残忍的大众就会立即变得俯首帖耳；其暴戾程度越高，其奴性也就越强。因此，各种各样的专制暴君无一不设法将其拉拢过来加以利用；恺撒们必然会大受他们欢迎，无论他们是叫卡利古拉、尼禄、马拉、罗伯斯庇尔，还是叫布朗热。

在革命过程中，这些破坏性的大众行为是主要的。但是，诚如我们已经指出的那样，除此之外，还存在一个真正称得上是“人民”的群体，而他们要求的仅仅是劳动的权利。有时，他们确实可以从革命中受益，但他们从来就不会发动革命。革命的理论家们对他们知之甚少，也不信任他们，因为他们知道这些人身上具有传统和保守的本质。事实上，他们才是一个国家的中流砥柱，是他们维持着传统的力量和延续。

在恐惧的作用下，他们表现得极为驯服；甚至在领袖们的蛊惑下一时也会做出过火的行为，但民族传统的惯性力量不久便会再次发生作用，这就是为什么他们很快就开始厌倦革命的原因。当革命导致的无政府状态发展得过头时，他们固有的传统精神将激发他们与之对抗。这时候，他们就会寻求一位能够重建秩序的领袖。

这样的人民，听天由命而又爱好和平，他们显然没有什么非常崇高或复杂的政治观念。他们心目中的理想政府通常十分简单，颇似独裁政府，这就是从古希腊开始一直到我们这个时代，在无政府状态之后总是出现独裁政治的原因。在法国，第一次大革命之后，拿破仑的独裁受到了普遍的欢迎；再后来，虽然遭到了一些反对，但路易·拿破仑还是连续四次当选共和国总统；他的政变被认可后，他又重新建立了帝国，直到1870年普法战争之前，他的统治一直是稳固的。

毫无疑问，在最近的这些事件当中人民受到了蒙骗，但如果不是因为革命的阴谋导致了失序和混乱的话，人民就不会被迫去寻求摆脱革命的方法。

如果我们想全面理解人民在革命期间扮演的各种角色，那么这一章中回顾的这些事实就不应该被遗忘。人民的作用不容忽视，但它与传闻中想象的截然不同，传闻只能再现其生动性，至于其他方面就是穿凿附会了。

第二卷　革命中的主流心理形态

第一章　革命中个体人格的变化

一、人格的转化

在其他一些地方，我已经详尽论述了某种关于人的性格的理论，如果缺乏对这一理论的了解，我们就绝对无法理解某一时期——尤其是革命时期——人们行为的变化及其内在矛盾。在这里，我择其要点介绍如下：

除了具有某些惯常的精神状态之外，每一个个体还具有一些变动不安的性格：前者一般来说，只要环境不发生变化，它就是稳定的；而后者则有各种各样的可能性，它往往由突发事件引起。

现实生活中的人都是特定环境的产物，而不是所有环境的产物。整体的自我是由难以数计的小我构成的，它是祖先人格的积淀物。通过组合，这些要素达成了某种平衡，只要社会环境不发生变化，这一平衡就能够持久保持下去；一旦这种环境发生了剧烈的变化，比如说突然爆发了动乱，那么平衡就会被打破，那些分崩离析的要素将通过一种崭新的组合而形成一种全新的人格。这全新的人格将由其思想、感觉和行为表现出来，这时我们会看到，同一个个体将发生惊人变化，简直就是前后判若两人。因此，在雅各宾派恐怖统治时期，我们看到，诚实的资产阶级，以及那些以友善著称的温文尔雅的政府官员竟然变得嗜血成性、残忍好杀。

所以，在环境的影响下，旧的人格可能会让位于一种全新的人格。正是由于这个原因，重大宗教事件和政治事件的参与者们看起来似乎与常人迥异，但实际上却与我们并无多大不同；类似事件的重复发生，将塑造出同一种类型的人。

拿破仑对人性的这种特征了如指掌，在圣赫勒拿岛的回忆中，他说过这样一段发人深省的话：

我们在做出政治决策时，偶然性的作用绝不可忽视。正是由于深谙此理，我才能抛弃成见，对人们在动乱之中的所作所为并没有求全责备……在革命期间，人们只能说他们已经做了什么事；对那些他们力所不能及的事情说三道四则有失明智……客观理解人类行为确实困难……大众了解他们自己的行为吗？他们能够自圆其说吗？事实上，随着环境的不同，他们表现出来的善恶大相径庭，甚至判若两人。

在特定事件的影响下，正常的人格开始解体，这时新的人格是如何形成的呢？新的人格形成的途径有许多，但其中最有效的就是对一种强烈信仰的痴迷，它为我们理解新人格的形成指明了方向，就像磁铁能够将金属屑聚拢过来构成规则的曲线一样神奇。

在一些历史的紧要关头，特别是在像十字军东征、宗教改革以及法国大革命这样的重大历史事件中，我们会清晰观察到新的人格是如何通过这种方式形成的。

在正常情况下，由于环境的变化微乎其微，因此我们通常只能看到现实生活中个体所具有的单一人格。但有时在特定的环境下，也会出现多种人格相互替代的现象。

这些人格之间可能是互不一致的，甚至是截然对立的。这种与正常情况相背离的现象，在某些病理条件下会变得相当突出。在病态心理学中，单一个体具有多重人格的现象并不罕见，我们可以参见莫顿·普兰斯和皮埃尔·珍妮特两人征引的案例。

在所有这些人格变异的例子当中，人的智力并没有什么异常，而是构成性格的诸多情感发生了改变。

二、大革命时期突出的性格因素

在革命中，我们看到社会的约束被打破，正常情况下受到抑制的一些情感开始滋长，有了一个可以自由发泄的机会。

这些社会约束包括法律、道德和传统，它们不可能完全被解除。在经历了社会剧变之后，残存下来的那些约束在某种程度上缓和了危险情感的恶性爆发。

在这些社会约束中最有力的约束就是民族精神。民族精神决定了一个民族中大多数人的观察、体验和志愿的面貌；它构成了一个民族的遗传性习俗，再没有比习俗更强大的纽带了。

这种民族性的影响限制了一个民族的变化，而且在特定的范围内决定了一个民族的命运，它的作用超出了一切表面上的变化。

仅以历史为例，法兰西的民族精神在一个世纪内似乎发生了翻天覆地的变化：在短短的几十年中，她就由大革命转向恺撒主义，进而复辟君主制，接下来革命再起，最后一位新的恺撒应运而生。表面上时局风起云涌，变幻莫测，而实际上社会根本却没有被触动。

在此，我们无意深究国民性变化的局限，却不能不考察某些情感因素的影响，在革命期间，这些情感因素的发展变化导致了个体和群体人格的变异。在这些情感因素中，我将特别提到仇恨、恐惧、野心、嫉妒、虚荣和狂热。我们将考察它们在历史巨变中——尤其是在法国大革命中产生的影响，法国大革命为我们提供了大部分的案例。

仇恨

我们越深入研究大革命时期人们的心理，就越会发现那些情感现象的作用是惊人的，仇恨就属于这样一种情感。对人的仇恨、对于制度的仇恨以及对某些事情的仇恨深深地刺激着大革命时期的人们。他们不仅是憎恨他们的敌人，而且也憎恨自己的同党，正如最近一位作者指出的那样："如果我们毫无保留地接受这些革命者之间的相互指控的话，我们就不能不得出这样一个结论，那就是他们所有的人都是叛国者，他们夸夸其谈，腐败无能，干尽了暗杀的勾当，骨子里与暴君无异。"我们知道，正是带着这样一种必欲置对手于死地而后快的仇恨心理，人们相互迫害，相互残杀：吉伦特派、丹东派、埃贝尔派、罗伯斯庇尔派等等派别概莫能外。

产生仇恨心理的一个主要原因就是不宽容，这些狂热的宗派主义者以使徒自居，自以为掌握了绝对真理，并且同所有的信徒一样，他们无法容忍异端的见解。神秘主义或浪漫主义的信念总是伴随着一种将自己的信仰强加于人的需要，它不可能被说服，而一旦大权在握，大屠杀就有如同箭在弦上，不得不发。

如果造成革命者处于分裂对立状态的仇恨具有理性起源的话，它们就不会如此持久，而一旦仇恨产生于情感的或神秘主义的因素，人们就既不可能遗忘，也不可能宽恕。仇恨心理的根源在不同的派别那里如出一辙，它们都表现出同样的暴力倾向。现有的文件已经证明，吉伦特派并不比山岳派温和到哪里去，正是他们最早宣称失势的党派应该被消失；奥拉尔先生指出，他们还试图为“九月屠杀”进行辩护。不应该把雅各宾派的恐怖政策简单地视为一种自卫的手段，而应该看作是胜利的信徒用来消灭其可恶对手的普遍做法。即便是那些能够容忍思想上存在巨大分歧的人，也不能容忍信仰上的差异。

在宗教战争或政治战争中，失败的一方休想得到任何宽恕。从割断两百多名罗马元老院议员喉管、屠戮了五六千罗马人的苏拉，到镇压巴黎公社之后，枪毙了两万多人的暴徒，这一血腥的法则屡试不爽。过去的历史一次又一次地证明了这一法则，恐怕未来也难逃这一铁律。

大革命中的仇恨心理并不完全出于信仰上的分歧，其他的一些感情——如嫉妒、野心以及自私等——也为仇恨的滋生提供了温床；个人之间的权力斗争把那些不同派别的领袖们一个接一个地送上了断头台。

此外，我们还应当记住，分裂的要求以及由此产生的仇恨心理似乎已经成了拉丁民族精神的构成要素之一。我们的祖先高卢人就曾因此丧失了独立，这一点给恺撒留下了深刻的印象，他说：

没有哪个城市不是分裂为两个派别；没有一个郡，没有一个村庄，没有一个家庭能够与派系纷争脱得了干系。如果哪个城市在一年当中没有发生武装袭击别的城市或不曾全力抵抗外来侵略，那倒让人感到奇怪。

因为人类进入知识的时代还为时尚短，所以迄今为止支配人类行为的还是感情和信仰，我们可以想象，仇恨在人类历史上起到了多么重大的作用。

某军事院校的教授科林指挥官，对仇恨这种情感在战争中的重要作用，作了如下评述：

在战争中，没有什么比仇恨更能激发士兵的战斗力了；正是仇恨使普鲁士人战胜了拿破仑。分析一下那些最壮观的演习、最具决定性的军事行动，如果它们不是腓特烈大帝或拿破仑这样的天才创造的非凡杰作的话，你就会发现，它们的灵感是来自激情而不是深谋远虑。设想一下，如果没有我们对德国人的仇恨，1870年的那场战争会是什么样子恐怕就不得而知了。

科林指挥官也许应该将日俄战争补充进来，因为俄国人曾使日本人蒙受羞辱，所以日本人对俄国人怀有强烈的仇恨，也许这也算是日本人能够取胜的一个原因吧；而俄国的士兵根本就没有把日本人放在眼里，因此也就谈不上什么仇恨了，这是俄国人失败的一个原因。

大革命期间，确实存在大量有关博爱的言论，但又有什么用呢？今天，这种言论更多了，“和平主义”“人道主义”和“团结”已经成为各种现代政党的流行口号，但又有谁知道，在这些大话、套话的背后又隐藏着多少深仇大恨呢？它对我们现代社会又将构成怎样的威胁呢？

恐惧

恐惧在革命中的作用几乎和仇恨的作用一样重要。在法国大革命期间，个人表现的勇敢无畏与集体暴露的胆小懦弱并行不悖。

正如我们在重温革命议会的历史时看到的那样：面对断头台，国民公会的代表们总是大义凛然，无所畏惧；但是，当暴乱者闯入议会，发出种种威胁时，他们又常常显得十分懦弱，对那些荒谬透顶的要求和指令言听计从。

在大革命期间，各种形式的恐惧比比皆是：最流行的恐惧就是唯恐被人指斥为温和派，国民公会的代表、公共检举人、国民公会的“特派员”、革命法庭的法官等，都争先恐后地表明自己比对手更激进、更进步。恐惧是这一时期一切罪行的主要根源之一。如果真的出现什么奇迹，使革命的议会能够免除恐惧，他们的举动可能就会大不一样，而革命本身也就可能会向一个完全不同的方向发展。

野心、嫉妒、虚荣等等

在正常情况下，这些情感因素的影响都被严格限制在社会容许的范围之内，比如说野心，它必然会受到一种社会等级形式的限制。虽然士兵有时确实能够成为一名将军，但这只能是在长期的服役之后。而在革命时期，情况则大为不同，士兵想成为将军根本不需要等待。每个人几乎都可能在极短的时间之内论功行赏，加官晋爵，所以个人的野心极度膨胀。连最卑微的人也都相信自己能够胜任最高的职位，正是由于这一事实，因此每个人的虚荣心一下子就被调动起来。

所有的激情，包括野心和虚荣，在革命期间或多或少都会增加，我们还将看到，对那些一夜之间飞黄腾达的人的羡慕之情和嫉妒之心也在不断增长。

在革命时期，嫉妒心的影响十分重要，这一点在法国大革命当中尤为明显。对贵族的嫉恨是这场革命的一个重要因素，虽然此前中产阶级在能力和财富上已经超过了贵族，并且已经越来越同贵族相融合，但他们依然有那种被贵族拒于千里之外的感觉，这引起了他们由衷的愤恨。这种心理状态使资产阶级不自觉地成了“平等”这一哲学教条的热诚拥护者。

受到伤害的自尊和嫉妒由此成为仇恨的根源，由于贵族今天在社会上的影响已经微不足道，因此我们很难想到这一点。国民公会中的许多代表——如卡里埃、马拉以及其他一些人——都曾在大贵族门下谋得一官半职，寄人篱下的耻辱成为他们的生平大恨；罗兰夫人终生不忘这样一件事：在旧制度下，她和她母亲曾应邀到一位贵妇家做客，结果就餐时她们被安排到仆人的席位上。

泰纳曾经引用过哲学家里伐罗尔的一段话，它一针见血地指出了受到伤害的自尊和嫉妒对革命仇恨的影响。

他写道：“到底是什么激怒了这个民族呢？不是苛捐杂税，不是国王的密札，也不是权力在其他方面的滥用；不是国家的管理者们有什么过错，更不是司法机关持久而致命的拖延；事实上，引起人们深仇大恨的正是贵族的偏见。最能说明这一点的就是如下这一事实：正是资产阶级、知识分子、有钱人，也就是那些对贵族深怀嫉妒的人，发动了城市里的贫民以及乡下的农民起来造反的。”

这一言之凿凿的判断被拿破仑的格言部分验证，他说：“虚荣心造就了革命，自由不过是托词而已。”

革命始作俑者们的热情，丝毫不亚于那些宗教信仰的使徒，而且第一次国民议会的资产阶级代表们确实想过要建立一种宗教。他们试图彻底毁灭一个旧世界，并在它的废墟上建设一个新世界，没有什么比这一诱人的幻想更能打动人们的心灵了。新教义宣称，平等和博爱将把所有的民族都带到永恒的幸福之境；未来的新生世界将沐浴在纯粹理性的光芒之中。人们依据最光辉、最雄辩的原则，翘首企盼黎明的到来。

但是，暴力很快就取代了这种热情，究其原因恰恰在于人们不可能长久沉醉在梦幻中，总有觉醒的那一天，而这对革命来说将是灾难性的。我们很容易想象，大革命的使徒们在攻击自己的梦想受到日常事务的掣肘时会是怎样的雷霆万钧，怒不可遏。革命者们原本试图否定过去，拒绝传统，改造人类以实现新生，但过去的阴影不仅是挥之不去，反而大有卷土重来之势，并且走出幻想的人们也开始拒绝改造。在这种情况下，步履维艰的改革者们不会屈服，他们将借助暴力手段，强制推行他们的主张。这样的专政势必让人们对旧制度无限怀念，于是复辟最后也就不可避免了。

需要指出的是，虽然一时心血来潮的激情在革命议会中并不能持续多久，但它却能够在军队中经久不衰，并成为军队的主要力量源泉。实事求是地说，在法国成为共和国之前，大革命的军队就已经是共和主义者了；在共和政体被放弃之后很久，他们还一直坚持共和主义的信念。

回顾本章的内容，我们发现，人格的变异通常是以某些共同的渴望和环境的变化为条件的，它们最后会表现为少数几种非常同质化的心理状态。仅就比较典型的心理状态来看，我们可以把它们分为四类：雅各宾主义心理状态、神秘主义心理状态、革命心理状态和犯罪心理状态。

第二章 神秘主义心理和雅各宾心理

一、大革命时期盛行的心理状态分类

如果不进行分类，科学研究就无从谈起；而要分类就必须将那些连贯的过程分开来看，因此分类在某种程度上是人为的。但是，既然连贯的过程只有在分解后才能被理解，分类就是必要的。

要想对大革命时期人们的心理状态大致区分，显然需要将那些纷繁复杂、相互交错的要素剥离出来，这些要素原来或是混杂在一起或是叠合在一起。我们接下来就要做这样的工作，为了获得一个清晰的认识，我们将不得不在一定程度上牺牲精确性。前一章末尾列举的基本类型，以及我们将在本章中加以描述的这些类型，共同构成了一个类群，如果我们打算面面俱到地研究它们之间的复杂关系，我们的分析恐怕就无法进行下去了。

我们已经证明，人类是受不同逻辑支配的，在正常情况下，这些逻辑的存在是平行的，它们之间不会发生相互影响；但是，在多种因素的共同作用下，它们可能会产生冲突，它们之间最小的差异在个人和社会发生巨变时通常会非常明显地表现出来。

正如我们不久将要考察的那样，神秘主义逻辑在雅各宾主义心理状态中起着一种非常重要的作用，但它并不能单独发挥作用，其他的逻辑形式——情感逻辑、集体逻辑和理性逻辑也可能根据环境的变化而占据主导地位。

二、神秘主义心理

我们姑且将情感逻辑、集体逻辑和理性逻辑的影响放在一边，而只考虑神秘主义因素的重大影响，神秘主义的因素在许多革命中极为盛行，法国大革命尤其如此。

神秘主义逻辑的主要特征在于它为那些超人格的存在或力量赋予了一种神秘主义的色彩，这些超人格的存在或力量常常表现为偶像、崇拜物、文字、口号等形式。

神秘主义精神是所有宗教和绝大多数政治信仰的基础，如果我们祛除了宗教和政治信仰作为基础的神秘主义因素，这些信仰通常就要土崩瓦解。

神秘主义逻辑常常嫁接在感情和激情的冲动之上，它是大型群众运动的力量源泉。如果说愿意为崇高理性而牺牲自己的人寥寥无几，那么，时刻准备为自己崇拜的神秘偶像而献身的人则比比皆是。

大革命的信条很快就激发了一股神秘主义的狂潮，这与此前各式各样的宗教信仰激发的狂热没有什么两样。它们唯一要做的就是要改变几个世纪以来根深蒂固的传统心理状态的发展方向。

因此，国民公会的代表们表现出的野蛮狂热就不足为奇了，他们的神秘主义精神丝毫不亚于宗教改革时代的新教徒们。雅各宾恐怖专政时期的主角——库通、圣茹斯特、罗伯斯庇尔等——就是大革命的使徒。就像波利提斯为了宣传他的信仰而捣毁异教的祭坛一样，这些人梦想着改造世界；将他们的激情撒播于整个地球。他们坚信，自己那些无与伦比的信条足以颠覆一切君主，因此他们毫不犹豫地向欧洲的国王们宣战。坚强的信仰远胜于那些让人疑窦丛生的说教，激励着他们在与整个欧洲的战争中屡战屡捷。

大革命领袖们的神秘主义精神在他们的公共生活中露出了蛛丝马迹。罗伯斯庇尔本人就坚信他得到了全知全能的上帝的支持。在一次演讲中，他试图让听众们相信上帝“在开天辟地之初就已经颁布圣令，要实行共和政体”。他还扮演一种国教大祭司的角色，推动国民公会通过一条法令，宣布“法国人民承认上帝的存在和灵魂不死”。在最高主宰节仪式上，罗伯斯庇尔巍然高居在王座上，进行冗长的布道。

由罗伯斯庇尔领导的雅各宾俱乐部，最后承担了一个政务委员会的所有功能。马克西米利安在那里宣布了“最高主宰”的观念，他“垂怜关爱着那些受到压迫的无辜者，审判惩罚那些不可一世的罪人”。

所有批评雅各宾正统派的异端都将被革出教门，也就是说，他们将被送上革命法庭，等待他们的将是断头台。

以罗伯斯庇尔为典型代表的神秘主义心理并没有随着罗伯斯庇尔之死而销声匿迹，具有同样心理状态的人在今天法国的政治家中并不罕见。旧的宗教信仰已经不再支配他们的思想，但罗伯斯庇尔式的心理却阴魂不散，只要有机会他们就将自己的政治信条强加于人。如果杀戮能够传播他们的信仰的话，他们通常会在所不惜。这些政治家一旦成为掌权者，其布道的方法就会同一切时代中运用的神秘主义方法如出一辙。

因此，罗伯斯庇尔至今仍有众多的信徒也就不足为奇了，罗伯斯庇尔的思想并没有同他本人一道殒命断头台，类似的思维模式在数以千计的人身上再现。只要人类继续存在，罗伯斯庇尔式的思维及其最后的信徒就不会消失。

长期以来，一切革命中的神秘主义方面都被大部分历史学家忽略，时至今日他们仍然试图借助于理性逻辑来解释大量与理性风马牛不相及的现象。在我前面已经引述过的一个段落中，拉维斯先生和朗博先生认为，宗教改革是“个人自由反省的结果，它向普通老百姓提供了一种极为虔诚的良心和一种大胆勇敢的理性”。

诸如此类的运动，永远不会被那些认为它们起源于理性的人理解。曾经震撼世界的那些信仰，无论是政治的还是宗教的，它们都有一个共同的起源，并遵循同样的规律。它们的形成与理性无关，甚至可以说是与理性完全相反的因素塑造了它们。佛教、基督教、伊斯兰教、基督新教、巫术、雅各宾主义、唯灵论等等，看起来似乎是截然相反的信仰形式，但我有必要再重申一遍，它们具有相同的神秘主义和情感基础，并遵循着与理性毫不相干的逻辑形式。它们的力量恰恰就来源于这样一个事实：理性既不能创造信仰，也不可能改造信仰。

在我们当代的政治中，使徒式的神秘主义心理状态也不罕见，在一篇与我们最近的一位大臣有关的文章当中，我们可以强烈地感受到这一点。现在，我就从杂志上摘录以下一段：

人们可能会问，应该把某先生划归到哪一类人当中去呢？比如，我们能够说他是属于没有信仰的人吗？不，绝对不能！当然，他并没有接受现存的任何一种信仰：无论是罗马的天主教还是日内瓦的新教，他一并咒骂；他拒绝一切传统的教条和任何已知的教会。但如果他能够扫除一切，并在这样一个空白的基础上建立他自己的教会的话，那它将比其他所有的教会都独断专行；而且，他的宗教裁判所在残忍与不宽容程度上，比起臭名昭著的托尔克马达宗教裁判所，将会毫不逊色。

他说：“我们不能容忍学校中立这样的事情，我们要竭尽所能对学校实行管制，哪怕因此成为教育自由的敌人。”如果说他还没有建议埋好火刑架、堆起柴堆的话，那也仅仅是出于礼貌上的需要，不管他愿意与否，对于这一点他还是得加以考虑。不过，即使他已经不能任意对人进行肉体上的惩罚，但他依然可以调动世俗的权力来对他人的学说宣判死刑。这正是宗教大法官们的立场。他对思想发起了同样猛烈的攻击，这个自由的思想者拥有如此自由的精神，所以他拒绝接受一切哲学。在他看来，那些哲学不仅是荒谬怪诞，而且是罪恶的。他自诩只有他自己才是绝对真理的掌握者，他在这一点上如此自负，因此在他看来，任何与他意见相左的人都是可憎的怪物和人民的公敌。他从来就没有怀疑过他个人的观点可能仅仅是出于臆测；也没有怀疑过自己这样考虑问题是不是更加可笑：只是因为别人否认神性就断定他们是想获得神圣的权利，或者说，他们充其量是假借否定神性，而实质上以另一种方式重建神性——这只能够让人们更加怀念过去的神。某先生可以说是理性女神的一个信徒，他制造了一个摩洛神，一个让人难以忍受的神，他需要拿人做祭祀品。除了他自己和他的同道之外，任何人都不配享有思想自由；这就是某先生的自由思想。这一见解的前景确实吸引人，但在过去的几个世纪里人们为了实现，它已经打碎了太多太多的偶像。

为了自由的缘故，让我们来祈祷吧，千万别叫那些令人沮丧的狂热者最后成了我们的统治者。

假设理性的无声力量可以胜过神秘主义的信仰，讨论革命思想或政治思想的理性价值就会毫无意义，但人们依然对此津津乐道。让我们感兴趣的仅仅是它们的影响，至于说假想的人类平等、人类与生俱来的善良本性、通过法律的手段重建社会的可能性等等，诸如此类的理论是否已经被观察和经验揭穿，那是无关紧要的。不管怎么说，这些空洞的幻想却是人类目前已知的最有力的行为动机。

三、雅各宾心理

虽然“雅各宾心理”这一术语并不严格属于正式的分类，但我对它还是情有独钟，因为它概括了一种得到明确界定的精神集合，足以形成一种真正的心理类别。

这种心理状态主导了法国大革命中的人们，但这并不是他们独有的特征，时至今日它还是我们政治生活中最活跃的要素。

我们前面已经考察过的神秘主义心理是雅各宾心理的一项实质性要素，但它还不足以单独构成雅各宾心理，现在我们就来考察其他那些必须加以考虑的因素。

雅各宾党人对于自己的神秘主义心理浑然不觉；恰好相反，他们一直标榜自己是以纯粹理性为指导。在整个大革命期间，他们不断强调理性，视理性为自己行动的唯一指南。

大多数历史学家对于雅各宾党人的精神状态都采用了这种唯理主义的观点，甚至连泰纳也落入了这一窠臼，他在探究雅各宾党人大部分行为的根源时，都误用了理性。不过，在他对于这一问题的相关著述中，也包含了许多真知灼见，并且同其他许多方面一样，这些见解非常出色，这里我摘录其中最重要的段落：

在人类的本性当中，不乏那些夸大其词的自爱或教条论证，在所有的国家中，这是雅各宾精神苟延残喘的两大根基，常常是秘而不宣却又坚不可摧……二十年前，当一个年轻人来到这个世界上时，他的理性几乎与他的自尊同时被激发出来。首先，无论他将来到一个什么样的社会，同纯粹的理性相比，这一社会都是可鄙的。因为任何一个社会都不是由一个哲学上的立法者根据一定原则来建立的，而是由人们千变万化需要经年累月不断演进而成的。它不是逻辑的产物，而是历史的产物。那些年轻的理性主义者总是对那些古老的建筑耸耸肩，不以为然。总以为它的选址是荒谬的，其结构支离破碎，其不便之处显而易见……大多数的年轻人，尤其是那些想要干一番事业的年轻人，当他们离开学校时，都或多或少地沾上了雅各宾派的一些习气……社会腐败是雅各宾主义的温床，就像发酵的土壤适合于菌类的繁殖一样。想一想这一思想可资纪念的闪光之处吧，是罗伯斯庇尔和圣茹斯特的演说，是立宪派与国民公会的争论，还是吉伦特派和山岳派长篇大论的说辞或虚假的报告？从来没有人振振有词地讲了那么多，实实在在地说得这么少；无聊的空话和膨胀的重点淹没于千篇一律的演讲下可能存在的任何真理之中。雅各宾派的头脑当中充满了对浮光掠影的虚幻追求；在它的眼里，这些空想比那些实实在在的生活还要真实，这些空想就是它唯一能够认同的，它会以其全部的真诚阔步行走在空想追随者的行列之前。成千上万形而上学的意志都是他个人意志的幻象，人们异口同声地支持他，而他则如鹤立鸡群，就像是一场胜利与欢呼的合唱，其他声音不过是他声音的回应而已。

在对泰纳的描述表示钦佩之余，我想他并没有准确抓住雅各宾党人的心理。

无论是在大革命期间，还是在今天，雅各宾党人的真实心理都是诸种要素的集合，如果我们想理解它的功能的话，就必须先分析一下它的构成要素。

这一分析将首先向我们揭示，雅各宾党人并不是理性主义者，而是信仰至上者。他的信仰远不是建立在理性基础之上的，理性不过是他用来掩饰其信仰的面具而已，虽然他的言论中充斥着理性主义的陈词滥调，但在他的思想和行动当中却见不到一丝理性的影子。

如果一个雅各宾党人真像有人指责的那样运用其理性的话，有时倒确实可以听到理性的声音，但就我们观察到的情况来看，从大革命开始直到今天，雅各宾党人从来就没有受到过理性的影响，但也正因为此，他才拥有了如此神奇的力量。

那么，为什么雅各宾党人对理性的声音充耳不闻呢？很简单，就是因为他的视野过于狭隘，从而使他无力抗拒强烈的冲动，只好任其支配。

当然，仅仅由于理性不足而激情有余这两个因素，还不能构成雅各宾心理，这里面肯定另有原因。

激情只能够支持信念，而不能创造信念。既然真正的雅各宾主义者拥有强烈的信念，那又是什么在支撑着这些信念呢？这里，我们前面已经探讨过的神秘主义因素就派上用场了。雅各宾党人是神秘主义者，他们借助语言和口号的魔力，用新的神祇取代了旧的上帝。为了侍奉这些严厉的神祇，哪怕是采取最激烈的措施，他们也在所不惜。我们当代的那些雅各宾主义者通过的法律不就是为这一事实提供了一个有力的证据吗？

雅各宾心理具有一种极端狭隘而又狂热的特征；事实上，它代表着一种狭隘僵化的心灵，拒绝接受任何批评，除了信仰之外从不考虑其他任何事情。

神秘主义要素和情感因素占据了雅各宾主义者的心灵，从而使他们的头脑变得极为简单。他们只抓住事物之间的表面联系，根本没有办法让他们分清什么是异想天开的幻觉，什么是现实的存在。他们对于事物的因果关系熟视无睹，一味沉浸在自己的梦想当中，难以自拔。

正如我们看到的那样，雅各宾主义者并没有超出其逻辑理性的发展，因为他们对这种逻辑知之甚少，所以他们常常变得十分危险。雅各宾主义者的那点微弱理性早已被他们的冲动制服，在有识之士视为畏途、不敢贸然前行的地方，他们满不在乎地走了过去。

因此，虽然雅各宾主义者都是一些能言善辩之徒，但这并不意味着他们是受理性引导的。当他们假想自己在接受理性引导时，实际上支配他们的恰恰是他们的激情和神秘主义。同所有那些对自己的信念坚信不疑，从而被信仰之墙幽闭的人一样，他们永远也不可能摆脱画地为牢的困境。

一个真正好斗的空想家，与我们前文描绘的加尔文教信徒有着惊人的相似之处。他们受到自己信仰的蛊惑，为了实现自己的目标不惜付出任何代价，所有那些与他们的教义相背离的人都应该被处死。加尔文教徒与这些激动人心的演说家实在太相似了，他们像雅各宾主义者一样，对引导自己的神秘主义力量一无所知，相信理性是自己的唯一指南，但实际上他们却是神秘主义和激情的奴隶。

真正信奉理性主义的雅各宾党人是不可思议的，如果雅各宾党人被视为理性主义者的话，那我们只能为理性感到悲哀；而另一方面，充满激情和神秘主义色彩的雅各宾党人则非常容易理解。

极为微弱的理性力量、强烈的激情和浓厚的神秘主义，正是构成雅各宾精神的三种心理要素。

第三章　革命心理和犯罪心理

一、革命心理

我们刚才已经看到，神秘主义要素只是雅各宾心理的一个组成部分。现在，我们就来看一看这些神秘主义因素如何构成另一种很容易定义的心理状态，即革命的心理状态。

在任何时代的社会中，都会包含一些不稳定的情绪，带有这种情绪的人常常对社会表示不满，难以安于现状，随时准备反叛一切既定秩序。他们对于犯上作乱有特殊的嗜好，一旦有什么神奇的力量刺激了他们的愿望，他们就会铤而走险。

这种特殊的精神状态常常源于个人对其所处环境的错误适应，或者源于极端的神秘主义，当然也可能仅仅是一个气质问题，或者仅仅出于病理上的原因。

反叛的心理需要，可以表现出极不相同的强度，有些仅仅是直接针对人和事的以言词表达的不满，而有些则表现得较为强烈，达到了必先欲除之而后快的程度。有时，个人会形成一种难以自制的革命的疯狂。俄罗斯就到处可见这样的疯子，他们不满足于纵火或向人群中扔炸弹这样的暴行，最终开始自相残杀，比如苦行派以及其他类似的教派就是这样。

这些天生的反叛者，一般都非常容易受到暗示的影响，而且他们的神秘主义心理总是被一些固定的思想支配。虽然他们的行动常常显得活力四射，但实际上，他们的性格极为软弱，甚至不足以抵制内在的冲动。他们受到神秘主义精神的激励，并以此为借口替自己的暴行辩护；这种神秘主义精神也使他们把自己看成是伟大的改革者。

每个社会都会产生一些反叛者，但在正常的年代里，他们要受到法律、环境的约束，也就是说，要受到一般社会规则的约束，因此他们并不引人注意。而一旦发生动乱，这些约束和限制就会放松，同时叛乱，为他们的反叛本能提供一个自由发泄的机会。于是，他们就会成为这场运动当之无愧的领袖。革命的目的和动机对他们来说已经变得无关紧要；无论是红旗还是白旗，或者是国家的解放之类隐约听说过的目标，他们都愿意为之献身。

革命精神并不总是被推向危险的极端，如果它不是源于情感的或神秘主义的冲动，而是源于智识，它就可能会成为进步的一个源泉。有时，传统和习惯的力量如此强大，因此它们对文明构成了束缚，这时就需要类似革命的精神来打破枷锁，推动知识上的革命。科学、艺术以及工业等方面的进步尤其需要具有这种精神的人，伽利略、拉瓦锡、达尔文、巴斯德等就是这样的革命者。

虽然一个民族没有必要拥有众多的具有这种革命精神的人，但有一些这样的人还是非常必要的，否则人类恐怕现在还居住在洞穴中，过着茹毛饮血、刀耕火种的生活。

这种能够带来新发现的革命胆识是一种非常罕见的能力，它尤其需要独立精神和判断能力，前者使人足以摆脱流俗观念的影响，而后者则使人透过表面的现象，抓住潜藏的事实。这种形式的革命精神是创造性的，而此前我们讨论的那种革命精神则是破坏性的。

因此，革命心理可以看作是个人生活中的一种心理状态，正常来说，它是有益的，而一旦过了头，它就会变成一种有害的病态心理。

二、犯罪心理

任何一个文明的社会都不可避免地要受到一些社会渣滓的拖累，这些人要么是退化了，要么是不能适应社会，要么就是有着各种各样的污点。四处流窜的流浪汉、沿街乞讨的乞丐、躲避惩罚的逃犯、小偷、刺客，以及得过且过的饥民，都可能构成大都市的犯罪群体。在一般情况下，这些文明的赘物或多或少都会受到警察的管束。但是，在革命期间，他们就会变得无法无天，肆无忌惮地放纵自己的本能。任何时代的革命必定要在这些社会糟粕中补充新生力量，这些人只热衷于烧杀抢掠，对于他们宣誓捍卫的事业根本就没有放在心上；如果他们觉得在反革命的阵营中可以获得更多杀人越货的机会的话，他们就会毫不犹豫地投靠对方。

在这些可以被确切地称为罪犯的人——他们是任何社会都无法克服的顽疾——之外，我们还得留心这样一个半罪犯的阶层：偶尔做些坏事的人，只要对既定秩序的畏惧还能够抑制住他们，他们就不敢轻举妄动；而一旦这种恐惧稍有减弱，他们就会加入到革命的队伍中去。

这两类犯罪群体—惯犯和偶犯构成了一支不安定的大军，他们除了制造混乱之外，一无所能。所有的革命者、一切宗教团体和政治团体的创立者，常常寻求他们的支持。

我们前面已经说过，这一带有犯罪心理的人群，在法国大革命中产生了不可估量的作用。在那些几乎每天都会发生的暴乱中，他们总是冲在最前面。某些历史学家曾满怀敬意地记述过如下的场景：至高无上的人民群众手持长矛——有时长矛的尖上还挑着刚刚砍下的头颅——冲进议会大厅，把他们的意志强加给国民公会。

如果我们分析一下那些所谓的主权人民的代表，我们就会发现，除了一小部分头脑简单、唯其领袖马首是瞻的人之外，我在前面提到的那些强盗几乎占据了大部分。诸如九月屠杀、德朗巴勒公主被杀之类的暴行，他们都是罪魁祸首，难辞其咎。

从制宪会议到后来的国民公会，这一系列的议会都受过他们的胁迫，并且他们对法国的蹂躏一直持续了十年之久。如果能够借助某些奇迹，及时将这支犯罪大军剪除的话，大革命的进程也许会是另一番景象。从大革命的兴起直至其衰落，这些人始终都在以鲜血玷污大革命。对于他们，理性是起不了任何作用的，但另一方面，他们却可以通过种种暴虐的行径来反对理性。

第四章 革命大众的心理

一、大众的一般特征

无论革命的起因是什么，除非它已经渗透到群众的灵魂当中，否则它就不会取得丰硕的成果。从这个意义上说，革命代表了大众心理的一个结果。

虽然我在另外一本著作中已经详尽研究过了集体心理，但在这里我还是有必要再重述一下它的主要法则。

个人在作为大众的一员而存在时，具有某些与他在作为孤立的个体而存在时迥然相异的特征，他有意识的个性将会被群体的无意识人格淹没。

个体身上产生的大众心理并不一定需要实质性的接触，由某些特定事件激发的共同的激情和情绪，通常就足以实现。

集体心理在瞬间就可以形成，它表现为一种非常特殊的集合，其主要特征在于它完全受一些无意识的因素控制，并服从于一种独特的集体逻辑。

在群众具有的另一些特征中，我们应当注意这一点，那就是他们很容易轻信，对事物过于敏感，常常缺乏远见，对理性的影响不能做出反应。断言、传染、重复和威信几乎就是说服他们的唯一手段，事实和经验对他们不起什么作用。群众可能相信任何事情，在他们的眼里没有什么是不可能的。

群众极其敏感，所以他们的情绪——无论是好的还是坏的——总是夸张。这种夸张在革命期间表现得尤为突出，哪怕是一点小小的刺激都可能导致他们采取最狂暴的行动。在正常情况下，他们的轻信就已经十分严重，更何况在革命时期，那只能够变本加厉；痴人说梦般的呓语都会让他们信以为真。阿瑟·扬讲述过这样一个故事：法国大革命期间，他在克莱蒙附近的水泉处游历。走到半路，他的向导被一群人挡住了去路。原来他们也不知是听信了谁的谣言，竟认为他是受王后的指使来这里准备引爆小镇的。当时，到处流传那些关于王室的可怕谣言，最后王室简直被说成是盗尸者和吸血鬼的巢穴。

诸如此类的特征表明，群体中的个人就其文明程度而言已经堕落到了一个非常低的层次。他变成了一个野蛮人，带有野蛮人的一切性情和缺陷，有着突如其来的狂暴、热情和英雄主义。就智力而言，群众是无法与单个人相比的；但是，就道德和感情而言，群众则可能要略胜一筹。群众很容易犯下罪行，就像他们很容易自我克制一样。

个人的特性在群体中很快就会消失，群体对个人施加的影响相当大：吝啬鬼变得慷慨大方；怀疑论者成了信徒；最诚实的人成了罪犯；懦夫也可以变成勇士，诸如此类的转变在大革命期间比比皆是，屡见不鲜。

作为陪审团或是国会中的一员，“集体人”做出的判决或颁布的法律，都是他在个体状态时做梦也想不到的。

在集体的影响下，作为集体组成部分的个人将发生一系列的变化，其中最突出的后果之一就在于他们的感情和意志的同质化。

这种心理上的同质化赋予了群众一种非同寻常的力量。

一个精神上的统一体之所以能够形成，其主要原因就在于群体中的态度和行为极富感染力，仇恨、狂怒或热爱之类的情感在叫嚣声中很快就会得到支持，并反复强化。

这些共同的情感与意志源自哪里呢？它们通过感染而传播，但在这种感染发生作用之前肯定要有一个出发点。如果没有一个领袖，大众就是一盘散沙，他们将会寸步难行。

要想解释我们大革命中的诸多因素，要想理解革命议会的种种行为及其单个成员的转变，我们就必须具备大众心理的知识，了解它的规律。由于受到集体无意识力量的推动，群众常常说不清自已的真实意图，因此往往投票赞成了他们原本不赞同的那些动议。

虽然集体心理的定律有时会被一些高明的政治家凭借直觉识破，但政府部门中的大部分人从来就没有理解这些定律。正是因为他们没有理解这些定律，所以他们中的许多人就这样轻而易举地被赶下了台。我们看到，有些政府居然会被一些无关紧要的事颠覆——路易·菲利普的君主政体就是这样一个典型，这的确让人感到匪夷所思，实际上这都是忽视集体心理的结果，其危险是显而易见的。1848年，法国的军队足以保护国王，但当时的法军统帅显然没有理解允许群众与他的军队混在一起意味着什么。结果，军队在暗示和传染的作用下，竟然不知所措，最后弃之不顾。他不知道，因为群众对威信极为敏感，所以实力的展示会给他们留下深刻的印象，并起到威慑作用，当时这样的展示可以立即镇压反对派的示威。同时，他也忽视了这样一个事实，即一切集会都应该立即驱散。所有这些教训都已经被历史经验验证，但在1848年，它们都被忽视了。在大革命时期，能够理解大众心理的人更是寥寥无几。

二、民族精神的稳定性如何限制大众心理的摇摆

在某种意义上，我们可以把一个民族比作一个群体，这一群体具有某种特性，但这些特性的变动要受到民族精神或民族心理的限制。民族精神具有一种确定性，这种确定性是群众的短暂心理不具备的。

当一个民族在漫长的历史进程中形成了它的传统精神之后，群众的精神就会由此得到控制。

一个民族之所以不同于群众，还在于民族是由一些利害好恶各不相同的群体聚集而成的；而严格意义上的群众——比如说，一次群众性集会——则包含了各种各样属于不同社会集团的个人。

一个民族有时似乎像群众一样易变，但我们不能忘记，在它的易变性、热情、狂暴和毁灭性背后，民族精神还保持着极为顽强和保守的本能。大革命及其后一个多世纪的历史，向我们展示了保守精神是如何最终战胜破坏精神的，人们打破了一个又一个政府体系，然后又一个接一个地将它们恢复。

民族心理，也就是种族心理，并不像大众心理那样容易发生变化。对民族心理发挥作用的方式是间接的，比较缓慢——比如杂志、会议、演讲、书籍等，而说服的原则也不外乎标题中已经给出的那些，诸如断言、重复、声望和感染等等。

精神的传染可能会迅速蔓延到整个民族，但在更多的情况下，它的影响是潜移默化的，从一个群体传递给另一个群体。宗教改革就是以这种方式在法国传播的。

一个民族远不像群众那样容易激动，但有一些事件——比如国家的耻辱、面临侵略的威胁等，可能会立即唤醒整个民族。这种现象在大革命时期屡屡发生，尤其是当布伦瑞克公爵公布他那篇傲慢无礼的宣言时，法兰西民族的民族意识可以说达到了顶峰。当公爵以武力相威胁时，他对法兰西民族的心理实际上是一无所知。布伦瑞克公爵的这一举动不仅是极大损害了路易十六的事业，而且也是引火烧身，他的干涉激起了全法国人民的愤怒，他们迅速组成一支义勇军开赴战场。

这种整个民族同仇敌忾情绪的突然爆发在任何一个国家中都可以见到。当拿破仑决定大举入侵西班牙和俄罗斯时，他就低估了这种热情可能迸发的力量。一个人可以轻而易举地瓦解乌合之众的肤浅心理，但在历史悠久的民族精神面前却常常变得束手无策。俄国的农民显然是一群对什么事情都漠不关心的人，他们天生粗野狭隘，而一旦他们得知拿破仑入侵的消息，就像立即变了个人似的。只要我们读一读沙皇亚历山大一世的妻子伊丽莎白写的一封信，我们就会信服这一事实。

从拿破仑越过我们边境的那一刻起，这一消息马上就像电火花般传遍了俄罗斯全境。在如此浩瀚的疆域内，一则消息竟然能够同时弥漫于帝国的每一个角落，愤怒的呐喊声一旦响起，将会非常可怕，我相信，甚至在地球的那一端都听到回声。随着拿破仑的进军，这种感情越来越强烈。那些丧失了全部财产或几乎是全部财产的老人们说：

"我们要寻找另外一种生活方式；没有什么比耻辱的和平更让人难以接受。"那些亲人在军队里服役的妇女将自己面临的危险置之度外，除了耻辱的和平之外，她们无所畏惧。和平虽然美好，但它目前对俄罗斯来说无异于一张催命符，在这一点上没有妥协余地；沙皇本人没有想过媾和，而且就算他有这种想法也不能这样做。这就是我们的英勇立场。

王后还向她的母亲讲述了这样两个故事，从这两个故事中我们可以对俄罗斯人顽强的抵抗精神有所了解。

在莫斯科，法国士兵抓住了一些不幸的农民，他们想强迫这些人留在自己的部队里服役。为了防止他们逃跑，法国人在他们的手上打上了戎装战马的烙印，其中一个农民问他们这种标志的含义，法国人告诉他，这就意味着他已经是一个法国士兵了。这位俄国农民惊呼道："什么？我是法兰西帝国的一名士兵？"说着，他立即拿出一把短柄斧把打上烙印的那只手砍了下来，并把它扔到在场的法国士兵脚下，对他们说："拿走吧，那就是你们的标志。"同样也是在莫斯科，一些村民袭击了法国运送粮草的部队和正规部队的分遣队。法国人抓住了其中的二十个农民，并希望用杀一儆百的方法来震慑其余的村民。于是，他们让那些农民们靠着墙站成一排，并用俄语宣读对他们的判决：如果他们求饶的话，就还能够活命；否则，他们将被处死。法国人开枪打死了他们中的第一个人，等待着其余的人在恐惧中向他们求饶，并答应痛改前非。但是，没有任何反应。于是，他们就继续开枪，打死了第二个、第三个，一直到最后杀死了所有的人，却没有一个人打算向敌人乞求仁慈。在俄罗斯，拿破仑一次也没有享受到“亵渎”给他带来的快乐。

对于大众心理的诸种特征，我们必须指出，任何民族在任何时代都免不了迷信神秘主义。人们总是对那些非同寻常的存在——如神祇、政府或伟大人物——确信不移，并相信他们拥有可以随心所欲地改变事物的神奇力量。这种神秘主义心理使人们产生了一种崇拜的强烈需要，无论是一个人，还是一种教义，人们必须有一个崇拜的对象。这就是人们受到无政府状态的威胁时会企盼一位救世主来拯救他们的原因。

同群众一样，整个民族也容易对于一个对象发生由崇拜到憎恨的转变，不过这一过程比较缓慢。一个人在某一段时期里可能被视为民族英雄，但最后又被人们诅咒，任何一个时代的大众对政治人物的态度都可能发生逆转，克伦威尔生前死后的荣辱变幻就为我们提供了这样一个非常奇特的例子。[1]

三、革命运动中领袖的作用

正如我们一再强调的那样，任何一种类型的群众——无论是同质的还是异质的，无论是议会、民族，还是俱乐部等等，只要还没有出现一位领袖来领导他们，他们就无法实现团结，采取共同的行动。

在其他地方，我已经通过某些生理学上的实验来证明，群众的无意识集体心理与领袖的心理密切相关。领袖赋予群众一个单一的意志，并要求他们必须无条件服从。

领袖尤其喜欢通过暗示来影响群众，他的成功与否取决于他激发这种暗示的方式。有许多实验可以证明一个集体对暗示可能服从到何种程度。[2]

在领袖们暗示的作用下，群众会做出各种各样的反应：镇静或狂怒，罪恶或英勇，这些暗示有时候也可能表现出理性的一面，但也仅仅是表面上合乎理性。事实上，群众很难服从理性；唯一能对他们产生影响的就是以想象的形式激发的情感。

---

[1] 克伦威尔虽然推翻了一个王朝后，拒绝接受王冠，但他死后，却像国王一样厚葬于王家墓地；两年后，他的尸体被人从墓中掘出，刽子手砍掉了他的头颅，然后展示在国会的大门口；不久前，英国为他树立了一尊塑像。就这样，原来的无政府主义者，后来成了独裁者，现在又再次被人请上神龛。

[2] 在无数能够证明这一事实的实验当中，最引人瞩目的是格劳森教授对他班级的学生所做的实验，这个实验报告发表在1899年10月28日的《科学评论》上。

群众在不同领袖的刺激下，很容易做出截然对立的冲动之举，这样的事情在法国大革命的历史上不胜枚举。我们看到，群众对于吉伦特派、埃贝尔派、丹东派以及恐怖主义者的相继胜利和倒台，无一不感到欢欣鼓舞。我们同时也可以肯定一点，那就是群众对于这些走马灯似的事变到底意味着什么是一无所知。

从远处看，我们只能够对这些领袖扮演的角色有朦朦胧胧的认识，因为他们一般都是在幕后操纵。如果想深入领会这一点的话，我们就必须把他们放到当时的环境中去研究，这时我们就会看到，领袖们煽动一场极为激烈的群众运动是何等容易。在这里，我们不考虑邮电工人罢工或铁路工人罢工之类的小事件，因为在这些事件中，可能起作用的仅仅是其雇员的不满，而群众对它们是一点兴趣也没有的。这里我们可以举一个例子，来看看少数几个社会主义领袖是如何在巴黎平民当中挑起一场群众骚乱的。那是费雷尔在西班牙被处以死刑后的第二天，虽然法国民众此前从来没有听说过费雷尔这个人，在西班牙，他的死刑也没有引起多少人的关注。但在巴黎，少数几个领袖就足以煽动一支民兵冲向西班牙大使馆，并打算焚毁它；政府因此不得不派出一部分卫戍部队来保护大使馆。虽然这些攻击者被有效击退了，但他们还是洗劫了一些商店，并设置了一些路障，然后扬长而去。

无独有偶，接下来发生的事情也有力证明了领袖们的巨大影响。最后，这些领袖意识到焚烧外国使馆可能非常危险。于是，第二天他们又改变策略，代之以和平的示威运动。就像起初他们接受指令发动暴乱一样，现在群众又忠实地服从新的命令。没有什么事例比这更能够显示领袖的极端重要性以及群众的温顺驯服了。

那些历史学家们，从米什莱到奥拉尔，都认为革命大众在群龙无首的情况下，照样能够行动自如；实际上，他们根本不理解革命大众的心理。

第五章 革命议会的心理

一、革命议会的心理特征

一个大的政治议会——比如说一个国会——就是一个群体；但是，由于这样一个群体往往是由互相对立的派别组成的，因此它有时很难采取有效的行动。

这些受不同利益驱使的派别的存在，提醒我们必须注意一个议会是由一些下级群体构成的，这些异质的群体服从于各自的领袖。大众心理的规律只有在这些派别内部才能发挥作用；议会中这些不同派别根据同一个目标采取一致行动，只有在非常特殊的环境中才会作为例外出现。

议会中的每个派别都是独立存在的。个人一旦加入了某个派别，他就不再是他自己了，个人的意志将会消失；即使在违背自己信念和愿望的情况下，他也要毫不犹豫地表示服从。在路易十六受到审判的前夜，维尼奥强烈谴责了投票赞成路易十六死刑的建议；但是，第二天他确实投了赞成票。

一个群体的作用主要就在于将那些摇摆不定的意见确定下来，一切软弱无力的个人信念一旦转化为集体信念，就会变得坚定不移。

有时，拥有巨大威望的领袖或是不同寻常的暴力，可以对议会中所有的派别施加影响，从而使他们成为一个同一的群体。比如，国民公会中的大部分成员就是在一小撮领袖的影响下，通过了那些完全违背自己意志的法律。

面对一些活跃的派别，集体总是被迫做出让步。通观整个大革命中议会的历史，我们会发现，虽然那些议员可以对于国王出言不逊，但在暴民领袖面前，他们又是何等胆小怯懦。当一帮狂热之徒在其专横领袖的指挥下，冲进议会，发出威胁时，这些议员往往是当场就投票通过了那些荒唐透顶、破绽百出的议案。任何一个议会一旦具备了群众的特征，就会像群众一样，在情感上走向极端。一方面它暴虐至极，但另一方面，它又胆小如鼠。一般来说，它在弱者面前总是趾高气扬，不可一世；而在强者面前，它又显得低声下气，奴性十足。

当年，年轻的路易十四手里拿着鞭子，意气风发地发表简短的演说时，议会是何等谦恭卑下；就在路易十六逐渐失去权势，无力还击时，制宪会议的傲慢无礼却在与日俱增；最后，罗伯斯庇尔统治下的国民公会更是大权独揽。所有这一切我们至今仍然历历在目，难以忘怀。

议会的这一特征已经成了一条普遍的法则：一位君主在他的权力开始变得不稳固时召集议会，从心理学上看，绝对是一个致命的失误。三级会议的召开断送了路易十六的性命，实际上他是在步亨利三世的后尘。当年，亨利三世在被迫离开巴黎之后，决定在布卢瓦召集等级会议，结果这一愚蠢的举动差点儿让他丢掉了王位。一旦意识到国王的虚弱，等级会议的代表们就会俨然以主人自居，要求修改赋税，解散官员，并声称他们的决定应该具有法律效力。在大革命时期的所有议会中，这种愈演愈烈的佞妄情绪得到了充分的体现。制宪议会最初对于王室的权威及其特权极为尊敬，但到最后它竟然声称自己拥有最高的主权，而把路易十六仅仅看作是一个官员。国民公会起初还比较温和，但很快就被崭露头角的恐怖形式取代，那时判决还得到某些法律程序的保证；紧接着，国民公会的权力开始直线上升，它颁布法律剥夺了所有被告的辩护权利，并仅仅依据指控就定嫌疑人的罪。于是，国民公会越来越屈从于自己的狂热和暴虐，最终走上了自取灭亡的道路。吉伦特派、埃贝尔派、丹东派和罗伯斯庇尔的追随者们就这样一批一批地被送上断头台，结束了自己的生命。

议会在情绪上的这种佞妄和极端可以解释为什么它们总是掌握不了自己的命运，为什么总是走上与自己设想的完全相反的道路。天主教徒、保王主义者以及制宪议会的代表们，原本一心一意想要建立君主立宪政体，保卫宗教信仰，结果却事与愿违，很快就把法国引向了一个暴虐的共和政体和对教士的残酷迫害。

正如我们已经看到的那样，政治议会是由各种异质的派别组成的；不过，有时它们也可能是由同质的派别组成的，比如某些俱乐部。这些俱乐部在法国大革命期间曾经起到了非常重要的作用，它们的心理值得我们作一番详细考察。

二、革命俱乐部的心理

一些小的社会团体的成员拥有同样的观点、信仰和利益，通过统一其成员的情感以及意志，它可以消除一切异己的声音，在这一点上它与大的团体有所不同。像法国大革命时期的公社、宗教集会、市政社团和俱乐部，十九世纪上半叶的秘密结社以及今天的共济会和工团组织等等都属于这类小团体。

如果我们要理解法国大革命的进程，那么，我们就必须深刻领会一个异质团体与一个同质俱乐部二者之间的差异。直到督政府时期，大革命始终都是被这些俱乐部操纵，尤其是在国民公会期间。

虽然由于对立派别的缺失，这些俱乐部实现了意志上的统一，但它们仍然适用于大众心理学的规律，因此领袖依然是俱乐部的灵魂，由罗伯斯庇尔控制的雅各宾俱乐部在这一点上尤为明显。

在一个俱乐部中，在一个同质群体当中，领袖的功能比一个异质群体中领袖的功能要困难得多。对于异质群体，只需要很少的手腕就可以实现控制；但在一个同质群体中，比如说在一个俱乐部中，由于其成员的情感和利益都是一致的，因此领袖必须懂得如何驾驭他们，否则搞不好，自己反而被别人领导。

同质化群众的力量之所以如此强大，部分原因在于他们是匿名的。我们知道，在1871年巴黎公社期间，几个匿名者的命令足以让巴黎那些最好的纪念性建筑——市政厅、杜伊勒里宫、审计法院、荣誉勋章获得者纪念碑等付之一炬；由一个匿名委员会发出的“烧掉财政部，烧掉杜伊勒里宫”的简短命令立即得到了执行；只是一个非常偶然的机会才使罗浮宫及其藏品免于浩劫。根据那些匿名工会领袖制订的最荒唐的指令，我们还知道今天所谓的宗教关注的是什么。在法国大革命期间，巴黎的那些俱乐部和起义者公社权倾一时，由这些机构发出的一纸命令，足以推翻议会，以一拨军队直接实现其统治。

我将在另一章中总结国民公会的历史。在那里，我们将会看到民众对议会的入侵是多么频繁，据说议会面对一小撮暴动者蛮横无理的要求，常常是言听计从，俯首帖耳。督政府根据这些经验教训，关闭了俱乐部，并通过加强警卫戒备，卓有成效地终止了民众的入侵。

在政府问题上，国民公会则较早地认识到同质群体要比异质群体优越，这就是为什么它将自己分为若干个由有限成员组成的委员会的原因。这些委员会——比如救国委员会、财政委员会等等——在大议会中形成了一系列小的独立议会，它们的权力一般只受到俱乐部权力的制约。

通过以上的考察，我们可以看到群体对其成员的意志产生的影响。如果群体是同质的话，这种影响就会相当大；如果它是异质的话，虽然这种影响有所减弱，但仍然非常重要，这可能是因为议会中较为强大的群体将支配那些凝聚力较弱的群体，也可能是因为某些具有传染性的感情常常会扩散到议会中每个成员的身上。

大革命期间关于群体影响最让人难忘的一个例子，恐怕莫过于1789年8月4日之夜了。就是在这个夜晚，贵族们投票通过了他们中的某个成员提出的废除封建特权的动议。然而，我们知道，大革命部分起因于教士和贵族拒绝放弃他们的特权。为什么他们开始时拒绝放弃特权，而后来又主动放弃了呢？仅仅是因为当人们结成一个群体时，其行为是不同于单独一个人的；就个人来说，没有哪个贵族成员愿意放弃自己的特权。

为了说明议会对其成员的这种影响，拿破仑在圣赫勒拿岛上曾经引用过一个奇怪的例子。他说："在这一时期，遇到一个人发现其言谈举止与传闻中的说法完全不一样，是再稀松平常不过的事了。比如，人们可能会认为蒙日是一个可怕的家伙：战争刚爆发时，他登上雅各宾俱乐部的讲坛，慷慨激昂地宣布他将把自己的两个女儿许配给最先被敌人所伤的两个士兵，他要看到贵族们人头落地等等。而实际上，蒙日是一个非常文弱的人，他甚至不愿意让人当他的面杀一只鸡，更不用说让他亲手去杀一只鸡了。"

三、对议会中情绪不断激化原因的一个尝试性解释

如果能够对集体情感进行准确测量的话，我们也许就可以通过一条曲线来解析它们：这条曲线一开始时是比较缓慢地上升，然后便是急速攀升，接下来则几乎是直线下降。这一曲线的方程式可以被称为集体情感变化的方程式，它反映了集体情感受到持续的刺激而发生变化的过程。

事实上，要解释某些情感在某种激励因素的持续作用下的加速过程并不那么容易。当然，有人会说，如果心理学的规律与力学的规律相类似的话，那么，某一原动力在同一维度上连续作用于情感，将迅速增加这种情感的强度。比如，我们知道，在维度和方向上恒定的一个作用力，比如说地心力对一个物体的引力作用，将会产生一种加速度运动。因此，在重力的影响下，自由落体的速度在第1秒内大约是32英尺，在第2秒内则达到64英尺，在第3秒内将达到96英尺等等，依次类推。如果移动的物体从一个足够120英尺的高度落下来的话，它产生的速度就会很容易穿透一块钢板。

虽然这种解释可以适用于受到一个持续刺激的情感产生的加速度，但它

并不能告诉我们为什么这种加速度的作用最后突然消失了。如果我们引进心理学的因素的话，这一结果就可以理解了，也就是说，我们知道，快乐就像痛苦一样，不能超过一定的限度，而且如果所有的情感过于激烈，就会导致感觉麻木。我们的有机体只能够支持一定极限的欢乐、痛苦或努力，而且它也不能长时间地承受这种极限。就像紧握着一个测力计的手掌一样，它很快就会耗尽能量，最后不得不突然松开。

对于议会中某些群体情感迅速消失的原因的研究，提醒我们注意这样一个事实，那就是，除了那些凭借实力或威望而占据优势的派别之外，肯定还会有其他派别，由于受到力量或威望的限制，因此其情感得不到充分展示。环境的偶然变化可能会在某种程度上削弱占优势地位的派别，这时敌对派别的那些受到压抑的情感就可能迅速膨胀，占据上风。这也是山岳派在热月之后得到的一个教训。

由于心理现象是以情感因素和神秘主义因素的演化为条件，因此我们在心理现象的规律与物理现象的规律之间所做的类比，显然还相当粗略。然而，除非我们对大脑功能的机制有进一步的了解，否则它们就只能够局限于此了。

第二部
法国大革命

第一卷　法国大革命的起源

第一章　历史学家对法国大革命的看法

一、研究大革命的历史学家

虽然法国大革命距今已经有一百多年了，但一个世纪的时间似乎还不足以让人们坐下来心平气和地讨论它。对于大革命，依然存在诸多截然对立的看法：在梅斯特尔看来，法国大革命是“一桩魔鬼的事业”，“这一举动的黑暗精神是如此昭然若揭，世所罕见”；而当代的雅各宾党人则认为它使人类获得了新生。

侨居在法国的外国人以为法国人自己对此尚难言说，何况外人？因此，至今在其交谈中还绝口不提这一事件。

巴雷特·温德尔写道：“这一记忆及其传统几乎在每个地方都是如此富有魅力，所以很少有人能够对它们无动于衷。它们既能引发人们的热情，也能激起人们的仇恨，人们在看待它们时无一不带有着一种热情洋溢的派性精神。你越是理解法兰西，就越会发现，甚至直至今日还没有哪项对大革命的研究在法国人看来是切中肯綮、客观公允的。”

这一观点极其准确，假如想对某些历史事件做出毫无偏见的解释，那么，这些过去发生的事件一定不能再产生什么实际的后果，并且不能涉及宗教的或政治的信仰，正如我已经指出的那样，这些信仰将不可避免地产生不宽容。

因此，我们对这种情况不必大惊小怪，历史学家对大革命的评价往往有天壤之别：一些人把它视为人类历史上最邪恶的事件之一，而另一些人则把它看作最伟大的事件之一，这种情形由来已久。研究法国大革命这一题材的所有作家都相信自己对法国大革命过程的叙述客观公允，但他们用以支撑其歧义百出的理论论证方式一般都是惊人的简单。有关的文献汗牛充栋，而且内容相互矛盾，他们有意无意地选择很容易使他们各自的理论得到证明。

老一辈研究大革命的历史学家梯也尔、基内——虽然此人天分极高——以及米什莱本人在今天已经多少有些不吃香了。他们的学说过于简单，他们的著作中通常弥漫着一种历史宿命论。梯也尔把大革命看作是数百年君主专制带来的后果，而大恐怖则是外敌入侵的必然产物；基内认为1793年的僭越与过激是长期专制导致的，但他又宣称国民公会的暴政是不必要的，并且妨碍了大革命的事业；米什莱则简单地把大革命视为他盲目崇拜的人民事业，并首开先例对它赞誉有加，直至今日仍有许多历史学家在步其后尘。

所有这些历史学家的声誉在很大程度上被泰纳一笔勾销了。虽然泰纳同样也对大革命满怀激情，但他的研究却闪烁着真知灼见，取代他的成果无疑需要一个漫长的时期。

不过，即使是如此重要的著作也难免有瑕疵。泰纳对事实和人物的叙述令人钦佩，但他试图依据理性逻辑的准则对根本不受理性支配的事件作出判断，这注定是行不通的。他的心理学在描述事实方面是卓越的，而当试图对事实进行解释时，却显得弱不禁风。仅仅断言罗伯斯庇尔是一个书生气十足的“冬烘先生”并不能揭示他何以能够拥有凌驾于国民公会之上的绝对权力，并能够持续几个月之内进行肆无忌惮的屠杀。说泰纳洞若观火却不求甚解是非常公正的。

虽然存在这些缺陷，但他的著作仍然瑕不掩瑜，并且至今没有望其项背者。他的巨大影响，我们可以从他在正统雅各宾派的忠实辩护者中引起的恼怒足见其一斑。这些人中，当代主教、巴黎大学的奥拉尔教授花费了两年时间写了一本小册子来反击泰纳，其字里行间无一不浸透着热情。但是，两年的代价换来的只是修正了少量材料上的错误，不仅是无关大体，而且同时也犯下同样的错误。

柯钦先生在评论奥拉尔的著作时指出，奥拉尔时不时地被其引证的材料蒙蔽，而泰纳所犯的错误则要少得多。这位历史学家还告诫我们不要相信奥拉尔使用的材料：

这些材料——会议记录、小册子、杂志以及爱国者的演说和著作确实是可信的爱国主义出版物，它们是爱国者们编辑的，通常是为了公共利益而出版。事实上，奥拉尔应该把这些材料当作是被告的特殊答辩词；然而，在他的心目中已经有了一套既定的对大革命史的认识，它逐一展示了“人民”的行动，从九月屠杀到牧月法令。这一先入为主的解释依据的正是被告对共和政体的辩护。

对于泰纳著作最公平的批评也许就是他的研究是不完整的，他着重研究了平民及其领袖在革命期间的作用。这一研究激起了他用数页之多来表达一种至今仍值得我们钦佩的义愤，但大革命几个非常重要的方面却逃过了他的眼睛。

无论人们怎么看待大革命，泰纳学派与奥拉尔学派的历史学家之间最小的分歧总是存在的。后一派学者认为至高无上的人民是值得赞美的，而前一派的学者则告诉我们，至高无上的人民一旦放纵自己的本能，摆脱一切社会约束，就会蜕化为原始的野蛮人。奥拉尔的观点与大众心理学的训诫是完全对立的，但它在现代雅各布布宾党人的眼里却依然像宗教信条一样神圣。他们以信徒的方式书写大革命的历史，并把那些虚幻的神学家的论证视为博学的著作。

二、大革命的宿命论

无论是大革命的鼓吹者还是诋毁者，他们都得承认，革命事件蕴涵着不可避免的天命。这一理论被完美地整合在埃米尔·奥利维尔所著的《大革命史》一书的如下段落中：

没有谁可以否认这一点，即：过错既不在于那些已经去世的人，也不在于那些劫后余生者；改变事物的要素、预见事件的发生，都不是单个人的力量所能企及的，因为它们源于事物的本性及其所处的环境。

泰纳本人也倾向于这种观点：

当三级会议召开时，观念与事件的进程不仅是已经注定，而且是可以预见的。每一代人都在不知不觉中延续着过去，孕育着未来；在事情发生很久之前，它的命运就已经注定了。

当代的另一些作者虽然同泰纳一样对革命的暴力丝毫没有迁就之意，但他们对这种宿命论同样确信不疑。索列尔先是回顾了博絮埃关于古代革命的格言：“如果我们仅仅考虑事情的特殊缘由的话，一切事物都会令人惊异；但是事实上，它们只不过是在按正常的秩序进行而已。”之后，他表达了这样一种连他自己也没搞明白的意见：“在一些人看来，大革命是对旧欧洲世界的倾覆；而另一些人则将其视为旧欧洲的再生。事实上，这场革命是欧洲历史自然必要的结果；而且，这场革命产生的结果并不是非常出乎人的意料，它可以从这一段历史中得到验证，并可以从旧制度的惯例中得到解释。”

基佐先前也试图证明大革命完全合乎自然，并未引发什么革故鼎新之举，同时他非常错误地把它与英国革命相提并论：

革命不仅是远没有打断欧洲历史的自然进程，而且可以说，无论是在英国革命还是法国革命中，人们所说、所做、一心向往的，早在革命爆发的一百年前就已经被人们说过、做过、向往过。

无论我们是从总的原则，还是从这些原则的具体运用——也就是说，无论是国家的治理还是公民权利的立法，财产权还是人身权，自由还是权力——来看待这两次革命，我们都不会发现有什么事物是革命本身创造出来的，也没有什么事物不可以在其他地方出现，或者说不可以在我们称为正常的年代里产生。

所有这些论断只是让人回想起那条老套的定律，即一种现象仅仅是先前现象的结果，这样的一般性命题不能给我们更多的启示。

我们千万不要试图用被如此多的理论家采纳的宿命论原则来解释太多的事件。我在其他地方已经探讨过这些天命的意义，并指出文明的所有成就就在于竭力摆脱这些天命的控制。诚然，历史充满了各种各样的必然性，但同样也充满了各种本不该发生、结果却发生了的偶然性事件。拿破仑本人在圣赫勒拿岛曾列举了对于他的伟大事业可能构成掣肘的六个环境因素，尤其是他提到1786年他在奥克兹纳洗浴时，因一座沙丘而幸运地逃过一劫。如果波拿巴当时死了的话，我们也许就得承认，另一位将军会接替，并成为独裁者；但是，没有这样一个天才人物来指挥我们战无不胜的军队横扫欧陆各国的首都，帝国的丰功伟绩与结局会是什么样呢？

虽然把大革命部分地看作是一种必然性当然是可以的，但它首先是一场持久的斗争，这场斗争发生于那些抱有一种全新理想的理论家与支配着人类、但尚未被理解的经济、社会和政治规律之间——这一点是前面引证的相信宿命论的作家们没有告诉我们的。由于理论家们不理解这些规律，因此他们试图指导事件进程的努力只能够以失败告终，他们被自己的失败激怒，最终诉诸暴力。他们颁布法令宣布被称作指券的纸币应该成为黄金的等价物，但他们的威胁无法阻止这种货币的虚拟价值狂跌至分文不值；他们颁布最高限价法令，结果反而增加了他们意欲救治的罪恶；罗伯斯庇尔在国民公会宣布：“所有无套裤者都将从由富人提供的公共财政中领取开支。”虽然发布了这样的命令再加上断头台，但国库仍然空空如也。

大革命中的人们在打破了人类的所有限制之后才发现，一个社会一旦没有了这些限制，根本就无法运行下去；但是，当人们打算建立新的规范时，他们又意识到哪怕是最强有力的社会，即使加上断头台的威胁，也无法取代过去的岁月在人们头脑中慢慢形成的风纪。至于说理解社会的演化，判断人类的心智，预见颁布的法律的效果，他们则几乎很少去考虑。

大革命中的种种事件并不是不可逆转的必然性结果，它们与其说是环境的结果，不如说是雅各宾主义的产物，并且事情本来应该发生的与实际上发生的有天壤之别。如果路易十六能够从谏如流，或者制宪议会在群众起义时不那么胆怯的话，大革命还会沿着同一条道路发展下去吗？革命定数论只有在以暴力不可避免的名义下为之辩护时才派得上用场。

无论是对待科学还是历史，我们都必须意识到隐匿在宿命论教条下的无知。以前大自然完全支配了我们的命运，如今科学的不断发展正设法使我们摆脱这些命运的控制。诚如我在其他地方指出的那样，精英人物的作用就是消除这些天命与定数。

三、近来研究大革命的历史学家的种种犹疑

我们在前面的章节中对于某些历史学家的思想进行了考察，发现他们非常热衷于一些似是而非的观点。囿于信仰的限制，他们不愿深入观察知识的王国，保王派作家视大革命为洪水猛兽，而自由派作家则为大革命的暴力百般辩解。

如今，我们可以看到一场运动正在兴起，它必然会促使对大革命的研究成为一种对科学现象的研究，在这种研究中，作者的成见与信仰的介入是如此之少，所以读者不会对他们产生什么怀疑。

不过，这一确信阶段尚未到达，我们仍处于怀疑阶段。过去是如此斗志昂扬的自由派作家们现在已经能够以平和的心态对待大革命了，这种新的心理状态可以从最近一些作者的如下摘录中略见一斑。

曾经大肆渲染大革命功效的阿诺托发问：“为大革命的结果付出的代价是否太高了？”他还补充说：

“历史对这个问题的回答犹疑不决，并且这种踌躇还将持续很长一段时间。”

马德林在他最近出版的一本书中表现出同样的犹疑：

即使在我的内心深处，也从未感到有足够的信心对于像法国大革命这样一个如此复杂的现象做出绝对的判断。现在我甚至发现，哪怕是一个简短的判断都难以做出，原因、事实和结果在我看来都成了充满争议的话题。

只要细读一下大革命官方辩护者的最新作品，我们就可以对于这种旧观念的转换获得一个更明确的印象。以前他们仅仅从这样一个简单的行为出发，为一切暴力行径辩护，而现在他们只限于为情有可原的情况辩护。我在供学校使用的《法国历史》中发现了这种新心绪的一个显著证据，在由奥拉尔和德比多尔编写的这本教科书关于大恐怖的地方，我们看到了这样的说法：

血流漂杵；到处都在出现不公正的和犯罪的行为，即使是从国家防卫的角度来看，它们也是不必要的、可憎的。但是，人们在动乱中丧失了理智；爱国者们疲于应付各种危险，他们在愤怒中采取了行动。

我们在这本著作的另一部分中看到，虽然两位作者中的第一位有着强硬的雅各宾主义立场，但他一点也没有对于他先前视之为“国民公会中的伟人”的那些人表示宽宥。

外国人对于我们大革命的评判一般都异常苛刻，当我们回想起在法国发生巨变的二十年中欧洲经历的痛苦时，我们对此就没有什么好奇怪的了。

这当中尤以德国人最苛刻，法居特对于他们的看法作了如下的总结：

让我们勇敢忠诚地谈论法国大革命吧，因为爱国主义首先就包括说出自己国家的真相。德国人这样看待法国：过去这个民族嘴上挂着“自由”、“博爱”之类的伟大词汇，但实际上却饱受压迫、蹂躏、谋杀、掠夺、欺诈达十五年之久；现在，这个民族又打着同样的旗号，组建一个专横暴虐、为害甚广、谁都躲之不及的民主政体；这一点正是德国人在法国看到的，我们可以确信，从他们的书籍和报刊来看，他们就是这样认为的。

对其他民族来说，无论他们对法国大革命做出的判断价值何在，我们也许可以肯定的是，未来的作家将带着浓厚的兴趣把它当作一个富有教益的事件来看待。

一个嗜血的政府竟然将年过八旬的老人、豆蔻年华的少女以及懵懂无知的儿童拉上绞刑架，法兰西因此毁于一旦，然而在军事上它却成功击退了欧洲各国的入侵；奥地利的公主、法国的王后殒命于断头台，数年后另一位公主、前一位公主的亲戚嫁给了一个成为皇帝的陆军中尉，这些都是旷世罕见的悲剧。

首先从这一段历史中吸取教训的应该是心理学家，但迄今为止他们对此关注不多。毫无疑问，他们最终会发现，除非他们摒弃虚构的理论，走出实验室来研究我们周围的人物和事件，否则心理学就不会有任何进展。[1]

我很乐意接受这一指责，大众期刊提供事实和社会现实远比充斥于《评论》之类杂志上的哲学作品更富有教益。

哲学家们现在已经意识到这种指责的幼稚了，威廉·詹姆斯先生写作他那四十卷皇皇巨著时肯定就是这么认为的，他写道：所有这些论述仅仅是“粗略观察到的一系列事实和几条富有争议的探讨”。虽然他是现今最知名的心理学家之一，但这位杰出的思想家仍然认为“一门科学在任何一点上都经不起形而上学的批判”。虽然二十多年来我一直致力于推动心理学家们从事现实研究，但学院化的形而上学潮流从未得到逆转，当然它的力量已经大不如前了。

四、历史研究中的客观性

公正无私向来被认为是历史学家最本质的品性，自塔西佗以来的历史学家们都信誓旦旦地向我们保证他们公正无私。

但事实上，作家看待历史事件就像画家看风景，也就是说，他们总是在观察事物时带上自己的气质、特性和民族精神。

许多艺术家面对同样的风景不可避免地会把它理解为不同的样子，有些人会突出强调一些被其他人忽略的细节，因此每一种再现都将是一项个性化的工作，也就是说，它是以某种独特的敏感性方式加以理解的。

作家也是如此。我们可以说，历史学家并不比画家公正客观。

当然历史学家可以局限于对文献的复述，这正在成为一种时髦，但对于像大革命这样离我们较为晚近时期的文献，简直是浩如烟海，一个人即使花上一辈子的时间也不可能把它们浏览一遍。所以，历史学家们必须做出选择。

作者有时是自觉的，但更多情况下是不自觉地选择那些与自己的政治、道德和社会观点非常吻合的材料。

因此，除非史家满足于简单的年代学，把每个事件用几句话和一个日期汇

[1] 这一建议绝非陈词滥调，当代的心理学家们很少关注他们周围的世界，如果有人认为应该对此加以研究的话，他们甚至会感到惊讶。我这里有一个非常有趣的证据，可以说明这种漫不经心的态度，《哲学评论》上发表了一篇明显是在该刊编辑授意下创作的针对拙著的书评，作者批评我“关注社会和报纸远胜于书本”。

编在一起，否则就不可能写出一部真正公正客观的历史来。没有哪个作者能够做到公正无私，对此我们不必表示遗憾。当代普遍盛行的客观性主张的产物就是那些单调、沉闷、庞杂、乏味的著作，结果使对一个时期的理解变得完全不可能。

难道历史学家应该在客观性的托词之下，逃避对人的判断——不愿以敬佩或憎恶的口吻谈论人与事吗?

我承认，对于这个问题有两种完全不同的解决办法，每一种办法从各自假定的立场来看都相当正确，那就是伦理学家和心理学家的立场。

伦理学家必须完全从社会利益的角度来考虑问题，因而只能够根据社会利益来评判人物。正是由于社会的存在并希望继续存在下去这样一个事实，因此它必须采纳一定数量的规则，以确立一种不可触犯的善恶标准，从而对恶行与美德做出明确的区分。这样，社会就最终建立起一种普通人的模型，一定阶段的人由此多少可以紧密地凑合在一起，任何人离这一模型过远，都会对社会构成威胁。

伦理学家在评判历史人物时必须依据的正是这些由社会要求而产生的模型和规则，所以在对历史人物进行訾誉臧否时，伦理学家试图确立一种道德模型，它是文明进程必不可少的，并值得其他人引为楷模。比如高乃依之类的诗人塑造的英雄往往高超于大多数人，几乎无法模仿，但他们可以极大地激发我们的努力。为了提升一个民族的心灵，永远需要英雄的榜样。

这是伦理学家的观点，而心理学家的观点则与此相去甚远。虽然一个社会可以有不宽容的权利，因为它的首要义务就是生存，但心理学家却可以做到不偏不倚。他可以像科学家那样考虑问题，不必计较功利价值，只求解释问题。

这就是他观察任何现象的立场。当读到卡里埃命令将其受害者掩埋至脖颈，使之失明并承受可怕的折磨时，我们显然无法无动于衷；但如果我们希望理解这些行为的话，就必须像博物学家看着蜘蛛在慢慢享用一只苍蝇一般，不必义愤填膺，怒火中烧。一旦理性受到鼓动，就不再是理性了，它将解释不了任何东西。

正如我们所知，历史学家和心理学家的职责并不一致，但我们却可以要求他们拥有一种解释事实的智慧，努力透过事物显而易见的表象，探索其背后起决定性作用的那些无形的力量。

第二章　旧制度的心理基础

一、君主专制政体与旧制度的基础

许多历史学家向我们断言，大革命矛头的直接指向是君主制的专制独裁，但事实上，在大革命爆发之前的很长时间里，法国的国王并不是绝对君主。

直到历史的晚近时期——直到路易十四即位——法国的国王才最终获得毋庸置疑的权力。在此之前的所有君主，甚至包括像弗朗西斯一世这样权势煊赫的国王，都不得不要么与诸侯，要么与教士，要么与议会做连续不断的斗争，而且他们并不总是赢家。弗朗西斯本人就没有足够的力量来反对索邦神学院和议会，以保护自己最亲密的朋友。他的朋友贝尔干议员得罪了索邦神学院，被该院逮捕，国王命令将他释放，结果却遭到拒绝。最后国王只得派侍卫将他从孔西埃日监狱转移出去，除了将他藏匿在罗浮宫之外，国王没有别的办法来保护他。但是，索邦方面丝毫不甘服输，他们利用国王不在时再次将贝尔干逮捕，并交给议会审判，上午十点他被判有罪，中午就被活活烧死。

法国国王的权力是逐步建立起来的，直到路易十四时代达到顶峰，但随即又迅速衰落，因此确实很难说什么“路易十六的专制主义”。

这个表面上的主人实际上只是他的宫廷、大臣、教士和贵族的奴仆，他按照他们强加的意旨行事，很少能够自主其事，也许没有哪个法国人像国王这样缺少自由。

君主制的巨大权力最初源自它的神圣血统，以及经由若干个世代积聚起来的传统，所有这一切构成了一个国家真正的社会框架。

旧制度消亡的真正原因仅仅在于它作为基础的传统削弱，在经历了一而再、再而三的攻击之后，旧制度再也找不到更多的拥护者，于是就像一个根基遭到破坏的建筑那样轰然坍塌了。

二、旧制度的弊端

一个长期确立的政体最终将会得到它统治的人民的认可。习惯掩盖了它的弊端，只有当人们开始认真思考时，它的弊端才会暴露，那时候他们就要问自己怎么能够忍受这些弊端。真正不幸的人是那些相信自己是悲惨痛苦的人。

正是这样一种信念加速了大革命时代的到来，其间作家们的影响不可小觑，这些作家的著作我们稍后再加以研究。那时候，旧制度的弊端已经暴露在世人面前，它们为数极多，这里值得提及其中的一些。

首先，虽然中央权力具有显著的权威，但王国是通过对独立省份的连续征服而形成的，所以被分割为若干个区域，每个区域都有自己的法律和习俗，并征收不同的关税，国内的税务机构相互分离。因此，法国的统一在某种程度上是人为的，它表现为各个地区的一种简单集合。包括路易十四在内的历代国王虽然殚精竭虑，但都未能成功实现法国的完全统一，法国的大一统恰恰是大革命取得的最大成果。

在区域上的分立之外还得加上社会的分离，即社会各等级间的分离。社会被严格地分为贵族、教士和第三等级这样三个等级，他们之间的严格界限须臾不得逾越。

这种等级区分是旧制度中权力的来源之一，所以必须严格加以维持，结果它成了旧制度引发仇恨的首要目标。取得胜利的资产阶级以种种暴行来报复和宣泄长期以来一直受到的蔑视与压迫。自尊心受到的伤害常常是最难以忘怀的创伤，何况第三等级受到的伤害又是如此之多。在1614年召开的一次等级会议上，第三等级的代表被迫取下礼帽放到膝盖上；当一个第三等级的成员冒昧地说三个等级如同三个兄弟一样时，贵族代表的发言人立即回答说：“贵族与第三等级之间不存在兄弟般的关系；我们不愿与皮匠和鞋匠的后裔称兄道弟。”

虽然此时启蒙运动已经有所发展，但贵族和教士仍然顽固保留着自身的特权与要求。然而，由于他们不再承担先前的服务功能，因此这些特权与要求也就丧失了合理性。

贵族和教士被王权排斥在公共管理职能的运作之外，王权并不信任他们；资产阶级逐步取代了他们：资产阶级正变得越来越博学多才；于是，贵族和教士的社会功能就只剩下一副空架子了，泰纳对此做出了明白无误的解释：

既然贵族已经丧失了特殊的才能，而第三等级却获得了一般的才能，他们在教育与才智方面就没有什么区别了，于是把他们分开这种不平等做法就是有害而多余的。不平等仅仅是习惯的产物，现在它不再被人们的意识认可。

第三等级有理由对特权表示愤慨，既然贵族没有什么特殊才能，而资产阶级也并不缺乏才能，特权的存在也就没有了理由。

由于等级之间的壁垒森严是长期的传统造成的，因此我们看不出有什么力量能够说服贵族与教士放弃他们的特权。当然，在那个令人难忘的夜晚，当事态发展到已经由不得他们做主时，他们最终还是放弃了自己的特权；但是，此刻为时已晚，大革命已经像脱缰的野马，难以驾驭了。

毫无疑问，现代化的自然演进完全可以实现大革命所要达到的目标——公民在法律面前的平等，基于出身特权的消除等等。纵使拉丁民族富有保守精神，也仍会像大多数民族那样，最终实现这些目标。按照这种方式，我们也许可以免除二十年的战乱与破坏，至少不至于如此惨烈；但是，那样的话，我们这个民族的精神气质必然会大为不同，尤以政治家为甚。

资产阶级对于根据传统而居于自己之上的阶级怀有深深的敌意，这是大革命的重要因素之一，它可以令人信服地解释为什么在大革命胜利之后，第一等级会遭到获胜者的劫掠，资产阶级像征服者那样坐地分赃——犹如征服者威廉在征服英格兰之后，把土地封赏给他的士兵。

不过，资产阶级虽然憎恨贵族，但对王权却没有敌意，并不主张废除王权。国王的笨拙以及对外国势力的依赖只是使他逐渐成了不受欢迎的人。

第一届议会从未梦想建立一个共和政体，其实它的大部分成员都是热诚的保王派。他们仅仅是想用立宪君主制来替代绝对君主制，只有当他们意识到君主的权力在不断上升时，才感到有必要抵制国王，但他们还不敢颠覆他。

三、旧制度下的生活

想对旧制度下的生活——尤其是对农民的真实处境有非常清晰的认识，是困难的。

那些为大革命辩护的作者就像神学家捍卫宗教信条一样，为旧制度下农民的生活描绘了一幅如此阴暗的画面，所以我们疑惑，这些悲惨的生灵为什么不在很久以前就死于饥饿呢？这类风格的典型著述是前巴黎大学的教授朗博的《法国大革命史》一书，我们会特别注意到一幅作为图例的版画《路易十四治下农民的贫困》：画面最显著的地方是一个男子正在同几条狗抢夺一些已经没有肉的骨头；他身边一个脏兮兮的同伴正佝偻身体压着自己的胃；后面较远的地方一个妇人正躺在地上吃草；在前景后面的地上伸展着一些说不清是尸体还是行将饿死的人的轮廓。作为旧制度统治下的一个实例，作者告诉我们说："在某个地方，只需花上三百里弗就可以在警察部门谋得一个可以挣到四十万里弗的职位。"当然这些数目在那些肥缺位置上的人看来简直就是小菜一碟。他还告诉我们说："只要花上一百二十里弗就可以把一个人投进监狱"，而"在路易十五时代颁发的密札超过十五万封之多"。

大部分关于大革命的著作都缺乏客观性和批判精神，这就是为什么这一时期的真相很少为我们所知的原因。

当然，虽然相关的文献并不缺乏，但它们往往自相矛盾。根据拉布耶里的著名描述，我们可能不会接受英国旅行者扬描绘的热烈景象，在他的笔下，法国一些省份的农民处在一片繁荣之中。

他们是否真的承担着沉重的赋税，就像有些人叙述的那样，要他们支付收入的五分之四，而不是如今的十五分之一？对此几乎不可能做出言之凿凿的回答。不过，一项重要的事实似乎可以证明旧制度下农村地区居民的境况不可能如此悲惨，那就是几乎可以肯定的是当时有三分之一的土地已经被农民购买。

在财政制度方面，我们掌握着更多的信息，这一制度非常苛刻，而且错综复杂。预算通常显示亏空，横征暴敛的农业大臣乘机提高各种关税。大革命即将爆发时，恰恰是财政上的这一状况成了普遍不满的起因，这一点体现在三级会议的会议记录上。我们要注意这些记录并不能代表以前的状况，但可以说明由1788年歉收和1789年冬季萧条导致的财政危机的真实情况。这些会议记录如果是革命爆发前十年写的，它们能够告诉我们什么呢？

虽然面临着种种不利的环境，但记录也没有表露出革命的念头。最激进的主张也仅仅是要求赋税的征收必须经三级会议同意以及所有等级平等交纳而已。同一记录有时还表达这样一种愿望，即国王的权力应该受到一部确定他及其国民权利的宪法的限制。如果这些愿望得到满足的话，一种君主立宪制就可以轻而易举地取代绝对君主制，而大革命很可能就不会发生了。

不幸的是，贵族与教士的力量太强大，而路易十六的力量则太微弱，所以这样的解决方案只能付诸东流。

而且，资产阶级的要求也造成了不少麻烦，因为他们想入主出奴，取贵族而代之，他们是大革命的始作俑者。由中等阶级发动的这场运动很快超出了他们的希望、需要和渴求。他们为了自己的利益而主张平等，但人民也要求平等。于是，大革命最后演变为大众政府，而这是他们当初始料不及的。

四、大革命期间人们对于君主制的情感演变

虽然人的情感要素之演变非常缓慢，但在大革命期间，不仅人民对君主制的感情前后发生了迅速变化，就连革命议会也是这样。从第一届议会的代表们满怀敬意地簇拥在路易十六的周围，到砍掉他脑袋的那一刻之间，只有短短的几年时间。

这些变化与其说是深刻的，不如说是表面的，它们事实上只是对同一秩序的情感转移而已。在这期间，人们把对国王的敬畏转移到继承了他的权力的新政府上，这一转变机制很容易得到证明。

在旧制度下，君主掌握着神授的权力，上帝的意志赋予他一种超自然的权威，国王的臣民在这片国土的每个角落仰望着他。

只要事实多次证明他们崇拜的偶像权力是虚幻的，对君主绝对权力的这种神秘主义信仰就会土崩瓦解，他的威望自然就会化为乌有。一旦君主失去了威望，群众就不会宽恕这个曾经蛊惑过他们、如今却已经倒塌的偶像；而且他们还要寻找新的偶像来替代他，他们离开了偶像就无法生存。

在大革命爆发之初，就有若干迹象——对此人们多次提及——向那些狂热的信徒表明一个事实，那就是王室不再拥有任何权威，其他的力量不仅是能与之竞争，而且还更高一筹。

比如，当群众看到国王受制于议会，并在巴黎的中心地带，面对武装进攻无力保卫自己最坚固的要塞时，他们会做何感想呢？

王室的虚弱由此暴露无遗，议会的权势却直线上升。现在，在群众的眼里虚弱者威信扫地；他们总是向着强力。

这一时期，国会议员们的感情也在发生变化，但尚未转变得如此急速，所以在攻占巴士底狱以及国王向外国君主寻求援助时，他们对君主制的忠诚仍有残留。

对王室如此忠心耿耿，巴黎的暴乱与事变虽然能够导致对路易十六处以死刑，但也不足以最终摧毁这种忠诚。在外省，人们对古老的君主制仍然保有长

期的虔敬。[1]

在整个大革命期间，法国的大部分地区都存在着对国王的忠诚，这正是各地让国民公会头疼不已的保王党人阴谋和起义络绎不绝的原因。在巴黎，这种忠诚已经消失殆尽，因为国王的虚弱在那里表现得再明显不过了；但是，在外省，王权仍被视为上帝在尘世的代表，享有无上的权威。

人民对王室的情感是如此根深蒂固，因此经得起断头台的考验。保王主义的运动事实上在整个大革命期间都存在，并在督政府执政期间一度甚嚣尘上，有四十九个地区派出保王党代表到巴黎请愿，结果引发了果月政变。

对君主制的这种情感是大革命无法压制的，它促成了波拿巴的成功，当他开始占据古代国王的宝座时，很大程度上是在重建旧制度。

[1] 米什莱曾经向我们叙述过这样一件事来证明人民对国王的这种历代相承的敬爱，它发生在路易十五统治时期："有一次，路易十五离开宫廷前去视察军队，在梅斯染上了疾患。消息传到巴黎，时值深夜，人们纷纷起床，奔走相告；各个教堂在夜间重新开放……人们聚集在每个十字路口，熙熙攘攘，乱作一团；在一些教堂里，牧师们在为国王的健康祈祷诵经时，几乎泣不成声，底下的人们也是哭成一片……当国王已经逐渐康复的消息传来时，报信的仆从被人们热情拥抱，差点儿窒息而死；欣喜至极的人们甚至狂吻他的马匹，给他凯旋英雄般的礼遇……街头巷尾立刻回响起'国王康复啦！国王康复啦！'的欢呼声。"

第三章　大革命时期的精神无政府状态与哲学家的影响

一、革命思想的起源与传播

每个时代，人的外在生活都是由其内在精神模铸的，内在精神是这样一套框架，它包括传统、情感、道德影响力等，这些要素指导人们的行为，并维持他们无须检讨就加以接受的某些基本观念。

如果这套社会架构的抵制力已经被削弱的话，以前没有多少力量的新思想、新观念就会萌芽和滋长。在大革命期间取得巨大成功的某些理论，在两个世纪之前曾遇到过顽强的抵抗，结果铩羽而归。

指出这些因素的目的是想让读者注意这样的事实，即革命的表层事件通常是人们心理发生的缓慢无形转变的一个结果。对革命的任何一项深刻研究必然是对孕育其指导思想精神土壤的研究。

思想的演进一般来说极其缓慢，仅仅一代人常常看不出其变化。只有通过同一个社会阶级在心灵演化曲线的两个极端上的精神状态进行对比，才能显示出思想演进的程度。为了理解路易十四时期到路易十六时期，有教养的人对王室的不同观念，我们有必要比较一下博絮埃与杜尔哥的政治理论。

当博絮埃将政府的权威建立于上帝的意志之上时，他表达的正是他那个时代的人对绝对君主制的普遍观念：“凡人对国王行为的评价总是靠不住的，唯神可以裁判之。”那时候，对宗教的虔诚与对君主的忠诚同样强大，二者密不可分，没有哪个哲学家可以撼动这一点。

路易十六的改革大臣们——比如杜尔哥的著作——则焕发出一种完全不同的精神，君权神授几乎只是一句套话，人民的权利开始得到了明确界定。

诸多的事件促成了这一演变——不幸的战争、饥荒、关税以及路易十五统治末期的普遍贫困等，对君主权威的崇敬慢慢受到侵蚀，并逐渐被一场精神上的反叛取代，一俟时机成熟，它就会走上历史前台。

一旦精神架构开始解体，末日就会迅速来临，这就是为什么大革命期间，那些毫不新奇的思想观念会得到急速传播，并产生重大影响，真可谓瓜熟蒂落，水到渠成。

然而，此时如此富有吸引力和影响力的思想观念其实早已存在，它们鼓舞英国的政治生活已经有很长一段时间了；两千年前，古希腊和罗马的作者们就曾著书立说，捍卫自由，抨击暴君，宣扬人民主权。

虽然发动了大革命的中产阶级的父辈们同他们一样，肯定在教科书里都已经知道了这一切，但他们丝毫没有被触动，因为这些思想对他们发生作用的时机尚未到来。在一个所有人都习惯把一切等级制视为自然而然的时代里，人们怎么可能会对这些言论留下印象呢？

哲学家们在大革命起源中的实际影响并没有想象的那么大，他们并没有揭示什么新的东西，但他们发展了批判精神，没有什么教条能够在其衰亡之路已经铺就时可以抵制这种批判精神。

在这种批判精神发展的影响下，不再被尊崇的事物越发失去威严。当传统和威信消失时，社会大厦就会轰然倒塌。

这一连锁的崩溃最终传递到人民那里，当然它并不是由人民启动的。人民向来只追随榜样，但从不树立榜样。

虽然哲学家不能对于人民产生什么影响，但可以极大地影响民族中已经开化的那一部分人。那些无所事事的贵族，因为早就被褫夺了传统的社会职能而倾向于追随其领袖，对社会百般挑剔。由于缺乏远见，因此他们首先跳出来与自己唯一作为根基的传统决裂。他们像今天的资产阶级那样沉溺于人道主义和理性主义，他们通过批评不断地挖着自己特权的墙角。就像今天最热心的改革者往往是命运的宠儿一样。贵族阶级鼓励各种关于社会契约、人权和公民平等的高谈阔论；在剧院里，他们为抨击特权、揭露上层人物的专横无能以及滥用各种职权的演出鼓掌喝彩。

当人们对引导他们行为的精神架构失去信心时，开始会感到不安，随后就会感到不满。所有的阶级都感到自己以前的行为动机正在日渐消失，若干个世纪以来一直被视为神圣的事物，现在不再神圣了。

那时，贵族与作家的批判精神还不足以搬动传统的重负，但这一举动增加了其他更强大势力的力量。我们在征引博絮埃时已经说过，今天已经大大分离的宗教机构与世俗政府，在旧制度下是紧密联系在一起的，一荣俱荣，一损俱损。其实，即使在君主制观念发生动摇之前，宗教传统的力量在有教养的人当中就已经大大收缩了。人们用观察获得的真理替代神启的真理，从而推动了知识的不断进步，越来越多的人从神学转向了科学。

虽然精神上的这一演化至今还很模糊，但足以表明若干世纪以来一直引导着人们的传统已经失去了它们应有的价值，它们即将被取而代之，是事所必至，天意使然。

然而，能够取代传统的新的因素又在哪里呢？何处才能找到一枚魔戒来施展法术，在那片不再让人满意的遗址上重建新的社会大厦呢？

人们都同意赋予理性以传统和神祇似乎已经失去的力量，但人们何以对于理性的力量就深信不疑？理性取得的成就有目共睹，但认定把理性运用到社会的建构上来，就可以通盘改造社会，其合理性依据何在？在那些较为开明的人的思想中，理性可能具有的作用急速增加，相比之下，传统似乎越来越不被信任了。

必须把赋予理性的至高无上之权威看作是终极观念。因为它不仅引发了大革命，而且它的主导地位贯穿于大革命的始终。在整个大革命期间，人们为了与过去决裂，做出了最艰巨的努力，力图根据一项按逻辑制定的全新蓝图来重建社会。

哲学家们的唯理论逐渐渗透到底层，它对人民仅仅意味着：过去被尊重的一切事物现在不再值得尊重；所有的人都是平等的，从前的老爷、主人不必再服从了。

群众轻而易举就终止了对上流阶级自身已经不再尊崇的事物的崇敬，当崇敬的藩篱被拆除时，革命就大功告成了。

这种新的精神状态带来的第一个结果就是普遍的不服从，维热·勒布伦夫人向我们讲述，在隆尚普斯漫步的人群跳过马车的底板，叫嚷着："下一年你们将被甩在后面，而我们则坐在里面。"

表现出这种不从与不满的不仅仅只是平民，在大革命的前夜，诸如此类的情绪非常普遍。泰纳指出："下层教士对高级教士，外省贵族对宫廷贵族，封臣对领主，乡下人对城里人等等无一不充满了敌意。"

这种心态不仅是从贵族与教士传染给平民，而且也侵袭到军队。在三级会议召开时，奈克尔就说："我们对军队没有把握。"军官们也开始变得人道主义化与哲学化了；从最底层招募而来的士兵虽然没有哲学化，但也不再驯服了。

在他们简单的头脑中，平等观念仅仅意味着对一切上级和主人乃至一切命令的反抗。1790年，有二十多个团的士兵威胁他们的军官，有些地方如南锡——甚至将他们的军官投入监狱。

散布于社会各个阶层之中，并且最后蔓延到军队的精神无政府状态是导致旧制度消亡的首要原因。里伐罗尔写道："正是受到第三等级思想影响的军队的背叛摧毁了王权。"

二、十八世纪哲学家对大革命起源假想的影响以及他们对于民主政治的厌恶

人们通常认为，哲学家是法国大革命的鼓吹者，他们攻击了那些特权及其滥用，但我们决不应该由此把他们看作是大众政府的同党。民主政治——他们对古希腊历史上的民主暴政印象极深——一般来说，与他们格格不入。他们并没有忽视破坏以及暴力之类民主的必然伴生物，同时都知道早在亚里士多德时代民主就被定义为"在这样的国家里一切事物，甚至包括法律，都取决于大多数人的意愿，他们像僭主一样行事，而且往往被一些巧言令色的煽动家控制"。

伏尔泰的真正先驱皮埃尔·贝尔对雅典大众政府的后果作了如下评述：

如果我们回顾一下历史，就会看到它在很大程度上展示的是群众的骚乱，造成城邦分裂的内讧，困扰城邦的煽风点火；最出众的人物遭到迫害、放逐，乃至在一个暴虐的饶舌者的怂恿下被处死。可以断言，这样一个对自己的自由如此自负的民族实际上只是一小撮阴谋家的奴隶而已。那些被称为煽动政治家的人，时而指示他们向东，时而引领他们向西，见风使舵，随波逐流。即使在实行君主制的马其顿，也不会看到像雅典这样频仍的暴政。

孟德斯鸠对民主政体也没有表示出更多的敬意，在描述了共和政体、君主政体和专制政体这三种政体之后，他明确指出了大众政府可能导致的后果：

过去人们因有法律而获得自由，现在追求自由，是为了反抗法律；每个公民都好像是从主人家里逃跑出来的奴隶；人们把过去的准则说成严厉，把过去的规矩说成拘束，把过去的谨慎叫作畏惧。在那里，节俭被看作贪婪；而占有欲却不是贪婪。从前私人的财产是公共的财宝；但现在，公共的财宝变成了私人的家业，共和国成了巧取豪夺的对象。它的力量就只是几个公民的权力和全体的放肆而已。

于是，就形成了许多小暴君；这些小暴君具有单一的暴君所有的一切邪恶。人民残存着的一点自由，不久也成为不可容忍的东西；这时就产生了单一的暴君；人民便将丧失他们的一切，连腐化的好处也丧失了。

因此，民主政体应该避免两种极端，就是不平等的精神和极端平等的精神：不平等的精神使一个民主国走向贵族政治或一人执政的政体；极端的平等精神使一个民主国走向一人独裁的专制主义，就像一人独裁的专制主义是以征服而告终一样。

孟德斯鸠的理想是英国式的立宪政府，它可以防止君主制堕落为专制暴政，可惜的是这位哲学家的影响在大革命时期极为有限。

至于百科全书派，人们通常认为他们对大革命的爆发起到了十分重要的作用。实际上除了霍尔巴赫这个类似伏尔泰和狄德罗的开明君主制的倡导者之外，他们很少涉及政治问题。他们写作主要为了捍卫个人自由，反对教会对人权的侵犯，抨击那个时代极端的不宽容以及对哲学家的敌意。他们既不是社会主义者，也不是民主主义者，大革命与他们的原则毫无关联。

伏尔泰本人绝不是民主政治的同道，他说：

民主政体似乎只适宜于非常小的国家，但即使出现这样的情况，也肯定是极其幸运的。就算这样的国家很小，它也可能犯许多错误，因为它也是由人构成的。混乱将在那里大行其道，就像一座挤满了修士的女修道院；当然，那里不会发生圣巴托罗缪之夜大屠杀，不会出现爱尔兰大屠杀，不会有西西里晚祷事件，不会有宗教裁判所，除非我们设想这个共和国是由地狱角落里的恶魔组成的。

所有这些被认为是激发了大革命的人所持的观点远不是颠覆性的，确实很难看出他们对革命运动的发展有什么实质性影响。卢梭是他那个时代为数极少的几个民主主义哲学家之一，所以他的《社会契约论》成了大恐怖时期人们的圣经。要宽宥那些产生于无意识的神秘情感冲动的行为，似乎得找出一些必需的恰当理由，但这些冲动绝不是哲学可以鼓动的。

实事求是地说，卢梭的民主主义直觉也不是毋庸置疑的。他自己就承认他立基于人民主权的社会重建方案，仅仅适用于一个非常狭小的邦国；当波兰人邀请他为他们起草一份民主宪法方案时，他建议他们选择一个世袭君主。

卢梭理论中获得巨大成功的是关于原始状态完美至善的理论，和他同时代的许多作家一样，卢梭断言原始人是完美无缺的；导致他们堕落的是社会。

通过良好法律的矫正，一个社会可以重新获得早期世界的幸福。出于对心理学的无知，卢梭相信无论何时何地，所有的人都是一样的；他们可以受同样的法律与制度的统治。这在当时是一个普遍的信仰，爱尔维修写道：“人民的恶行与美德通常是立法的一个必然结果……对一切民族而言，美德都是智慧——这种智慧或多或少是完美的——结果，政治治理的结果，对此我们还有什么怀疑吗？”

再没有比这更荒谬的错误了。

三、大革命时期资产阶级的哲学思想

确切地说出大革命期间一个法国中产阶级的社会政治观点到底是什么，绝不是一件简单的事情。不过，也许可以把它们简化为博爱、平等和大众政府这么几条集中体现在《人权宣言》中的公式，我们将有机会从那里征引一些段落。

十八世纪的哲学家似乎并没有得到大革命时代的人们的高度评价，他们很少引用这些哲学家。由于受到希腊和罗马这些古典记忆的蛊惑，因此新的立法者们重新阅读了柏拉图和普鲁塔克。他们希冀复兴斯巴达的政治及其生活方式、朴素的习惯和法律。

莱克古斯、梭伦、米太亚德、曼利乌斯·托尔克瓦图斯、布鲁图斯、穆基乌斯、塞沃拉，乃至传说中的弥诺斯这些名字在民众领袖中如同在剧院里一般熟识，公众对他们如痴如醉，崇拜至极，古代英雄的阴影盘旋在革命群众的头顶。只不过后人把它们换上了十八世纪哲学家的阴影。

我们将看到，实际上这一时期的人们一般都以大胆改革者的面目出现，他们声称自己完全依照精微的哲学家的引导，未作任何革新；但是，他们拒绝回顾过去，传统已经被历史的迷雾遮掩多时，而他们对这种传统没有丝毫的认识。

更理智的人们在寻求楷模和榜样时，并没有追溯得那么远，他们仅仅打算采用英国的宪政体制，这种体制正是孟德斯鸠和伏尔泰大加赞赏的，事实证明，最终仿效这一体制的国家没有一个出现暴力危机。

他们的目标仅限于对现存的君主制加以完善，而不是推翻它。但是，在革命时期，人们常常会走上一条与自己先前计划的截然不同的道路。在召集三级会议时，恐怕没有人会想到一场由平和的资产阶级和知书达理之士发动的革命竟会急速蜕化为人类历史上最残暴的专政之一。

第四章　法国大革命的心理幻想

一、原始人、回归自然状态与大众心理的幻想

我们已经多次强调并值得再次重复的是，一种学说的谬误并不妨碍它的传播，所以我们这里必须探讨一下它是如何对人的心灵发挥作用的。

虽然对错误学说的批评很少产生什么实际效用，但从心理学的角度来看这毕竟是一件非常有趣的事情。那些想要理解人类大脑是如何运作的哲学家们应该时刻关注人们寄居其中的幻觉，也许这些幻觉在人类历史上从未像大革命时期那样出现得如此深刻，如此频繁。

最显著的一个幻觉就是“我们的始祖与原始社会的本性”这么一个奇特的观念。人类学尚未能够揭示人类远祖的生存状况，人们只是根据《圣经》的传说，假想人类完全出自造物主之手，后来被文明毁灭的原初社会是人类应当皈返的模型。回归自然状态不久就成了普遍的呼声。卢梭说：“我在我的著作中提出的一切道德的基本原则就是，人类在本质上是善良的，热爱正义与秩序。”

现代科学根据古代残存的遗迹对我们祖先的生活状况所做的推断，早就证明这一学说是错误的。原始人是无知残忍的种群，他们同现代的野蛮人一样，对善良、道德和同情一无所知。他只受自己本能冲动的支配，当饥饿驱使他走出洞穴时，他就会奔向猎物；当他的心里涌起仇恨时，他就会吊死他的敌人。理性还未产生，没有什么可以遏制他的本能。

文明的目标与一切革命信仰相反，它不是要返回自然状态，而是要逃离自然状态。恰恰是因为雅各宾党人破坏了文明赖以为基础的一切社会限制，所以他们使人类又回到了原始状态，使政治社会蜕化为野蛮的游牧部落。

这些理论家关于人的本性的理论具有的价值，大约无异于一个普通罗马人关于预兆力量的想法。然而，这些理论作为行为动机的力量却不可小觑，国民公会总是被这样的思想鼓动。

对我们原始祖先的看法上所犯的错误当然值得原谅，因为在当代的发现向

我们揭示他们的真实生活状况之前，我们对此完全不甚了了。但是，大革命时代的人对人类心理表现出的绝对无知，远非那么容易理解。

看起来确实是这样，十八世纪的哲学家与作家好像很不擅长进行最细微的观察，他们置身于同时代的人之中，却没有看透他们，也没有理解他们。最明显的就是，他们从未怀疑过大众心智的本性，他们总以为人民符合自己梦想塑造的理想模型。他们对心理学的无知就像对历史教训的无知，他们认为平民大众在本质上善良博爱、知恩图报，并时刻准备倾听理性。

国会议员们发表的言论可以表明这些幻觉是多么深刻，当农民开始焚烧城堡时，他们非常吃惊，忙不迭地用动情的长篇大论对他们发表演讲，恳求他们停止暴行，以免“惹恼了他们好心的国王”，并请求他们“以美德来打动国王”。

二、决裂与法律改造人性力量的幻想

有一个原则可以被看作是革命机制的一块基石，那就是人们可以轻而易举地与其过去一刀两断，而社会可以通过制度来实现全盘重建。理性说服人们相信，除了可以引以为楷模的原始时代之外，过去代表着谬误与迷信的一项遗产，当代的立法者可以与过去彻底决裂。为了更好地体现自己的意图，他们创立了一种全新的纪元，变换了历法，更改了月份和季节的名称。

他们假定所有的人都是相似的，所以他们可以为全人类立法。当孔多塞说“一项良好的法律必定对所有人都是良好的，犹如一个几何命题对所有人都是正确的”时，他一定认为自己是在表述一条颠扑不破的真理。

大革命的理论家们从未能够透过事物的表象，洞察到隐匿在它们背后的原动力。人们用生物学上的进步来证明这些理论家所犯的错误是如何让人痛心还得需要一个多世纪，而这种进步同时也会告诉我们，无论是哪个民族，其进化又是何等依赖于过去的传统。

大革命中的改革者们不断地与过去的影响发生冲突，哪怕他们并不理解它，他们妄图消灭它，结果反而被它消灭。

立法者们对法律和制度绝对力量的信仰，虽然到革命接近尾声时发生了严重动摇，但在革命之初他们却是深信不疑。格雷古瓦教士在制宪议会的讲台上发表这样的演说时，一点也没有引起惊讶：“如果我们想改变宗教信仰，我们也可以做到，只是目前我们不想这样做。”我们知道后来他们确实想这么做了，而且我们还知道他们失败得是如何惨烈。

然而，雅各宾党人还是掌握了所有成功的要素，依靠无所不用其极的暴政，扫除了一切障碍，强制推行的法律无一不顺利通过。经历了十年的暴力、破坏、焚烧、掠夺、屠杀和翻天覆地的变化，他们的虚弱暴露无遗，最终陷入了危机四伏的境地。然后，整个法兰西都在企盼的独裁者又不得不对已经遭到破坏的大部分事物加以重建。

雅各宾党人以完美理性的名义重新塑造社会的企图是一场非常有趣的实验，人类也许再也不会有机会在如此广阔的范围内重复这样的实验了。

虽然这是一个可怕的教训，但它在一个相当重要阶级的头脑里，似乎还没有引起足够的重视，因为即使在我们这个时代里，我们也仍然可以不时听到有人要求根据他们的空想计划对社会进行彻底改造的建议。

三、大革命原则理论价值的幻想

大革命基本原则的目的就是要建立一种新的分配关系，它包含在一系列的权利宣言之中，这些宣言相继公布于1789年、1793年和1795年。这三个宣言都同意这一声明："主权在民。"

至于其他方面，这三个宣言的有些说法并不一致，尤其是在平等问题上。1789年宣言只是简单规定的第一条乃"人生来始终是平等的"；1793年宣言走得更远，它向我们断言（第三条）"所有人按其本性一律平等"；1795年宣言则较为适度，它说（第三条）："平等意味着法律对于所有的人都一视同仁。"除此之外，在说到权利时，第三个宣言认为提及义务是有益的，它的道德完全就是福音书的道德，宣言第二条说："一个人与一个公民的所有义务都来自天然铭刻在所有人心中的这样两条原则：己所不欲，勿施于人；己欲立而立人。"

这些宣言的实质性内容，也是真正保留下来的内容，就是关于平等和人民主权的那些部分。

虽然存在推理意义上的缺陷，但"自由、平等、博爱"这一共和主义图景发挥的作用还是不可忽视的。

这一充满魔力的公式不仅至今仍然装饰在许多墙壁上，而且还铭刻在我们的心目中，它确实拥有某种神奇的力量，这种力量得归功于那些古老的巫师使用的蛊惑性字眼。

它的许诺唤起的新希望给它带来了相当惊人的扩张力，成千上万的人为它舍弃了生命。甚至在我们这个时代，世界上任何一个地方爆发革命，都会援引同样的公式。

选择这一公式实在是幸运，因为它属于那种模糊不定的能够激起人们梦想的词句，每个人都可以根据他自己的爱憎与希望来解释。至于这些词汇的真实含义是什么则显得无关紧要，它附带的意义已经使之无足轻重。

在革命宏图的三个原则当中，平等最富有成果，我们将在本书的另一部分中指出，只有这一原则至今仍然存活，成就斐然。

当然不是大革命才把平等思想介绍到世间的。无须追溯到古希腊的共和国，我们就会注意到，在基督教以及伊斯兰教的教义中包含着再明显不过的平等理论。作为同一个上帝的臣民，所有的人在他面前一律平等，对他们唯一的评判标准就是他们的美德。上帝面前所有灵魂一律平等的教义在伊斯兰教徒和基督教徒那里一样重要。

但是，声明一项原则并不足以保证它的实现。基督教会很快就与其理论上的平等断绝了关系，而大革命中的人们也仅仅是在演说中才想起它来。

"平等"一词的含义随着使用它的人的不同而变化。它常常隐含着与其真正意义完全相反的情绪，从而表现出不让任何人胜于他人的这样一个专横的要求，同时也不乏自觉高于他人的念头。对大革命时期和我们今天的雅各宾党人而言，"平等"这一字眼仅仅牵扯到对一切优越的一种嫉恨，为了铲除所有优越，这些人佯称要统一礼仪、习俗和地位。一切专制——他们自己施行的专制除外——似乎都是可憎的。

由于无法避免自然的不平等，因此他们拒绝认可它们，1793年的第二个权利宣言无视事实，公然断言"所有人按照自然一律平等"。

如此看来，大革命中许多人对平等的热烈企盼只不过掩盖了他们对不平等的强烈要求，拿破仑正是为了满足他们的欲望而被迫重新启用贵族头衔和装饰。泰纳指出，拿破仑之所以能从最桀骜不驯的革命者中选拔出最驯服的臣僚，其秘密就在于此。他接着说道：

忽然之间，透过他们有关自由与平等的布道，他们对权力和支配他人的本能欲望暴露无遗；甚至就连下属在大多数情况下也对于金钱和享乐充满了渴望。在救国委员会委员与帝国的大臣、长官或次长之间没有多少分别：两种装束之下是同一个人，只不过先前穿的是短套，后来穿的是编织外套而已。

平等教义的第一个产物就是资产阶级对人民主权的声明。然而，人民主权在整个大革命期间却一直是一种理论上的空谈。

权威原则是大革命最持久的遗产，“自由”与“博爱”这两个与之伴生的共和主义理念从未产生多少重大影响，我们甚至可以说，在大革命与帝国时期，除了装饰人们的言论之外，它们一无所用。

此后，它们的影响也是微乎其微，人们从未实行过博爱，也不怎么在乎自由，今天我们看到工人已经把他们的自由完全交付给了工会。

总而言之，虽然大革命的座右铭很少付诸实践，但它确实发挥了重大的作用。事实上，除了这三个著名的口号之外，法国大革命在大众心目中已经荡然无存，这三个口号构成了大革命的福音，它们的信徒已经遍布欧洲。

第二卷 大革命时期理性、情感、神秘主义以及集体诸要素的影响

第一章 制宪议会的心理

一、法国大革命时期发生作用的心理要素

法国大革命的过程同它的起源一样，也是由理性、情感、神秘主义和集体的要素构成的，每种要素实际上都受不同的逻辑支配。正如我已经指出的那样，这么多的历史学家之所以会对这一时期做出迥然不同的解释，就是因为他们没有把这些因素各自的影响区分开来。

通常被视为一种有效解释的理性因素，实际上所起的作用微乎其微。它确实为大革命开辟了道路，但它仅仅在革命爆发之初维持了一段时间，而且只限于中产阶级。当时的许多措施——如降低税收的建议、取消贵族特权的建议等——都显示了理性的力量。

一旦大革命深入到普通群众那里，理性的影响立即在情感力量和集体力量的排挤下消失得无影无踪。至于其中的神秘主义要素，作为革命信仰的根基，它使军队发痴发狂，并把新的信仰向全世界传播。

我们将看到，这些错综复杂的要素既体现在事件中，也反映在个人的心理上。大革命最重要的要素也许就是其神秘主义成分，因此我们只有把大革命视为一种宗教信仰的构成，才能清晰理解它，这一点怎么强调也不为过。我在其他地方对一切宗教信仰的论述同样适用于大革命，比如，在涉及宗教改革的章节中，读者会看到它与大革命的相似之处不在少数。

在宗教信仰的理性价值这个问题上，哲学家们颇费时日，才最终发现它微

乎其微，因此他们现在能够更恰当地理解理性的作用了。他们不得不承认，只有这些信仰的要素才足以影响文明中诸种要素的转变。

信仰可以迫使人们与理性相分离，并能够将人的思想和情感推向一个极端。纯粹的理性从未有过这样的力量，因为人们从来不会对理性充满热情。

大革命很快采取了宗教的形式，这就解释了它为什么会有如此惊人的扩张力，并且至今仍然保持着巨大的威望。

这座伟大的纪念碑应该被视为一种新宗教的奠基；然而，却很少有历史学家能够理解这一点。我认为，最早洞悉这一点的是托克维尔敏锐的大脑。

“法国大革命，”他写道，“是以宗教革命的方式、罩着宗教革命的外表进行的一场政治革命。从其常规的和典型的特征来看，它确实与宗教革命相似：它不仅像宗教革命一样传播甚远；而且像宗教革命一样，通过预言和布道的方式深入人心。这是一场激发人们改变信仰的政治革命，人们满怀热情地在国内完成革命，又以同样的热诚向国外传播。试想这是何等新奇的景象啊！”

假如大革命的宗教因素得到承认，那么，接踵而来的狂热与破坏就容易解释了，因为历史告诉我们，这是宗教的伴生物。因此，大革命必然要导致暴力和不宽容，这是取得胜利的神灵对其信徒发出的指令。大革命在整个欧洲肆虐了二十年，它使法兰西成了一片废墟，数百万人失去了生命，国家也多次遭到侵犯；但是作为一项铁律，不付出灾难性的代价，就不足以改变人们的信仰。

虽然神秘主义的因素通常是信仰的基础，但某些情感的因素和理性的因素很快也会掺和进来。这样一种信仰可以服务群体的情感、激情和利益，它们都属于情感领域；至于理性，它可以掩饰这一切，为事件的合理性寻求辩护，当然它实际上起不了任何作用。

当大革命刚刚爆发时，几乎每个人都依据自己的热望为新的信仰披上各式各样理性的外衣。人们看到在大革命中，曾经使他们饱受欺凌的一切专制，无论是宗教、政治，还是等级，统统被镇压；像歌德这样的作家和康德这样的思想家都假想在大革命中看到了理性的胜利；像洪堡这样的外国人士还特意来到法国“呼吸自由的空气，观摩专制的葬礼”。

但是，知识分子的这些幻想并没有持续多久，整个事件的戏剧性进展很快就暴露了梦想的真实基础。

二、旧制度的瓦解与三级会议的召开

在付诸实践之前，革命就已经在人们的思想中酝酿开了。在经过诸多我们已经研究过的那些因素的准备之后，法国大革命随着路易十六的登基变成了现实。中产阶级的不满与日俱增，他们百般挑剔，提出了一项又一项要求。每个人都在呼唤改革。

路易十六完全懂得改革的效用，但他实在太软弱了，根本无力驾驭教士和贵族，他甚至无法保留自己的改革大臣马勒谢尔伯和杜尔哥。频繁的饥荒、逐渐加重的赋税、各个阶层的贫困，日盛一日；而且这种普遍的贫困和宫廷的庞大开支形成了骇人的对比。

被召集起来试图挽救财政危机的显贵们，拒绝接受一个平等的税收体系，他们只批准了一些意义不大的改革措施。高等法院拒绝登记这些改革法令，最后不得不解散，各省的高等法院仿效巴黎采取了同样的行动，也被解散了。但是，他们主导着舆论，法国各地都要求召开已经近二百年没有召开的三级会议。

决议是这样的：在500万法国人中，有10万教士和15万贵族派出各自的代表。总共有1200名代表，其中578名是第三等级的代表，他们主要由地方官员、律师和医生组成；而300名教士代表中有200人是平民出身，他们把自己的命运与第三等级连在一起，共同反对贵族和教士。

从第一次会议开始，不同社会地位和精神状况的代表之间就发生了心理上的冲突。特权阶级代表的华贵装束与第三等级代表的寒碜形成了一种让人感到羞辱的对比。

在第一次会议上，贵族和教士成员依照他们的阶级特权，在国王面前没有免冠，第三等级的代表想仿而效之，结果招来特权阶级代表的抗议。在接下来的一天里，更多自尊受到伤害的抗议不绝于耳，第三等级的代表邀请那些坐在单独大厅里议事的贵族和教士代表为他们的权力作见证，结果遭到拒绝。磋商持续了一个多月。最后，根据西哀耶斯教士的倡议，第三等级的代表认为他们代表了国家95%的人口，宣布自己组成一个国民议会。

从那一刻起，大革命就拉开了序幕。

三、制宪议会

一个政治议会的力量首先取决于它对手的强弱。制宪议会为它遇到的微弱抵制感到惊讶，并且在一小撮煽动家的操纵下失去了自制。从最初的会议开始，制宪会议的一言一行如同一个主权实体，特别是它冒称自己拥有征收赋税的权力，这是对国王特权的严重侵犯。

路易十六作了软弱无力的抵抗，仅仅是关闭了三级会议的议事大厅。于是，代表们在网球场的大厅里集会，并宣誓除非通过一部宪法，否则他们绝不解散。

大部分的教士代表加入了他们的行列，国王宣布议会的决议无效，并命令代表们解散。当大司仪官布勒泽侯爵劝说他们服从国王的命令时，议会主席巴伊答复说："我们代表全体国民在这里集会，我们不能接受任何命令！"而米拉波则向国王的特使扬言：议会是根据人民的意志召集起来的，除非诉诸武力，否则我们不会撤退。于是，国王再次做出让步。

在6月9日的会议上，代表们采用的是制宪议会的名称。多少世纪以来，国王第一次被迫认可了一个新权力的存在。此前，无论是人民的权力，还是由人民的代表所行使的权力，国王都一概置之不理。君主专制政体一去不复返了。

路易十六感到自己越来越受到威胁，于是便从凡尔赛召集了一些由外国雇佣兵组成的兵团。制宪议会要求这些军队撤离，国王拒绝了，并将奈克尔解职，代之以布洛利元帅这样一个以独断专行著称的人。

但是，议会拥有足够的支持者，卡米尔·德穆兰和其他一些人向四面八方的群众发表长篇演说，呼吁他们保卫自由。他们敲响了警钟，组成了一支一万两千人的民兵，从残废军人院取来了步枪和大炮。7月14日，武装的民众向巴士底狱进发，这座要塞几乎没有设防，几小时后即停止抵抗，在里面找到了七名囚犯，其中一人还是个疯子，另有四人是被指控作伪证的刑事犯。

巴士底狱曾让许多人成为专制权力的牺牲品，在许多人心目中，它是王权的象征，但攻占它的人并没有吃过它的苦头，因为除了贵族之外很少有人被投入巴士底狱。

攻占这座要塞产生的影响一直持续到今天，像朗博德这样严肃的历史学家都向我们断言："攻占巴士底狱不仅是法国，而且是欧洲历史上的重大事件，它开创了世界历史的新纪元。”

如此的轻信稍许有些过分，事件的重要性仅仅在于这样一个心理学事实，那就是人民第一次得到了一项明显的证据，它表明不久前还是令人敬畏的权威竟然如此不堪一击。

权威的原则一旦在公众心目中开始受到损害，就会迅速瓦解。对一个无力保卫自己的重要堡垒不受群众进攻的国王，还有什么要求不可以提出呢？主人的权力同样也不再是无所不能的了。

攻占巴士底狱是法国大革命历史上比比皆是的精神腐化现象的肇端。虽然外国雇佣兵对于革命没有多少兴趣，但也开始显示哗变的苗头。于是，路易十六被迫将他们解散。他召回了奈克尔，回到了巴黎市政厅，他的出现表明了对于既成事实的认可；他从国民自卫军司令拉法夷特手里接过了三色帽徽，它由代表巴黎的红蓝二色加上代表国王的白色构成。

随着巴士底狱的攻破，骚乱暂时中止了，但决不应该把它看作是“历史上的一个终极性事件”；不过，它确实是大众政府的开端。

从此以后，武装的人民成为革命议会得时刻加以考虑的因素，并极大影响了他们的行为。

与人民主权的教义相一致的人民之登台亮相，对诸多事务横加干涉，使许多研究大革命的历史学家由衷地敬佩。但是，即使是对于大众心理的肤浅研究也会很快显示，他们称之为人民的神秘实体其实不过是几个领袖意志的转化而已。说人民攻占了巴士底狱，袭击了杜伊勒里宫，冲进了国会等都是不准确的，应该说是某些领袖是通过俱乐部联合了武装平民，并领导他们攻克了巴士底狱、杜伊勒里宫等。在大革命期间，同一群乌合之众袭击或保卫极其对立的党派，这完全取决于碰巧成为他们头目的领袖。群众从来没有自己的观点，他们有的只是自己领袖的观点。

象征性的事件是最有效的暗示形式，继攻占巴士底狱之后接踵而至的必然是对于其他堡垒的破坏。许多封建城堡被视为小型的巴士底狱，为了仿效巴黎人，农民们闻风而动，也开始烧毁各地的城堡，他们的行为更狂暴，因为那些侯爵老爷的宅地享有封建的特权。这是扎克雷起义的一个变种。

制宪议会同后来的所有革命议会一样，在国王面前傲慢自负，在人民面前却极其优柔寡断。

为了结束8月4号夜晚的混乱状态，制宪议会根据一名贵族代表诺亚依子爵的提议，投票通过决议废除了封建庄园主的领地特权。虽然这一措施是对贵族特权的沉重打击，但在对它进行投票时人们却含着热泪，互相拥抱以示庆贺。如果我们想到在人群中，尤其是在为恐惧支配的人群中，情绪是多么容易传染，那就很容易理解这种狂热情绪的发作了。

如果贵族们能够在数年前放弃他们的特权的话，大革命无疑就可以避免了，但现在为时晚矣！被迫做出的让步只能徒增他所屈从者的价码。在政治上，一个人总应该高瞻远瞩，在迫不得已之前就做出让步。

路易十六在犹豫了两个月后才批准了制宪议会8月4日晚上投票通过的决议。他退居到凡尔赛，民众领袖向那里遣送了一支七八千人的男女队伍，并向他们保证说王室的驻地储藏了大量面包。凡尔赛的王宫受到了武力威胁，一些侍卫被杀。国王连同他所有的家人被叫嚣的人群带回了巴黎，人群中许多人的长矛上还挂着被残杀的士兵的头颅。这就是我们所知的十月发生的事件。

大众的权力日渐上升，而实际上国王和整个议会一样，从此处在人民的攀握之中，也就是说，被那些俱乐部及其领袖们控制。大众权力在近十年的时间里所向披靡，直到大革命接近尾声。

虽然制宪会议声称人民是唯一的主权者，但它还是为大大超出其理论预见的动乱困扰。制宪会议曾经天真地以为一旦它制定出确保人类永久幸福的宪法，秩序就会恢复平静。

我们知道，在整个大革命期间，各种议会的首要任务就是制定、推翻或重修宪法。当时的理论家与今天的理论家一样，赋予宪法以改造社会的权力，因此议会从未忽视自己的使命。与此同时，它还颁布了一项庄严的《人权宣言》来概括宪法的原则。

宪法、宣言、声明和演讲不会对大众运动产生丝毫影响，也不会对议会核心中逐日增多的反对派有什么影响。这些反对派越来越受制于被各种俱乐部操纵的激进派别，丹东、卡米尔、德穆兰以及后来的马拉、埃贝尔通过他们的长篇演说和杂志激烈鼓动平民。议会很快就陷入了导致它滑向极端的泥淖。

国家的财政在这些动乱中丝毫没有好转，议会最后意识到，博爱的言论无法改善他们的状况，眼看破产的威胁就要来临，他们在1789年11月2日颁布法令，没收教会的财产。教会的收入估计在一亿两千万英镑左右，其中包括从信徒那里征收来的约有八百万英镑的什一税。它们被几百个高级教士以及宫廷神父等人占有，这些人拥有全法国四分之一的财产。这些财产从此以后被收归“国有”，作为指券的保值抵押，这种纸币相继发行了四十亿法郎（折合一千六百万英镑）。公众一开始接受了它，但在督政府和国民公会统治期间，发行了4500亿法郎（折合180亿英镑）的这种货币，结果一百里弗的指券最后只值几便士。

软弱的路易十六在顾问的怂恿下对此做出了抵抗，拒绝批准议会的法令，但徒劳无益。

在民众领袖日复一日的暗示作用以及精神传染的威力下，革命运动在各处蔓延，它不仅是抛开了议会，甚至时常与议会发生冲突。

在城镇和乡村，革命市政当局在当地国民自卫队的保护下成立了。邻近城镇的国民自卫队开始协调行动，采取必要的措施以保护自己，于是联盟形成了，并很快汇拢到一起。他们向巴黎派出了一万四千名自卫队员，1790年7月14号这些士兵在马尔斯广场结集，国王在那里宣誓接受国民会议颁布的宪法。

虽然有这一空洞的誓言，但形势已经日趋明朗：在君主政体的世袭制原则与议会宣布的原则之间不可能有一致之处。

国王感到自己已经完全失去了权力，只有选择逃走。在凡尔赛被捕后，他被带回巴黎附近的一座监狱，最后被囚禁在杜伊勒里宫。虽然议会此时的保王色彩还很浓，但也不得不中止他的权力，并决定对他采取政府的单独指控。

在出逃未遂的这段时间里，国王的处境是前所未有的糟糕。哪怕是黎塞留这样的天才再世也无力回天了，他唯一可以依靠的力量从一开始就无可挽回地辜负了他。

在整个制宪议会统治期间，绝大多数法国人和议会成员都还是保王派，所以如果国王接受一种开明君主制的话，他也许仍然可以掌权。但是，路易十六似乎不愿做出多少承诺，以便与议会达成妥协。

也许在他的头脑中稍微地妥协都是绝对不可能的。如果他同意变革历代传承世袭的君主制的话，列祖列宗的阴影就会在他面前出现，挥之不去。甚至即使他打算这样做，他的家族反对派、教士、贵族以及宫廷也决不会善罢甘休。那时候，君主制依赖的古代世袭等级、贵族和教士几乎和国王本人一样有权势。他看来好像每次都向议会的命令屈服了，但那是迫不得已，并且是企图赢得时间，卷土重来。在他看到所有的天然防卫都起不了作用之后，孤注一掷的国王只好向外国势力求助。

国王，尤其是王后，对奥地利——几个世纪以来，它一直就是法国的竞争对手——可能给予的援助抱有非常奇怪的幻想。即使奥地利不痛不痒地表示同意出手相助，也只是想得到巨大的回报而已，可以料想向路易十六施舍恩惠的预期报酬包括阿尔萨斯、阿尔卑斯以及纳瓦尔。

俱乐部的民众领袖们发现议会的保王色彩太浓，于是再次发动群众来反对它。他们发起一项请愿，要求议会召集一个新的选举机构来审判路易十六。

不管怎么说，制宪议会还是对国王怀有敬意，感到革命越来越具有煽动性，于是决定对于人民的行动进行反击。在拉法夷特的指挥下，国民自卫队的一个营开进马尔斯广场，驱散聚集在那里的人群，当场就有五十人毙命。

但是，议会并没有坚持它的微弱抵制，出于对人民的极端畏惧，它对国王日渐傲慢，不断剥夺他的特权与权力。现在国王就像一个小小的公务员，必须得依别人的意志行事。

议会指望自己能够行使从国王那里僭夺的权力，但这样的使命远远超出了它的能力。一个如此分散的权力必然是虚弱的，米拉波说："我不知道还有什么比由六百个人来行使主权更可怕的了。"

议会曾经夸下海口，认为它可以集中国家的所有权力，并像路易十六那样行使这些权力。但不久，议会就变得寸步难行了。

随着议会威信的削弱，无政府的混乱加剧。民众领袖不断煽动暴民，骚乱和起义成了唯一的权力。议会每天都要受到喧嚣专横的代表的冲击，他们时而提出要求，时而发出威胁。

对这些群众运动，议会迫于恐惧的压力，无计可施，只得俯首帖耳。事实上，它们并不是群众自发的运动，仅仅标志着新势力的登场，那就是与议会并行存在的俱乐部和巴黎公社。在这些俱乐部中，最有势力的是雅各宾俱乐部，它在法国已经迅速地建立了超过五百个直接听命于总部的支部。在整个大革命期间，它的影响一直占据优势。它是议会的主人，因而也是法国的主人。它唯一的对手是起义者建立的巴黎公社，但后者的权力仅限于巴黎。

制宪议会的虚弱及其遭受的失败使它名誉扫地，它开始意识到这一点，并感到自己正在逐渐失势，于是决定加紧制定出新的宪法，以便自行解散。它的最后一项措施就是幼稚至极地规定制宪议会的成员不得被选进立法议会，这就等于说立法议会的议员将失去他们前辈的经验。

1791年9月3日，宪法制定完成，并在13日得到了国王的批准，此前议会已经恢复了国王的权力。

制宪议会创建了一个代议制政府，由人民选举的代表行使立法权，国王行使行政权，并且他对议会的法令享有否决权。新的部门分工取代了旧的行省制，关税被废除，代之以至今仍在实行的直接税和间接税。

制宪议会在结束了领土分裂，推翻了旧的社会组织之后，以为自己的力量足以改造这个国家的宗教组织，它特别要求神职人员应该由人民选举产生，并由此摆脱其最高首脑教皇的影响。

对教士的民事规定是一直持续到执政府统治时期的宗教斗争与宗教迫害的起因，三分之二的牧师拒绝对新宪法宣誓效忠。

在以制宪议会为象征的三年里，大革命取得的成果相当可观。首要的成果也许就是特权等级的财富开始向第三等级转移。正是这一点引起大革命的热情追随者为新制度辩护的兴趣，一场得到既得利益者支持的革命必然是强大的。无论是排挤掉了贵族的第三等级，还是购买了国有土地的农民，他们当然清楚地知道旧制度的复辟将损害他们的利益，对大革命的积极辩护仅仅是为他们自己的财富辩护。

这就是为什么我们会看到，在大革命的某些阶段会有接近一半的地区揭竿而起反抗压迫他们的专制。共和党人战胜了一切反对派，他们之所以强大有力，是因为他们不仅要捍卫一种新的理想，而且还要捍卫新的物质利益。我们将看到这两个因素的影响贯穿于整个大革命，极大地促成了帝国的建立。

第二章 立法议会的心理

一、立法议会期间的政治事件

在考察立法议会的精神特征之前，先让我们简要总结一下在它短暂的执政岁月中发生的值得回顾的政治事件。这些政治事件在立法议会的心理表现中自然起到了十分重要的作用。

立法议会同样对君主制十分留恋，它并不比它的前任更想摧毁君主制。在他们看来，国王只是有些不可信任，但他们仍然希望保留国王路易十六整天郁郁寡欢，不断地企求外国的干涉。胆怯的国王被软禁在杜伊勒里宫，只有他的瑞士侍卫守护在身旁，他在一片反对声中无依无靠。他收买杂志，企图扭转公共舆论，但编辑这些杂志的迂腐文人们对群众的心理一无所知。他们唯一的手段就是用绞刑架来恫吓大革命的各路人马，以及预告一支解救国王的军队即将入侵法兰西。

王室此时可以寄托希望的只有外国宫廷，贵族们纷纷移居国外。普鲁士、奥地利和俄罗斯向法国发出了战争威胁，路易十六也暗中支持它们的行动。面对三家国王的联合反法，雅各宾俱乐部提议反击各国的联盟。于是，吉伦特党人连同雅各宾党人成为革命运动的领导者，他们挑动群众武装自己，六百万志愿者整装待发。宫廷接受了一位吉伦特派的大臣，在他的操纵下，路易十六被迫建议议会对奥地利作战，并很快得到了同意。

在宣战时，国王言不由衷，王后将法国的作战计划和委员会的秘密决议透露给了奥地利。

战争之初法国损失惨重，好几个纵队遭到突袭，溃不成军。在俱乐部的煽动与说服——准确地说，是在煽动下，巴黎近郊的人们相信国王与外敌相互勾结，于是发动起义。他们的领导者雅各宾党人，主要是丹东在6月20日向杜伊勒里宫递交请愿书，以废黜国王相威胁，然后冲进杜伊勒里宫，对国王百般谩骂。

命运驱使着路易十六一步一步走向悲惨的结局，当雅各宾党人对国王的威胁引起许多地方的义愤时，人们获悉一支普鲁士军队已经到达洛林前线。

国王与王后对外国支持的希望抱有很大的幻想，玛丽·安托瓦内特对奥地利与法国人的心理持有一种严重的错觉。看到法国人为一些狂热者所慑服，她就以为同样可以轻而易举地恐吓巴黎人，通过威胁使他们重新臣服于国王的权威。在她的授意下，费逊公布了布伦瑞克公爵的宣言，该宣言威胁说："如果王室受到什么侵扰的话，巴黎将会被搅个底朝天。"

但是，这项声明导致了与其料想的完全相反的后果，激起了人们对国王的极大愤慨，国王被视为外国入侵者的帮凶，更加声名狼藉。从那天起，他就注定要被拉上绞刑架。

在丹东的操纵下，一些地区的代表在巴黎市政厅成立了一个起义者社团，他们逮捕了效忠于国王的国民自卫军司令，敲响了警钟，装备起国民自卫队，并在8月10日同平民一道开进杜伊勒里宫。路易十六招来的卫队一哄而散，很快就没有人守护在他旁边。国王身边仅有的瑞士侍卫，以及几个绅士几乎全部遇难，只剩他孤身一人避难于议会。群众要求对国王进行审判，立法议会宣布中止他的权力，并留待未来的议会，即国民公会来决定他的命运。

二、立法议会的精神特征

立法议会是由新人组成的，从心理学角度看，它表现了一种特殊的重要性，很少有议会能够像它这样深刻反映政治集体的特征。

立法议会由七百五十名代表组成，可以分为顽固保王派、立宪保王派、共和派、吉伦特派以及山岳派。他们大多数是律师和文人，此外还包括人数很少的高级官员、牧师和几位科学家。

这个议会成员的哲学思想似乎尚未成熟，许多人还醉心于卢梭回归自然状态的幻想。但是，和他们的前任一样，所有的人都热衷于对希腊和罗马遗风轶事的回忆，加图、布鲁图斯、格拉古、普鲁塔克、马可·奥勒留以及柏拉图时刻充斥和装饰着他们的言论；当演说者想凌辱路易十六时，就直接叫他卡利古拉。

在希望破坏传统方面，这些议员们是革命的，但在主张回到遥远的过去时，他们又显得极端反动。

至于其他方面，所有这些理论对他们的行为很少有什么影响。

“理性”一词在他们的言论中频繁出现，但他们的行为却从未体现过理性，他们总是被情感的因素和神秘主义的因素支配，这些因素的力量我们在前面已经反复强调。

立法议会的心理特征也是制宪议会的特征，但前者更突出，这些特征可以概括为敏感、动摇、胆怯和虚弱。

这种动摇与敏感表现在他们行为的反复无常上：前一天还互相攻讦争吵，第二天我们就看到他们“相互拥抱，热泪盈眶”；他们为一场要求对那些请愿废黜国王的人进行惩罚的演说热烈鼓掌，而就在同一天，他们又将议会的荣誉授予一个要求国王下台的代表团。

在面对威胁时，议会的胆怯与虚弱表现得淋漓尽致，虽然他们带有保王色彩，但还是投票同意中止国王的权力，并根据巴黎公社的要求将国王及其家室监禁在丹普尔堡。

由于立法议会的软弱，它同制宪议会一样没有能够行使任何权力，因此只得听任民众社团和俱乐部的摆布，这些社团和俱乐部的领袖人物包括埃贝尔、塔里安、罗西涅尔、马拉、罗伯斯庇尔等人。

直到1794年热月为止，起义者社团一直构成国家主要权力的中心，它的举动完全类似于它曾经指控过的巴黎市政府。

当议会打算把路易十六囚禁到卢森堡宫时，正是这个社团提出要求将他关押到丹普尔堡的塔楼；也正是这个社团将大量嫌疑犯投入监狱，然后下令处死。

我们知道，最骇人听闻的是，一伙大约一百五十人的匪徒，领着每天二十四里弗的津贴，在几个社团成员的指挥下，四天之内消灭了一千二百人，这就众所周知的九月屠杀。巴黎市长佩蒂昂满怀敬意地迎接了这帮凶手，并款以美酒。几个吉伦特党人发出了一些抗议，而雅各宾党人对此则默不作声。

起初，吓破了胆的议会对大屠杀不闻不问，噤若寒蝉，实际上屠杀还受到议会中几个较有影响的代表尤其是库通和比约·瓦伦的纵容；当议会最后决定谴责他们时，却又没有采取任何措施阻止他们继续施暴。

立法议会意识到自己的虚弱，两星期后自行解散，让位给国民公会。

立法议会的工作显然是灾难性的，虽然它的意图是好的，但结果却总事与愿违。作为保王党人，他们抛弃了君主制；作为人道主义者，他们纵容了九月屠杀；作为和平主义者，他们把法国推向了一场可怕的战争。所有这一切都表明，一个软弱的政府注定要给国家带来毁灭。

早期两个革命议会的历史再次向我们证明，其间接二连三发生的事件有其内在的不可避免的因果关系。这些因果关系构成了一连串的必然性之链，我们有时可以选择其中的第一环，但随后的发展就由不得我们了。我们可以自由做出一个决定，却无力改变它的结局。

制宪议会最初的措施是理性的、自发的，但随之而来的后果却超出了所有人的意志、理性或预见。

无论是路易十六之死、旺代战争、大恐怖、旷日持久的断头台，还是最后的无政府状态以及继之发生的一个军人铁腕统治下传统与秩序的恢复，如果回到1789年的话，有谁胆敢期望或预测这样的事情呢？

革命议会早期行为之后的事态发展中，最引人注目的也许就是大众政府、暴民统治的兴起与发展。

在我们已经考察过的这些事实——攻占巴士底狱、进军凡尔赛、九月屠杀、袭击杜伊勒里宫、残杀瑞士侍卫以及国王的垮台与入狱——背后，我们很容易察觉到影响群众及其领袖心理的规律。

现在就让我们来看一看群众的力量是如何逐渐加强，又是如何战胜其他所有力量并最终取代它们的。

第三章 国民公会的心理

一、国民公会的传奇

国民公会的历史不仅是为心理学提供了丰富的材料，而且它还揭示了这样一个真理，那就是任何一个时代的见证者，哪怕是紧随其后的继承者，几乎都无法对他们经历的事件和他们周围的人形成准确的看法。

从大革命以来，一个多世纪过去了，人们直到现在才刚刚开始对这一时期做出判断，虽然这些判断仍然疑窦重重，但至少已经比上一代人的看法要稍微正确。

这不仅仅是因为不断有新的文献材料从档案中被挖掘出来，更重要的是随着时间的流逝，围绕暴政时期的种种神话般的传说已经逐渐洗尽铅华，露出了真面目。

在所有的传奇中最持久的也许就是关于直到我们的父辈还冠以“国民公会之伟人”这样显赫称号的大人物传奇。

国民公会一方面得镇压国内的王党叛乱，另一方面还要抵抗欧洲君主的入侵。这使人产生了这样一个印象，即这场艰苦卓绝的斗争中的英雄似乎是超人或泰坦巨人式的人物。

只要这一时期的事件仍然扑朔迷离，毫无头绪，“伟人”称号看来还是正当的。仅仅因为同时发生的缘故，军队的成就被混淆为国民公会的成就。前者的光芒掩盖了后者的阴霾，并沦为辩护恐怖时期大屠杀、国内战争的暴行以及法兰西毁灭的借口。

在现代批判敏锐细致的洞察下，事件的种种异质性谜团慢慢被解开。共和国的军队保持着他们素有的威望，但我们不得不承认：国民公会的成员完全消耗于内部的派系斗争，对军队的胜利几乎没有贡献可言，至多只有两三个议会的委员会成员关注着军队；我们也不得不承认军队的胜利除了他们人数的优势以及年轻将领的天才之外，还要归功于一种新的信仰激发的热情。

在后面专门讲述革命军队的一章里，我们将看到他们是如何在欧洲战场上大显身手的。自由、平等的思想成了他们的新福音，在这些思想的鼓舞下，他们开赴前线，并在前线滞留了很久，但始终保持着一种特殊的精神状态，一种完全不同于政府的精神状态。

他们对政府的精神状态起初一无所知，后来则极为鄙视。

国民公会成员与军队的胜利毫无关联，他们的行动仅限于依照领袖的指令，仓促制定法律，这些领袖们声称法兰西可以通过断头台获得新生。

然而，正是靠着这些勇敢的军人，国民公会的历史被塑造成一个神话，它赢得了几代人宗教般的崇敬，时至今日仍余音不绝。

如果我们今天仔细研究一下国民公会那些“伟人”的心理的话，就会发现他们的声誉将一落千丈。一般来说，他们都是一些平庸之辈，就连他们最热心的辩护者，比如奥拉尔也不得不承认这一点。奥拉尔在他的《法国大革命史》中对此做出如下评述：

人们以为从1789年到1799年的那代人完成了如此伟大而可怕的事业，他们是一代天才，或者说得更直白些，他们是空前绝后的一代伟人。这是人们在回顾历史时产生的错觉，对大革命产生巨大影响的那些人，成立市政公社的市民以及雅各宾俱乐部等全国性团体的成员似乎并不比路易十五时代或路易·菲利普时代的法国人更出色。

无论是在所受的教育上还是才智上。那些才华出众的人士至今仍然名垂青史，是因为他们出现在巴黎舞台之故，还是因为他们是各种革命议会中最雄辩的演说家呢？米拉波在某种程度上可以配得上天才之称，至于其他人像罗伯斯庇尔、丹东、维尼奥是否比我们今天的演说家更具才干呢？在1793年这个被称作巨人的时代里，罗兰夫人在她的回忆录中写道：“法兰西仿佛耗尽了精英；他们在这场革命中的消逝确实令人惊讶；除了侏儒之外，几乎看不到什么人物。”

在对国民公会单个成员进行考察之后，再把他们当作一个整体来看，我们可以说无论从智力、德行还是从勇气上讲，他们都平庸无奇。从未有过哪个群体表现得如此胆怯，除了在演讲中或危险远未来临之外，他们没有任何勇气可言。这个在谈到国王时是如此盛气凌人、不可一世的议会也许是有史以来最软弱、最驯良的政治集体了。我们看到它奴仆般言听计从于俱乐部和社团的指示，在天天冲击议会的民众代表面前瑟瑟发抖；对暴动者的命令，它是如此驯服，以致可以向他们交出自己最优秀的成员。国民公会向世人展示了这样一幅可悲的场景：它在民众指令下投票通过的法令，竟然荒谬到一等他们离开大厅就不得不废止的程度。

很少有哪个议会表现得如此虚弱，假如我们想证明一个大众政府可能会堕落到什么程度，我们只消看看国民公会就可以了。

二、雅各宾宗教胜利的后果

在赋予国民公会特殊面貌的诸种事业当中，最重要的莫过于一种革命宗教的牢固确立。革命教义起初尚在酝酿之中，但最终还是建立起来了。

这一教义由一些不那么协调的要素糅合而成，自然、人权、自由、平等、社会契约、对暴君的憎恨以及人民主权等，构成了在它的信徒们看来是不证自明的福音书。新的真理俘获了这样一些使徒：他们拥有某种权力，并最终和世界上所有的信徒一样，试图通过武力推行这些真理；异教徒的观点和意见不必考虑，他们被消灭乃是罪有应得。

正如我们在宗教改革时期看到的那样，对异教徒的仇恨是所有伟大的宗教不可避免的一个特征，由此我们很容易就能够理解雅各宾宗教的不宽容了。

宗教改革的历史同时表明，同种信仰的两个分支之间的冲突异常尖锐。所以，我们对此不必感到惊讶：在国民公会里，雅各宾党人猛烈攻击另一派与自己的信仰几乎没有什么差异的共和党人。

新的使徒对布道充满热情。为了使外省皈依，在铡刀的护卫下，他们向那里派遣了热诚的使徒。新信仰的检察官对于谬误丝毫不含糊，正如罗伯斯庇尔所说："共和国就是摧毁一切反对它的事物。"如果国家拒绝获得新生，又有什么要紧的呢，无论它愿意与否，它必须再生，卡里埃说："如果我们不能以我们自己的方式改造法兰西的话，我们将会成为它的掘墓人。"

由新的信仰产生的雅各宾主义政策非常简单，即在一种不容忍任何反对意见的专政的指导下，实现一种平均主义的社会主义。

对经济规律和人的真实本性之类的实用性思想，统治法国的理论家们说不出什么名堂，他们完全沉溺于演讲和断头台。他们的演说幼稚至极，泰纳说："他们从不提及事实，除了抽象的事物之外，一无所有，一长串的句子都是关于自然、理性、人民、暴君、自由等，如同许多吹得大大的气球，一升到高空就统统破裂。如果我们不知道所有这一切在实践中都以可怕的灾难而告终的话，可能还以为他们是在做逻辑游戏、学校作业、学术证明或是思想实验呢！”

雅各宾党人的理论实际上无异于一种绝对专制，在他们看来毋庸置疑的是，拥有最高主权的国家必须得到服从，根本无须那些在地位和财产上大致平等的公民进行讨论。

他们赋予自己的权力比起他们之前的历代君主来，有过之而无不及。他们限定商品的价格，并僭称自己有权任意处置公民的生命和财产。

他们对革命信仰的再生功效是如此坚信不疑，以致在对君主们宣战之后又对上帝宣战。新的历法被启用，历代圣人的名字被从上面抹去。他们建立了一个新的上帝，理性神，并在巴黎圣母院的“圣处女”祭坛上为之举行崇拜庆典，其仪式在许多方面与基督教毫无二致。这一祭祀一直持续到罗伯斯庇尔用一种私人宗教取而代之为止，罗伯斯庇尔任命他自己为这一宗教的大主教。

作为法国唯一的主人，雅各宾党人及其信徒可以在全国进行肆无忌惮的抢劫，虽然他们无论在哪个地方都不是多数派。

我们无法确定他们的确切人数，只知道他们的人数并不多。泰纳估计在巴黎七十万居民中有其五千党徒；在贝桑松三十万居民中有其三百名党徒；在整个法国约有三十万雅各宾党徒。

“一种小型的强盗封建制度接管着一个臣服的法国”，用泰纳的话说，虽然他们人数很少，但能够支配整个国家，这里有几个原因。首先，他们的信仰赋予了他们一种相当强大的力量；其次，由于他们代表政府，而法国人多少个世纪以来又一直都服从这些发号施令的人；最后，由于人们相信推翻他们将导致旧制度的复辟，因此许多国有土地的购买者对此深怀恐惧。他们的暴政只有变得非常可怕时，才会有那么多的地方起来反抗他们。

他们权力中的第一个要素至关重要，在强势信仰与弱势信仰的冲突中，胜利总是属于前者。由一种强势信仰产生的坚强意志，总会压倒微弱的意志。雅各宾党人自己最终的垮台，就是因为他们的暴力激起了成千上万微弱意志的聚合，一旦当这些意志团结起来时，就会超过雅各宾党人的坚强意志。

被雅各宾党人残酷迫害的吉伦特党人，确实也有其坚定的信仰，但在随后的斗争中，他们所受的教育要求他们克制这些信仰，并尊重某些传统和他人的权利，而这些犹豫在他们的对手那里丝毫不成其为问题。

“吉伦特党人的情感，”埃米尔·奥利维尔写道，“多半是细腻而宽宏的；而雅各宾暴徒的情感则是低劣、粗俗而残忍的。‘超人’马拉的声誉与维尼奥不可同日而语。”

起初，吉伦特党人凭借过人的才能和雄辩的口才在国民公会占据了主导地位，但很快他们就败在了山岳党人手里。那帮不值一提的狂热分子善于活动，并知道如何煽动平民大众的激情。国民公会给人的印象是暴力，而不是理智。

三、国民公会的精神特征

除了一般议会普遍具有的特征之外，每种议会还会受环境与时事的影响而形成一些特征，它们构成了任何一个具体议会的独特面貌。制宪议会和立法议会大部分引人注目的特征，以一种集合的形式再次体现在国民公会身上。

国民公会由大约七百五十名代表组成，其中有超过三分之一的人曾在制宪议会或立法议会中任职。雅各宾党人为了确保在选举中获胜，对选民进行恐吓，结果七百万的选民中有六百万的大多数选民选择了弃权。

从职业上看，国民公会成员包括大量法官、律师、公证人、法警、退职官员以及几个文人。

国民公会成员的精神状态并不是同质的，这样一个由特征迥然不同的个人所组成的议会很快就会分裂为几个小群体。国民公会很早就形成了三派：吉伦特派、山岳派以及平原派。立宪君主派已经不复存在了。

吉伦特派与山岳派作为两个极端，各自拥有大约一百名成员，他们理所当然地成为领袖人物。山岳派包括了最激进的成员：库通、埃贝尔、艾罗·德·塞舍尔、丹东、卡米尔·德穆兰、马拉、科洛·德布瓦、比约-瓦伦、巴拉斯、圣茹斯特、富歇、塔里安、卡里埃、罗伯斯庇尔等人；吉伦特派则包括布里索、佩蒂昂、孔多塞、维尼奥等人。

国民公会中另外的五百名议员，即绝大多数人形成了所谓的平原派。

平原派是一个随波逐流的群体：他们没有一定的主见，优柔寡断，胆小怕事；他们随时听命于自己的冲动，容易被片刻的激情感染而失去自制；他们对前两个派别中较为有力的一派俯首帖耳，言听计从。在追随了吉伦特派一段时间之后，他们又听命于战胜了对手的山岳派的领导。这是我们前面已经表述过的规律的自然结果，按照这一规律，弱者不可避免地要服从较强意志的支配。

伟大的操纵者对人们的影响在国民公会统治时期表现得尤为明显。国民公会通常受制于暴戾狭隘的少数人，这些人强烈的信念赋予他们巨大的力量。

残忍大胆的少数人总要支配胆小怕事、动摇不定的多数人，这可以解释我们在一切革命议会中观察到的一个永恒趋势，那就是它们必然要走向极端。国民公会的历史再次验证了我们在另一章研究的加速度规律。

因此，国民公会的议员们注定要从温和一步一步地滑向暴虐，最终走向自相残杀。在最初领导国民公会的一百八十名吉伦特党人中，有一百四十人被处死或流放。最后，最狂热的恐怖分子罗伯斯庇尔，独自一人控制了这群吓破了胆的奴仆般温顺的代表。

当然，这五百名代表中的大多数人虽然没有自己的主见，惯于见风使舵，但其中不乏富有才智和经验之士，国民公会中承担实际工作的技术性委员会都得从平原派中征募委员。

平原派的成员或多或少都对政治漠不关心，他们非常不希望有人对自己表示出特殊的关注。他们把自己封闭在委员会中，几乎很少在议会中抛头露面，这就可以解释为什么国民公会的会议常常只有不到三分之一的代表出席。

不幸的是，正如我们经常看到的那样，这些能干诚实的人完全缺乏性格，他们在恐惧的支配下，通常投票赞成他们暴虐的主人提出的那些糟糕透顶的措施。

平原派议员们对强制他们接受的一切措施——设立革命法庭，实施恐怖政策等等——都投了赞成票，正是在他们的协助下，山岳派镇压了吉伦特派，罗伯斯庇尔清洗了埃贝尔派和丹东派。和所有孱弱的人一样，他们总是追随着强者。平原派的这些温文尔雅的慈善家，虽然构成了国民公会的大多数，但由于他们的胆怯，反而促成了国民公会可怕的暴行。

盛行于国民公会中的一个值得注意的心理现象就是可怕的恐惧，正是由于这种异常特殊的恐惧，才使人人自危，相互猜忌：为了保住自己的头颅，最保险的莫过于先砍掉他人的脑袋。

这样一种恐惧心理当然非常容易解释：不幸的议员们在民众领袖的叫嚣与喧哗中议事，并且时刻都会有手持长矛、粗鲁野蛮的家伙闯进议会。于是，大多数议员不敢再出席会议。他们偶尔地参加会议也仅仅是在山岳派的胁迫下默默地投票，虽然这些人只占议员总人数的三分之一。

其实，山岳党人自己也充满了深深的恐惧，只是很少显露出来而已。他们清除异己，不仅是出于他们狭隘而狂热的党派之见，还在于他们确信自己的生存受到了威胁。革命法庭的法官们同样也在颤抖，他们其实并不希望宣判丹东、卡米尔·德穆兰的遗孀以及其他许多人有罪，但他们已经身不由己了。

不过，悬在国民公会头顶的达摩克利斯之剑还是罗伯斯庇尔成为唯一主宰造成的阴影。确实有这样是说法，领袖的一瞥使他的同僚们瑟瑟发抖，面无人色，在他们的脸上只会看到“惊惧的苍白和绝望的呆滞”。

所有的人都惧怕罗伯斯庇尔，而罗伯斯庇尔又惧怕所有的人。正是因为他害怕反对自己的阴谋，所以他砍掉了人们的头颅；也正是因为恐惧，所以其他人默许了他的暴行。

国民公会议员的回忆录再清楚不过地显示了他们对这段黑暗时期保留的记忆。泰纳说，在沉默了二十年之后，巴雷尔对救国委员会的真正目的和隐秘想法作了这样的回答：

我们只有一个感觉，那就是自我保护；只有一个愿望，那就是保住自己的生命；我们每个人都相信自己的生命受到了威胁。你砍掉邻人的脑袋之后，就不用害怕他会把你拉上断头台了。

国民公会的历史为我们提供了一个非常显著的例子，它告诉我们领袖对议会施加的影响无所不在。

第四章　国民公会时期的法国政府

一、国民公会时期俱乐部与巴黎公社的活动

在整个国民公会存在期间，它一直受到俱乐部和巴黎公社的领袖们支配。

我们已经看到它们对前两届议会的影响，在国民公会期间它们的势力达到了无以复加的地步。国民公会的历史实际上可以看作是俱乐部和巴黎公社控制国民公会的历史，它们不仅操纵议会，而且控制整个法国。众多外省的小型俱乐部在首都俱乐部的指示下监督地方官员，惩治嫌疑犯，执行一切革命命令。

当俱乐部和巴黎公社决定采取某些措施时，它们就会要求议会当场投票通过。如果议会加以抵制的话，它们就向议会派出武装代表，也就是由平民中的那些渣滓充任的武装团伙。他们传达的指令总能够得到无条件地服从。巴黎公社对它们的势力是如此自信，因此可以直接要求国民公会驱逐他们不喜欢的议员。

国民公会的成员一般都是受过教育的人，而巴黎公社的成员则大半是小店主、佣工以及手艺人，他们根本没有自己的观点，总是受他们的领袖丹东、卡米尔·德穆兰、罗伯斯庇尔等人的操纵。

在俱乐部和起义者公社这两股势力中，后者在巴黎行使着更大的权力，因为它拥有一支自己的革命军队。国民自卫队只接受几个委员的命令，这些委员要他们所做的无非是杀人、洗劫，并且首先就是抢劫。

巴黎公社对巴黎实施的暴政是可怕的。比如，它任命了一个名叫夏拉朗东的皮匠对首都的部分地区实行监控，这意味着他可以把任何他认为有嫌疑的人送上革命法庭，并由此送上断头台。就这样，巴黎某些街区的人口几乎就这样被他减少和清洗了。

起初，国民公会与巴黎公社进行了微弱的斗争，但无济于事。冲突的顶点是国民公会想逮捕巴黎公社的朋友埃贝尔，而巴黎公社立即派出武装威胁议

会，并要求驱逐提出该项动议的吉伦特党人。针对国民公会的拒绝，巴黎公社在1793年6月2日按照昂里约的命令，派革命武装包围了议会。议会惊恐不已，只得开除了二十七名议员。具有讽刺意味的是，巴黎公社随即派了一个代表团向议会祝贺它的屈服。

在吉伦特党人垮台之后，国民公会就完全听命于无所不能的巴黎公社。巴黎公社下令招募一支革命军队，以配合革命法庭和断头台；为了惩治嫌疑犯，这道法令贯彻到了全法国。

直到罗伯斯庇尔倒台之后，国民公会才力图挣脱雅各宾党人和巴黎公社的羁绊：它关闭了雅各宾俱乐部，并处死了它的首要分子；但是，此时国民公会自身也快要不复存在了。

虽然采取了这些措施，但民众领袖们仍然继续煽动平民对国民公会发起进攻。在共和三年芽月和牧月，国民公会再次受到围攻，武装代表团甚至成功迫使国民公会通过法令重建巴黎公社，并召集新一届的议会，这项措施在起义者撤离后国民公会赶忙加以废除。国民公会耻于自己的恐惧与屈服，召集了军队解除了巴黎近郊的武装，并拘押了近一万人，起义的二十六个头目被处死，与暴动有关的六名山岳派议员也被送上了断头台。

然而，国民公会的反抗徒劳无益。摆脱了俱乐部和巴黎公社的控制之后，它又对救国委员会唯命是从，对它的法令无须讨论就投票通过。

“完全可以这么说，”威廉斯写道，“国民公会把欧洲一切的君主和国王都打翻在地，但它自己却成了一小撮唯利是图者的囚徒。”

二、国民公会时期的政府：大恐怖

1792年国民公会刚刚召开，就颁布法令废除君主制，并宣布成立共和国，虽然当时有许多议员尚存疑虑，因为他们知道外省都是保王的。

它非常相信这样的宣言可以把法国改造成为一个文明的世界，制定了一种新的纪元方式和历法，这种纪元的第一年标志着一个只受理性统治的世界黎明的到来。国民公会在对路易十六的审判中开幕，这一举动是在巴黎公社的指令下进行的，但国民公会的大多数议员并不希望这样做。

事实上，一开始，国民公会中占主导地位的是它相对温和的部分，即吉伦特派。国民公会的主席和秘书都是从这个著名的派别中选举出来的，后来成为国民公会绝对主宰的罗伯斯庇尔，这时候的影响非常小，在主席选举中只获得了六选票，而佩蒂昂则获得了二百三十五张选票。

山岳派最初的影响力微乎其微，他们的权力是后来逐渐增长的。在他们掌权时，温和派议员在国民公会已经毫无立足之地了。

虽然是少数派，但山岳党人还是找到了一个办法，迫使议会将路易十六交付审判。对国王的审判是山岳派对于吉伦特派的一大胜利，也是对所有国王的谴责，它标志着新秩序与旧秩序的彻底决裂。

为了实现他们的目的，山岳派圆滑地玩弄政治手腕：从外省发出的要求审判国王的请愿书雪片般涌向国民公会，巴黎的起义者公社派出的一个代表团也提出了同样的要求。

按照大革命时期所有议会的一个共同特征，国民公会只能向威胁屈服，做出与自己的愿望完全相反的事情。国民公会的议员们不敢抵制这些要求，只得决定审判国王。

从个人而言，吉伦特党人决不希望处死国王，而一旦集合到一起，就出于害怕而投赞成票。为了保住自己的脑袋，路易十六的堂兄奥尔良公爵和他们一起投了赞成票。1793年1月21日路易十六被送上了断头台，假如上帝能够让他预见未来的话，他就会看到，这些因软弱而助纣为虐的吉伦特派议员，其大部分成员将一个一个地跟在他后面，走向死亡深渊。

即使从纯粹功利的角度考虑，处死国王也是大革命的一大错误，因为它导致了国内战争和欧洲的武装干涉；在国民公会内部，它引起了派系斗争，并最终由此造成山岳党人获胜和吉伦特党人被清洗。

在山岳党人影响下通过的措施最后变得极为暴虐，因此六十个地区包括西部和南部都爆发了叛乱。如果不是因保王党人参与其中而导致人们对旧制度的复辟产生恐慌，这场由被放逐的国民议员们领导的起义说不定就会成功。事实上，在土伦，起义者们就高呼路易十七的名字。

从此，在大革命的大部分时间里，国内战争一直都在持续。战争进行得极其残酷，老人、妇女、儿童都不能幸免于难；村庄、谷物被焚毁一空。仅在旺代一地，估计就有大约五十万人到一百万人被杀。

紧随国内战争而来的是对外战争。雅各宾党人希望通过制定一部新的宪法来缓解内忧外患。所有的革命议会都有这样一个传统，即相信法律的神奇法力。在法国，这个信念从未因实践的失败而破灭。

大革命的一位伟大的仰慕者朗博德先生这样写道：“一个坚定的信仰在支

撑着国民公会的事业，它深信一旦大革命的原则被制定为法律，它的敌人就将束手无策，甚或改变信念；正义的降临将会平息一切叛乱。”

在国民公会存在期间，它曾前后起草过两部宪法：1793年宪法或共和元年宪法；1795年宪法或共和三年宪法。前者从未付诸实施，它很快就被一种绝对专政取而代之；第二部宪法则是在督政府时期制定的。

国民公会里有一大批律师和行政官员出身的议员，他们马上意识到政府的职能不可能通过一个庞大议会来行使。于是，国民公会不久就被划分为一些小委员会，它们各自独立存在，比如商业委员会、立法委员会、财政委员会、农业委员会和艺术委员会等。这些委员会提交的法案，议会通常闭着眼睛就投票通过了。

幸亏有了他们，国民公会的工作才没有完全遭到破坏。他们制定了许多非常有效的议案，比如建立一些重要的大学、确立度量衡公制等。正如我们已经看到的那样，议会的大多数成员试图在这些委员会中寻求庇护，以躲避对他们构成性命之虞的政治冲突。

居于这些与政治没有多大关系的事务委员会之上的是救国委员会，它成立于1793年4月，有九名成员。救国委员会最初由丹东领导，同年7月改由罗伯斯庇尔领导。它逐步把持了所有的政府权力，包括对部长和将军发号施令的权力。其中，卡尔诺指挥军务，康蓬管理财政，圣茹斯特和科洛·德布瓦负责日常政务。

虽然技术性的委员会通过的法案通常都是明智的，并构成了国民公会的不朽事业，但全体议员在闯入议会的代表团威胁下通过的那些法案则相当荒谬。

这些法案与公众的利益或国民公会自身的利益都没有多大关系，其中包括1793年9月通过的最高限价法令，它打算固定日用品的价格，结果导致了持续的短缺；此外，还有毁坏圣丹尼的王家墓地、审判王后、大规模焚毁旺代、建立革命法庭等等。

恐怖政策是国民公会时期政府的主要手段，它开始于1793年9月，共持续了6个月，直到罗伯斯庇尔死去为止。虽然某些雅各宾党人——丹东、卡米尔，德穆兰、艾罗·德·塞舍尔等——曾经徒劳地建议审判应当温和进行，但这项建议的唯一结果就是提议者被送上断头台。最终导致这一可耻阶段终结的恰恰是公众的厌倦。

持续不断的派系斗争和趋于极端的倾向，把曾经在国民公会里叱咤风云的重要人物一个一个都吞噬了，最后沦落到了罗伯斯庇尔的绝对支配之下。就在国民公会把法国搞得动荡不安，饱受蹂躏之际，法国军队却赢得了辉煌的胜利，攻占了莱茵河左岸、比利时和荷兰，《巴塞尔条约》认可了这些征服。

我们已经指出，而且我们后面还要回到这个问题上来，即必须把军队的工作与国民公会的工作完全分开来考虑。那个时代的人很容易理解这一点，但今天它却常常被忽视。

当1795年国民公会存在了三年之后被解散时，它已经引起了普遍的不信任。由于长期充当民众奇思怪想的牺牲品，它不仅是没有使法国恢复安定，反而把她推进了无政府状态的深渊。瑞典驻法国临时代办德林克曼男爵在1799年7月的一封书信极好地概括了人们对国民公会的一般看法："我冒昧地希望不要有哪个民族，再受到像法国新自由开始以来一直统治她的那些人那样统治了，他们简直就是残酷低能的无赖。"

三、国民公会的终结与督政府统治的开始

在它行将解散时，一贯相信立法力量的国民公会起草了一部新宪法，即共和三年宪法，以替代从未付诸实施的1793年宪法。立法权被一百五十人组成的所谓元老院和五百人的众议院分享；行政权被委托给由五个执政官组成的督政府，执政官由元老院根据众议院的提名任命，每年通过选举更换其中的一人。它特别规定新的议会中三分之二的成员应当从国民公会的议员中选出，这项谨慎的措施成效不大，只剩下十个部门仍然效忠于雅各宾党人。

为了避免保王派当选，国民公会决定将所有的流亡者永远驱逐出境。

这部宪法的公布并没有对公众产生预期的效果，它没有能够制止平民的暴动，其中最重要的一次是1795年10月5日威胁国民公会的暴动，起义领导人对议会动用了一支正规武装。面对这样的挑衅，国民公会最后忍无可忍决定反击，召集了军队，并将指挥权委托给波拿巴。

波拿巴受命承担了这次的镇压任务，从此开始脱颖而出。有这样一个指挥官，行动自然迅速有力。圣卢克教堂附近枪林弹雨，炮声隆隆，最后起义者败退，几百人当场被击毙。

这次行动显示了一种国民公会还很不习惯的果断，但它完全得归功于军事行动的神速，因为就在采取军事行动的同时，议会还准备像往常一样俯首帖耳

地听命于起义者派出的代表。

对这次暴动的镇压是国民公会的最后一次重要行动。1795年10月26日，国民公会宣告自己的使命完成，并让位于督政府。

我们已经着重强调了国民公会政府提供的一些心理学教训，其中最显著、最重要一点的就是：暴力不能永久支配人的心灵。

从来没有哪个政府使用过如此可怕的手段。然而，虽然断头台血流不断，派往外省的特派员杀气腾腾，法律无所不用其极，但国民公会还是不得不终其一生都在不断地暴动、起义和阴谋中度过；各城市、各地方以及巴黎近郊的叛乱从未间断，即使掉脑袋的人数以千计。

根深蒂固地存在于人们心灵中的那些法力无边的力量，绝不是物质上的强制所能征服的。国民公会自以为拥有至高无上的权力，它与这些力量作了殊死搏斗，但由于它从来没有理解这些潜在的动机性力量，因此只能徒劳地与之抗争，最后不得不以这些无形力量的胜利而告终。

第五章　革命暴行的实例

一、革命暴行的心理动机

我们在前面的章节里已经说过，革命理论构成了一种新的宗教信仰。

作为人道主义者，革命者常常感情用事，他们热情地鼓吹自由和博爱，但同许多宗教一样，我们可以看到在他们的学说与实践之间存在着巨大的反差。实际上，没有什么自由被容忍，博爱也很快被狂热的屠杀替代。

原则与行为的背离源自一切信仰都不可避免的不宽容，七种宗教也许充满了人道主义和自制精神，但它的信徒总是想通过武力把它强加给其他人。于是，暴力就成了必然的结局。

所以，大革命的暴行是一种新教义在传播过程中与生俱来的结果。宗教裁判所、法国宗教战争、圣巴托罗缪之夜大屠杀、南特赦令的废止、龙骑兵对新教教徒的迫害以及对约翰逊教派信徒的迫害等等，和大恐怖都同属于一个家族，都来自同一种心理根源。

路易十四其实并不是一个残酷的暴君，但他在信仰的冲动下，先是射杀了一批相当数量的新教徒，又把其他一些人放逐，最后将几十万新教徒驱逐出法国。

一切信徒采取的迫害手段绝不是出于他们对异教徒的恐惧，路易十四时代的新教徒和约翰逊派教徒毫无危险可言。不宽容首先源自心灵产生的义愤，它深信自己掌握着最确凿无疑的真理，对那些否认这些真理，因而必定不会根据良善的信仰行事的人，怎么能够保持宽容呢？当一个人拥有足够的力量剪除谬误时，他怎么可能会容忍谬误呢？

这种心态体现在各个时代的信徒身上，无论是路易十四还是大恐怖时代的人，概莫能外。后者同样坚信自己掌握了绝对的真理，这些真理在他们看来是显而易见的，并且它们的胜利必然会使人类实现再生。这样，他们对待自己的对手会比法国的教会与国王对待异教徒更宽容吗？

我们不得不承认恐怖是所有信徒都视为必然的一种手段，因为历代的宗教法典从一开始就建立在恐怖的基础之上，为了强迫人们遵守他们的规定，信徒们试图用永恒的炼狱来威吓他们。

雅各宾信仰的使徒们的行为与他们的前辈如出一辙，如果类似的事件再次发生的话，我们将看到同样的行为会一而再再而三地出现……

但如果我们仅仅把雅各宾派的恐怖政策看作是一种宗教运动结果的话，我们就无法全面理解它。诚如我们在宗教改革时期看到的那样，在一种取得了胜利的宗教信仰周围，聚集着许多个人的利益，这些个人利益附着于这一信仰。大恐怖是由几个狂热的使徒指挥的，但除了这少数几个一心梦想改造世界的热诚皈依者之外，还有一大帮只想从中肥己谋私的人，他们欣然追随那些首先获得胜利的领导人，因为这些领导人允诺他们可以享受掠夺的成果。

“大革命时期的暴徒，”索列尔写道，“之所以求助恐怖政策，是因为他们希望保持自己的权力，而这是其他手段无法做到的。他们使用恐怖政策是为了拯救自己，但在事后他们却声称自己的动机是为了挽救国家。在恐怖成为一种制度之前，它仅仅是一种统治手段；而制度只不过是使手段合法化而已。”

因此，我们完令可以同意埃米尔·奥利维尔在其关于大革命的著作中对大恐怖做出的如下结论：“大恐怖首先是一场暴动，一场合法化的抢劫，一场纠合了各种罪行的规模浩大的盗窃。”

二、革命法庭

革命法庭是大恐怖行动的主要机构，除了巴黎之外，革命法庭还遍及整个法国。具有讽刺意味的是，巴黎革命法庭在一年后就将它的建立者丹东送上了断头台。

泰纳指出：“当时法国一共有一百七十八个法庭，其中有四十个巡回法庭，它们可以在法国任何一个地方宣判死刑，而且往往是就地执行。在1793年4月16日到共和二年热月9日之间，巴黎的革命法庭共处死了两千六百二十五人；而外省的法官们几乎和巴黎的法官们一样忙碌，在奥林奇小镇一地，有三百三十一人被送上断头台；在阿拉斯市，二百九十九名男子和九十三名妇女被处死；……在里昂市，革命专员们批准了一千六百八十四桩死刑；……所有这些数字加起来大约是一万七千人，其中有一千二百名妇女和有一些八十多岁的老人。”

虽然巴黎的革命法庭只宣判了两千六百二十五个死刑者，但千万不要忘记，所有的嫌疑犯在9月那些暗无天日的日子里就已经被草率地处决了。

巴黎革命法庭事实上只是救国委员会的一件工具，如富基埃·丹维尔在对他的审判中公正评价的那样：它只限于执行救国委员会的命令。起初，革命法庭还遵循一些法律形式，但很快就被取消了；质询、答辩、证据最后统统不需要了，道德证据，也就是纯粹的猜疑足以定罪，法庭庭长通常只需要对被告提一个含糊的问题即可。虽然如此，但为了提高工作效率，富基埃·丹维尔还提议就在法庭内设立断头台。

巴黎革命法庭不分青红岛白地把因党派之争而被捕的人一律送上断头台，并很快落入罗伯斯庇尔的掌握之中，成为血腥暴政的工具。它的始作俑者之一丹东在作为牺牲品走向断头台之前，曾公正地请求上帝和人类宽恕自己帮助建立了这样一个法庭。

在它这里没有任何怜悯可言，无论是以拉瓦锡的天才，卢茜娅·德穆兰的温厚，还是以马尔泽布的美德都在劫难逃。“这些天才，”邦雅曼·贡斯肖说，“就这样被一帮最胆怯、最野蛮的人杀害了。”

如果要为革命法庭找什么理由的话，我们就得回到建立和控制它的雅各宾党人的宗教心理上，这项工作无论在精神上还是在目标上都可以与宗教裁判所相提并论。那些为之供奉牺牲的人——罗伯斯庇尔、圣茹斯特、库通——相信自己是人类的救星，因为他们是在镇压异教徒——那些新信仰的敌人，而这些信仰将使地球获得新生。

在大恐怖时期，受到惩罚的不仅仅是特权阶级，有大约四千名农民和三千名工人也成了铡刀下的冤魂。

今天我们在目睹执行一桩死刑时，往往会产生恻隐之心。有人由此设想，一次对于那么多人处以死刑，将使人们产生一种什么样的强烈情感呢？但是，实际上人们拥有的感觉是如此迟钝，因此对这样的场面最后见怪不怪，不以为然了。那时候，母亲们带着她们的孩子去看刽子手行刑，就像今天她们带孩子去看木偶戏一样。

日常的杀人场景使那个时代的人们对死亡无动于衷，泰然自若。吉伦特党人在登上断头台时无一不异常平静，他们高唱着《马赛曲》，仿佛自己是在攀登楼梯。

这种逆来顺受的态度源自习惯的法则，它可以迅速钝化人的情感。面对络绎不绝的保王党人起义，人们感到断头台已经不足为惧。大恐怖在进行，却不再使人感到恐惧；只有在它尚未实施时，恐怖才是一种有效的心理策略，真正的恐怖与其说来自它的实现，不如说来自它的威慑。

三、大恐怖时期的外省

外省革命法庭的死刑只能反映大恐怖时期各个地方发生的屠杀事件之一部分。由流浪汉和土匪组成的革命军队在法国境内烧杀劫掠，肆意横行。泰纳下面的一段叙述很好地说明了它的行事手段：

在贝多因这样一个只有两千名居民的小镇，不知是谁砍倒了那里的自由树。于是，四百三十三座住宅被毁坏或焚烧，十六人被推上断头台，四十七人被射杀；其他人则被驱逐，生活沦落到山林里流浪汉的地步，只得在地上挖出洞穴来遮风避雨。

被送到革命法庭的那些不幸者的命运也好不到哪里去，对革命审判的谴责很快被压制。在南特，卡里埃根据他的猜疑，将近五千人——包括男人、妇女和儿童——被淹死或射杀。

这些屠杀的细节记录在热月政变之后的《政府通报》上，我这里征引几则：

托马斯说："我看到在攻占努瓦木提埃后，许多男人、妇女和老人被活活烧死；妇女，甚至十四五岁的女孩遭强暴后被残杀；稚嫩的婴儿被刺刀挑来挑去；他们把幼儿从母亲身边拉开，并当场绞死。"

同一期通报上，我们还可以读到一个名叫朱利安的人提供的证词，他说卡里埃强迫受害者自掘坟墓，然后把他们活埋。1794年10月15日的《通报》上，刊载了蒂翁维尔梅兰的报告，证实"勒德斯尼号"舰长受命将四十一名受害者沉到海里溺死，"他们当中有一个七十八岁的盲翁、十二名妇女、十二个女孩和十五名儿童，这些儿童有十人在十岁到六岁之间，其余五个还在吃奶。"

在对卡里埃的审判中（见《通报》，1794年12月30日），他还被证实曾"下令溺死、射杀妇女和儿童，并命令哈克索将军屠杀旺代所有的居民，焚毁他们的住所"。

同所有集体屠杀的凶手一样，卡里埃从目睹受害者的痛苦中获得了极大的乐趣，"在革命法庭捕杀牧师的过程中，"他说，"每当看到他们垂死前面部的扭曲表情时，我就会开怀大笑，生平快事莫过于此。"（见《通报》，1794

年12月22日）

为了迎合热月政变，卡里埃受到了审判；但是，其他许多城镇都发生了类似于南特屠杀的事件，富歇在里昂杀害了两千多人；在土伦，那么多人遇害，因此几个月里该地人口从两万九千锐减为七千。

我们必须公正地说，卡里埃、弗雷隆、富歇以及所有这帮邪恶的家伙，可以为自己辩护的是他们得到救国委员会的不断鼓励，卡里埃在对他的审判中给出了这一证据：

“我承认，”他说（见《通报》，1794年12月24日），“每天有一百五十名或二百名囚犯被枪毙，但那都是委员会的命令，我只不过是奉命行事而已。我告诉国民公会说，数以百计的匪徒被击毙，他们对这一数字叫好，并命令把它载入公告。为什么当初这样做的代表们现在却对我如此义愤填膺呢？为什么他们当时会拍手叫好，并继续让我执行任务呢？难道因为那时我是国家的救世主，而现在却成了一个嗜杀成性的人？”

不幸的是，卡里埃不知道就在他做出上述评论时，国民公会还掌握在七八个人手里，吓坏了的议会唯这七八个人马首是瞻，所以他们不可能说出什么名堂来反驳卡里埃的辩白。卡里埃被送上断头台当然是罪有应得，但整个国民公会也难辞其咎，他们应该一道被处死，因为他们批准了屠杀。

卡里埃的辩白被救国委员会留下的信件证实，这些信件始终督促那些“执行任务”的代表们采取行动，这就表明大恐怖时期的暴行源自一种机制，而不是像某些人声称的那样，是少数几个人的自发冲动。

大恐怖时期的这种破坏欲望并不满足于对人的毁灭，对没有生命事物的破坏更严重。真正的信徒总是喜欢打破偶像，一旦大权在握，他在消灭一切能够让人回忆起旧信仰的偶像、庙宇和象征方面表现出的热情，就像他在消灭自己信仰上的敌人。

我们知道，提奥多西皇帝在改信基督教之后，所做的第一件事就是推倒已经在尼罗河畔屹立了六千多年的大部分庙宇。因此，当我们看到大革命的领导人攻击纪念碑和艺术作品是一个令人憎恨的过去时代的遗迹时，千万不要感到奇怪。

塑像、手稿、镶嵌着彩色玻璃的窗户，以及金银餐具统统被砸烂，当富歇——未来拿破仑时代的奥特朗托公爵、路易十八的大臣——作为国民公会的代表被派到涅夫勒时，他下令毁掉所有城堡的塔楼和教堂的钟楼，“因为它们同样是有害的”。

对艺术品的革命破坏行为甚至祸及坟墓，在巴雷尔向国民公会宣读了一份报告之后，位于圣丹尼的宏伟壮观的皇家墓室——其中包括日耳曼，皮隆设计的让人惊叹不已的亨利二世陵墓——被砸成碎片，棺材被撬开；蒂雷纳的尸体在被一个看守拔掉牙齿当古董卖掉之后，送到了博物馆；亨利四世的上髭下须也被拔光。

当我们看到这些相对来说还是比较有文化修养的人，竟然会同意毁坏那些包含着法兰西爱国主义精神的艺术珍品时，怎么能够不痛心疾首呢？为了原谅他们，我们应当铭记：强烈的信仰必然会导致最恶劣的暴行，国民公会也不例外。天天几乎都要面对暴徒的冲击，这些议员只得屈从于大众的意志。

这一关于破坏的生动记录显示的不仅仅是狂热盲信的力量，它还告诉我们：人们一旦摆脱了一切社会约束，将会变成什么样子；国家落在他们手里，将会有什么样的后果。

第六章　大革命时期的军队

一、革命议会与军队

如果我们对革命时期的议会，尤其是国民公会的情况一无所知，不知道它们的内部纠纷、弱点和暴行，那么，对它们的回忆就必然会暧昧含混。

但是，即使在它敌人的心目中，这个血腥的时代也仍然保持着一项无可否认的光荣，那就是它军队的成功。就在国民公会解散时，法国的版图已经包括了比利时，并且一直延伸到莱茵河左岸。

如果把国民公会作为一个整体来看的话，说它推动了法国军队的胜利似乎还是公平的；但如果我们分析这个整体的目的是为了进一步研究它们各自的因素，那么，它们之间的分离与独立马上就会显示出来。我们马上可以看到，国民公会在这时候对于军事行动的贡献微乎其微。前线的军队与巴黎的革命议会俨然属于两个不同的世界，二者之间几乎不存在相互的影响；它们看问题的角度也截然不同。

我们已经看到国民公会是一个软弱的政府，它在大众的裹挟下，时刻都在改变自己的想法；它的确是无政府状态的一个深刻典型。它决定不了任何东西，相反倒在不断受人使唤，所以它又如何能够指挥得了军队呢?

议会完全消耗在内部的争吵上，根本无暇顾及军事问题，因此它把军务交给了一个特别委员会，这个委员会几乎由卡尔诺一人指挥，而卡尔诺的真正作用就是为军队提供后勤和弹药。卡尔诺的功绩在于，除了要将七十五万两千军人置于法国的控制之下——这一点从战略上讲至关重要，他还要督促军队的将领们采取进攻，并保持严格的纪律。

国民公会在国家防务上仅有的贡献就是颁布了普遍征兵的法令，但面对大批强敌压境，哪个政府都会采取这样的措施。也有过一段极短的时间，国民公会曾经派代表到军队里指示处决某些将领，而这一做法很快就取消了。

议会在军事活动上无足轻重，这是千真万确的。军队靠的是他们的人数、热情和年轻将领所采取的灵活战术，才取得了这些胜利。他们南征北战，东突西进，完全独立于国民公会。

二、反对大革命的欧洲战争

在列举那些促成了革命军队获得成功的各种心理因素之前，简要回顾一下对欧洲战争的起源与进展很有帮助。

在法国大革命爆发之初，外国的君主们对于法国君主制的危机幸灾乐祸，他们长期以来一直把法国国王视为一个有力的竞争对手。普鲁士的国王相信法国将由此受到严重削弱，自己可以从中渔利，所以他建议奥地利的皇帝以割让佛兰德斯和阿尔萨斯为条件帮助路易十六，这两个君主在1792年2月签订条约建立了反法联盟。在吉伦特党人的影响下，法国先发制人对奥宣战。起初，法国军队受到了几次挫折，反法联军突进到香槟省，并且离巴黎只有一百三十英里。杜穆里埃在瓦尔米取得胜利后，奥普联军被迫撤退。

虽然在这次战斗中，只有三百名法国士兵和二百名普鲁士士兵战死，但它却具有非常重大的意义，号称无敌之师的普鲁士军队英勇不及年轻的革命军队，被迫撤退；而法国军队则四面出击，几周之内，瓦尔米的士兵就将奥地利人逐出了比利时，他们在那里被当作解放者受到了热烈欢迎。

然而，正是在国民公会的统治时期战争才显得如此重要。1793年初，议会宣布比利时并入法国，由此导致了与英国的冲突，这一冲突一直持续了二十年。

1793年4月，英国、普鲁士和奥地利的代表在比利时的安特卫普集会，决定肢解法国，普鲁士人打算吞并阿尔萨斯和洛林；奥地利人想得到佛兰德尔和阿图瓦；而英国则觊觎敦刻尔克。奥地利的大使主张通过恐怖粉碎大革命，“从肉体上消灭整个统治这个国家的派别”。面对这样的宣言，法国必然是要么打垮敌人，要么坐以待毙。

在1793年到1797年第一次反法联盟期间，法国不得不在从比利牛斯山到北部的所有边境拉开战线。

在战争初期，法国不仅是失去了先前的战果，而且受到几次重创：西班牙人占领了佩皮尼昂和巴约纳；英国人占领了土伦；奥地利人占领了瓦朗谢讷。正是在这时候，1793年底，国民公会命令从所有年龄在十八岁到四十岁的法国人中，实行普遍征兵制，并成功地将大约七十五万人送到前线。旧的王室军队各兵团合并到志愿者与新兵的队伍当中。

反法联军被击退，在茹尔丹取得瓦提尼大捷后，莫伯的围困被解救；奥什收复了洛林；法国采取攻势，再次占领比利时和莱茵河西岸；茹尔丹在弗勒留斯击败了奥地利人，将他们赶回莱茵河，并占领了科隆和科布伦茨；荷兰也被侵犯。反法联盟的君主们被迫求和，并承认了法国的军事战果。

法国的胜利得益于这样一个事实，那就是她的敌人从未全身心地投入这场战争，它们那时正忙于瓜分波兰，从1793年开始直到1795年才如愿以偿，每一方对此都心无旁骛，以期得到更多的领土。这一念头已经导致普鲁士国王在1792年瓦尔米战役后就撤军了。

反法联盟各国的迟疑和相互猜忌对于法国人极为有利，蒂埃博将军说，如果奥地利人1793年夏就坚持向巴黎长驱直入的话，那么，“我们的败局将难以挽回；但是，他们却贻误了战机，结果拯救了我们，为我们赢得了训练士兵、培养军官和将军的时间。”

《巴塞尔条约》签订之后，法国在欧洲大陆除了奥地利之外已经没有什么对手了。在督政府时期，法国在意大利向奥地利人发起了进攻，波拿巴受命负责这次战役，经过1796年4月到1797年4月一年的战斗，法国的最后一个敌人被迫求和。

三、决定革命军队胜利的心理因素与军事因素

要想弄清楚革命军队节节胜利的原因，我们必须牢记：这些装备极差、甚至经常赤脚的队伍，拥有巨大的热情、忍耐与克制，对革命的原则坚定不移，相信自己是一种新宗教的传播者，这种宗教将使世界获得新生。

大革命军队的历史让我们回想起阿拉伯的游牧部落，他们受到穆罕默德理想的热情鼓舞，变成了一支战无不胜的可怕军队，迅速征服了古代罗马世界的大部分地区。类似的信仰赋予了共和国战士一种英勇无畏、坚忍不拔的精神，这种精神他们始终保持着，从未动摇。当国民公会让位于督政府时，他们已经解放了全国，并把战争推进到敌国境内，这一时期法国只有士兵是真正的共和主义者。

信仰是会传染的，法国大革命被视为一个新时代的开端，所以几个受到专制君主制压迫的国家都把入侵者当成了解放者。萨瓦的居民跑出来迎接法国军队；在美因茨，人们带着极大的热情种植自由树来欢迎他们，并效仿巴黎成立

了一个国民议会。

所以，只要大革命的军队面对的民族仍然处在绝对君主制的重轭之下，并且没有个人的理想值得捍卫，他们要取得成功就相当容易，但如果与他们发生冲突的民族拥有和他们同样强烈的理想的话，他们遇到的困难将会大得多。

自由和平等的新理想对那些没有明确信念、并苦于他们主人专制压迫的民族充满了诱惑；但是，对那些有着自己根深蒂固理想的民族，它自然无计可施。正是由于这个原因，对宗教和君主制怀有十分浓厚感情的布里多尼人和旺代人，与共和国的军队抗争了若干年。

1793年3月，旺代与布列塔尼的起义已经蔓延到十个地区，旺代人在普瓦图，舒安分子在布列塔尼共投入了八万人作战。

两种对立的理想之间——也就是在理性根本起不了作用的信仰之间——的冲突总是无情的，在旺代的战争立即变得极为残酷野蛮，其惨烈程度只有在宗教战争中才能见到。这场战争一直持续到1795年，是奥什将军使国家获得了最后的“安定”，这种“和解”的实现仅仅是其捍卫者在肉体上被消灭的结果。

“两年的国内战争之后，”莫雷纳写道，“旺代地区无异于一片废墟，约有九十万人——男人、女人、孩子和老人——在兵燹中死于非命，大屠杀中幸免于难的少数人也躲不过冻灾，因为田地毁坏，篱笆和墙舍推倒，房子焚毁。”

使他们能够无往不胜的除了他们的信仰之外，大革命的士兵还得益于那些杰出将领的指挥，这些将领往往热情饱满，身先士卒。

军队大部分先前的将领，因为贵族出身都被撤换了，于是不得不组织一个全新的军官集体，其结果便是那些军事天才，得以大显身手，脱颖而出，几个月内就可以被提拔，越过所有军衔。比如奥什，1789年还是一个下士，但是到25岁时，他就成了一个师的将军，变成了一支部队的司令。这些极其年轻的军事领袖具有的积极进取精神是他们的敌手不习惯的。他们完全靠军功升迁，在战斗中果断勇敢，丝毫不墨守成规，他们可以迅速制订出能够适应新的形势需要的战术战略。

虽然革命军队中的士兵缺乏与老练的职业军队作战的经验，但他们的训练和操练方法与七年战争以来普遍使用的方法大相径庭，而老式的方法根本无法应付复杂的战略。

他们在进攻时采取简单的大批军队同时行动的方式，由于他们配置的人数许多，因此相当数量的缺口可以通过这种野蛮却不失有效的方式得以迅速填补。

人数众多的军队可以用刺刀袭击敌人，并迅速击溃那些习惯于传统、更重视士兵生命的作战方式的军队。那个时代烽火传递信息的速度很慢，所以法国人的策略比较容易奏效，但它的成功是以士兵的大批伤亡为代价的。据统计，在1792年到1800年期间，法国军队在战场上损失了超过三分之一的有生力量——二百万人中的七十万。从心理学的角度考察历史事件，我们可以从这些作为结果的事实中继续推演出一些结论。

对巴黎的革命群众和军队中的革命群众进行的一项对比研究，展示了两幅截然不同但是易于理解的画面。

我们已经指出，群众根本没有能够运用理性，他们仅仅受自己变化无常的冲动支配，但我们看到，他们也乐于接受英雄主义，甚至经常产生高度的利他主义，所以很容易发现成千上万的人准备献身一种信仰。

他们的心理特征复杂多变，根据环境的不同可以产生相去甚远乃至截然对立的行为。国民公会和它军队的历史就证明了这一点，它向我们展示了由相似要素所构成的群众，在巴黎和前线的行为方式是如此不同，几乎无法让人相信我们谈论的是同一个民族。

在巴黎，群众混乱、暴虐、凶残，他们的要求反复无常，一切政府管理由此陷入瘫痪。

而在军队中则完全是另一番景象，同样是一群不寻常的人：他们恪守勤劳农民具有的那种本分克制，严守军纪；他们在富有感染力的热情的激励下，仗义扶贫，蔑视危险；他们表现出令人难以置信的应变能力，并打垮了欧洲最可怕的军队。

这些事实无疑可以拿来证明纪律的力量：纪律可以改造人；一旦摆脱了它的约束，任何民族和军队都可能蜕化为野蛮的游牧部落。

这一真理在日常生活中却经常被遗忘，我们日渐忽视了人类集体逻辑的基本规律，越来越习惯追随大众的意志，而不是学会如何引导它；群众必须被指引上路，他们不适合自己选择。

第七章　大革命领袖的心理

一、大革命时代人的精神状况：暴力与软弱的影响

人们往往根据自己的智力作出判断，而其行动却受自己性格的支配。为了充分理解一个人，必须把这两个因素区分开来考虑。

在重大的变革时期，革命运动当然属于这样的时期——性格通常是最重要的因素。

我们在好几章里都曾描述过盛行于动乱时代的各种精神状态，所以我们不必马上就回到这个问题上来。这些精神状态属于一般类型，此外它们还要受到每个人的遗传性和获得性精神状态的修正。

我们已经看到，神秘主义因素对雅各宾党人的心理起到了十分重要的作用，并且在新信仰的皈依者那里导致了残忍的狂热。

同时，我们也看到，并不是所有的国民公会成员都是狂热的盲目信徒，甚至到后来，只有少数人是盲目信徒，因为即使在革命议会最暴虐时，绝大多数议员也都是一些胆小怕事、性格温和的中间派。在热月政变之前，议员们因害怕而投票赞成暴力，热月之后他们又附和温和派。

在革命时代，这些适中性格的人在人数上和其他时代一样，都占大多数。然而，他们却屈服于最极端的冲动。事实上，他们和那些暴力性格的人一样危险，后者的力量因前者的软弱而更加嚣张。

在所有的革命中，尤其是在法国大革命中我们看到，一小部分心灵狭隘、但意志坚定的人专横傲慢地支配着绝大多数通常富有才能、但缺乏性格的人。

除了狂热的使徒和性格软弱者之外，一场革命总要产生一些只考虑如何谋取一己私利的人。在法国大革命时期，这样的人不在少数，他们的唯一目标就是利用环境牟取私利，比如巴拉斯、塔里安、富歇、巴雷尔等等，他们唯一的政治信条就是迎合强者，欺压弱者。

从大革命一开始，这些“暴发户”——我们今天这样称呼他们——就为数

众多，卡米尔·德穆兰在1792年写道："我们的革命扎根于每个人的利己主义和自爱，它们集合起来就构成了普遍利益。"

如果我们把观察到的这些细节，加到另一章中，即关于政治巨变时代人们体现出的各种精神状态的那一章中，我们将会得出关于大革命时代人们性格的一个一般性观念。现在我们就把这些已经得到详细说明的原则运用到革命时期最显赫的那些人身上。

二、委员会委员或特派员们的心理

在巴黎，国民公会议员们的行动总是受到外部力量——比如，他们的同僚以及环境——的支配、限制或鼓动。

为了对他们做出恰当的评价，我们应该在他们行动自由、不受外部控制，也就是在他们享有充分自由时观察他们，当国民公会派遣特派员到各个部门或地方"执行公务"时，就是这种情形。

这些特派员们的权力是没有限制的，他们不会受到任何责难，文职官员和地方官员必须绝对服从他们。

一个"执行公务"的特派员可以视其需要，对个人财产实行"征用"、扣押或充公；如果他认为合适的话，就可以任意抽税，把任何一个人监禁、放逐或斩首，在他的辖区他就是一个"帕夏"。

他们把自己视为"帕夏"，在地方上作威作福："乘坐着六匹马的马车，前后卫兵环绕；坐在铺了三十张罩子的华贵餐桌旁，一边用餐，一边听音乐，周围簇拥着一群演员、交际花和阿谀奉承者……在里昂，"科洛·德布瓦的庄严威仪活脱脱是一个土耳其显贵。不经过三番五次的请求，没有人能够见到他一面；在进入他的接待室之前得先通过好几个房间，而且必须和他保持至少十五步的距离。"

我们可以想象这些擅权者耀武扬威地出现在市镇时表现的傲慢和自负，卫队前呼后拥，有谁胆敢轻举妄动就可能脑袋搬家。

此前，他们都是一些找不到顾客的律师、没有病人来就诊的医生、被革去圣职的牧师、落魄的代理律师，生活再困顿乏味不过了；如今却一下子可以和历史上最有权势的暴君平起平坐。他们毫无怜悯地斩首、溺亡、射杀，拿自己的奇思怪想来冒险。于是，他们从先前卑微的地位青云直上，成为最显赫的当权者。

无论是尼禄还是赫利奥盖巴勒斯的暴政都没有超过国民公会的特派员们，

前者在某种程度上还要受到法律和习俗的限制，而这些特派员们根本没有任何限制。

自写道："富歇拿着望远镜从他的窗户里观看对里昂二百一十名居民的屠杀；科洛、拉波尔特和富歇在执行死刑（对犯人排射连发）的日子里大宴宾客，每一次发射都要发出欢乐的叫喊，舞动他们的帽子。"

在那些"执行公务"的特派员中，我们可以引证前牧师勒蓬作为一个典型，来看一看他嗜血好杀的精神状态，这家伙凭借无上的权威蹂躏了阿拉斯和坎布雷。他和卡里埃的例子有助于显示一旦人类摆脱了法律和传统的约束，会堕落成什么样子。这个凶残的议员表现的残忍因虐待狂而加重，他在自家的窗户下架起断头台，这样他、他的妻子以及助手就可以从屠杀中获得即时的乐趣！在断头台的底下，建有一个小酒馆，无套裤者们可以进来喝酒，为了给他们娱乐，刽子手们在人行道上把被斩首者的裸尸摆成各种荒谬的姿势。

阅读1795年在亚眠印刷的对他进行审判的两本卷宗，就像经历了一场噩梦。在二十次的开庭过程中，阿拉斯和坎布雷大屠杀的幸存者们每次都经过亚眠古老的市政大厅，前国民公会的议员在那里接受审判。那些哀恸的亡灵在述说着什么，我们已经听不到了，整条街整条街的人被处死；九十多岁的老人和十六岁的女孩就因谴责了一次审判而被斩首；一边是被殴打致死，遭受凌辱，一边是张灯结彩，欢天喜地；伴着音乐执行死刑；童子军被征募来守卫断头台；这样一个精神变态的总督道德败坏，玩世不恭；萨德的传奇故事竟然变成了英雄史诗。当我们看到这一暮幕骇人听闻的事件被揭露时，仿佛整个国家在经历了长期的恐怖统治之后，在最终吐尽它的暴戾，为自己向那些怯懦的人复仇，但它覆灭的都是一些不幸的人，他们成了一个令人憎恶已经消失的制度的替罪羊。

唯一可以为这个前牧师辩护的就是他是在奉命行事，他受到指控的那些事实早就众所周知，但国民公会从未因此谴责过他。

我已经指出，这些"公务在身"的特派员一下子就拥有了一种超过以前最有权势暴君的权力，自然会嚣张至极，但这还不足以解释他们何以如此凶残。

这源自其他因素。作为一种严格宗教信仰的使徒，国民公会的特派员们就像宗教法庭的检察官，对他们的牺牲者不会感到任何怜悯。而且，一旦摆脱了所有传统和法律的束缚，最残忍的本能就失去了羁绊，留在他们身上的就只有原始的兽性了。

尽管文明抑制了这些本能，但它们从未根绝。猎人的搏杀欲望就是一个永久的证据，居尼塞·卡尔诺在下面的这段文字里向我们展示，这种遗传性倾向在最没有危险的游戏中是如何表现其力量的，它唤醒了每个猎人身上残留的野性：

“可以说，为杀戮而杀戮的乐趣是非常普遍的，它是狩猎本能的根基，因为我们必须承认，在现代文明国家中，狩猎本身已经无足轻重了。事实上，我们继续从事的这种活动，对我们尚未开化的祖先产生过有力的影响：他们要么去捕获猎物，要么就得饿死；而今天它已经没有继续存在的合法理由了。但是，它还继续存在着，对此我们无能为力，也许我们永远也挣脱不了这一加在我们身上如此之久的枷锁。我们无法消除自己在看到动物流血时产生的那种经常充满激情的强烈快感；当我们被一种追捕的欲望支配时，我们就丧失了一切怜悯之心：最优雅、最机灵的造物，歌唱的小鸟，春天里的宁馨儿，栽倒在我们的枪口下，或者卡死在我们的陷阱中；我们看到它们受惊吓、流血，在可怕的痛楚中扑腾，用它们可怜的断爪寻求逃生之路或拼命抖动根本无法支撑它们的翅膀，这一切都是我们给它们造成的，我们却从中发现了乐趣，丝毫没有同情的战栗。唯一的借口是这种返祖现象是如此强烈冲动，即使我们当中最优秀的人也无法抗拒。”

在正常的年代里，这种异常的返祖现象出于对法律的畏惧而受到了限制，它只能发泄在动物身上；而当法律规范不再有效时，它立即就会转移到人身上，这就是为什么会有如此多的恐怖分子可以从杀戮中获得强烈的乐趣。卡里埃说，他在看到那些受害者承受痛苦的面部表情时会感到莫名的快乐，就是一个典型。在许多文明人中，残忍是一种受到限制的本能，但它绝没有根除。

三、丹东与罗伯斯庇尔

丹东和罗伯斯庇尔是大革命中的两个中心人物，对前者我不打算着墨过多：他的心理状态并不复杂，而且我们较为熟悉。起初，他是俱乐部里的雄辩家，冲动激烈，似乎总是乐于煽动人民；但是，他的残酷仅仅体现在言辞中，他常常为这些言辞导致的结果感到后悔。从一开始，丹东就在上流社会中光彩照人，而他未来的对手罗伯斯庇尔几乎一直默默无闻地生活在社会的最底层。

丹东曾经一度成为大革命的灵魂，但他缺乏韧性和行为的坚定，并且他生活窘困，而罗伯斯庇尔则不是，罗伯斯庇尔持续的狂热击败了丹东间歇性的努力。然而，令人惊讶的是，罗伯斯庇尔这样一个强大的民众领袖最后竟然被他软弱无力、平庸无能的对手送上了断头台。

作为大革命中最有影响的人物，罗伯斯庇尔已经被人反复加以研究，但所获甚少。要想弄清楚到底是什么样的一种巨大力量赋予了他生杀予夺的大权是困难的，无论对大革命的敌人，还是对那些根本不可能敌视现存政府的同僚，都是如此。

我们当然不应满足于这样的解释：泰纳说罗伯斯庇尔是一个沉溺于抽象观念的冬烘先生；米什莱认为他的成功取决于他的原则；他同时代的人威廉斯说："他统治的一大秘密武器是通过诽谤或栽赃陷害而使对手臭名远扬，以此作为实现自己野心的垫脚石。"认为罗伯斯庇尔成功的原因在于他雄辩的口才不得要领：他总是把眼睛掩藏在风镜背后，痛苦地宣读他的演说，通常是一堆艰涩含混的抽象文字。国民公会里有的是才华出众的雄辩家，比如丹东和吉伦特党人，而他们都被罗伯斯庇尔击败了。

我们确实也无法接受这样的主流观点，即最后获得胜利的总是独裁者，罗伯斯庇尔在国民公会里毫无影响就逐步成了议会和雅各宾党人的主人。比约-瓦伦说："当他进入救国委员会时，他就已经是法国最重要的人物了。"

"他的历史让人不可思议，"米什莱写道，"远比波拿巴的历史伟大。他的崛起没有露出任何蛛丝马迹，看不到手腕，看不到力量的蓄积。这是一个正直的人，做事认真，尽忠职守，中等天赋，却能够在一夜之间崛起，我不知道这是什么样的大变革，就是在《天方夜谭》里也见不到这样的事儿。他随即拥有了比君主还要高的权威，并猛烈攻击教权，真是一段惊人的历史！"

当然，环境也帮了他不少忙，人们把他当作主人来寻求安慰，所有的人都需要这样一个主人，但当时他已经声名远播，而且我们力图寻找的是他迅速崛起的原因。我愿意相信在罗伯斯庇尔身上存在着一种特殊的个人魅力，只不过逃过了今人的眼睛，这一点可以从他与妇女的良好关系中得到证明。那些日子里，"他的演讲可以让妇女泣不成声。……七八百人坐在看台上发出雷鸣般的掌声。在雅各宾俱乐部，他的讲话引来女人们动情的呜咽与叫喊，男人们的跺脚声则似乎要震翻大厅"。一个每年拥有一万六千英镑收入的年轻寡妇夏拉布尔夫人，给他写了封热情如火的情书，急切盼望嫁给他。

我们不可能在他的性格中寻找他受到人们普遍欢迎的原因：他是一个性情

急躁的忧郁症患者，资质平平，抓不住现实，沉溺于幻想，狡猾造作；他的突出特征是极端自负，这种自负日盛一日，并在他末日来临时达到顶点。作为一个新宗教的大主教，他相信自己是被上帝派到人间来建立美德统治的，他甚至声称自己就是永恒之主应允派来改造尘世的弥赛亚。

为了文字上的虚荣，他殚精竭虑地修饰自己的演讲稿。他对诸如卡米尔·德穆兰这样的雄辩家或文学之士怀有深深的嫉妒，这也正是导致他们死亡的原因之一。

“暴君怒火发泄的特殊对象是那些饱学之士，”我们上面征引过的那位作者写道，“对他们，一种对同僚的嫉妒混杂着被压抑者的愤怒，因为他在迫害他们时表现的憎恨与其说源他们对于其专制的反抗，不如说源于他们使之黯然失色的天才。”

独裁者对他的同僚们极为蔑视，这一点他几乎毫不隐晦：他在盥洗时接见巴拉斯，修完胡须后对着他同僚漱口，仿佛他根本就不存在似的，在回答他的问题时更是傲慢至极。

他对待资产阶级和议员们几乎是同样的鄙弃，只有群众才能在他的眼里发现善意。“当至高无上的人民在行使她的权力时，”他说，“我们在她面前只有低头，她所做的一切都是美德和真理，不存在任何过激、错误和罪恶。”

罗伯斯庇尔患有一种被迫害妄想症，他砍掉别人的头颅不仅仅是因为他肩负着使徒的使命，还因为他相信自己处在敌人和阴谋者的包围之中。索列尔写道：“虽然他所顾虑的那些同僚们是如此懦弱胆怯，但他对他们的恐惧还是与日俱增。”

罗伯斯庇尔在长达五个月的时间里实行的绝对专制，是某种领袖权力的一个令人惊讶的例子：我们可以理解，一个得到军队有力支持的暴君可以轻而易举地摧毁任何一个他想剪除的人；然而，仅凭一人之力竟然成功地将一大批与他平起平坐的人送上断头台，这实在是一件不可思议的事情。

罗伯斯庇尔的权力是如此专横，因此他可以把最显赫的国民公会议员如德穆兰、埃贝尔、丹东以及其他许多人送上革命法庭，因而也就等于送上断头台。煊赫一时的吉伦特党人在他面前不堪一击，他甚至对可怕的巴黎公社发起了进攻，处死了它的领袖，并代之以一个听命于他的新公社。

为了加快除掉他不喜欢的那些人，他诱使国民公会颁布了牧月法令，该法令允许处死仅仅有嫌疑的人，正是借助这一法令罗伯斯庇尔四十九天内在巴黎让一千三百七十三人身首异处。他的同僚们成了一场疯狂恐怖的牺牲品，再也不敢在自己家里睡觉；每次开会不到一百名代表出席；大卫说："我相信我们山岳党人将不会剩下二十个成员。"

让罗伯斯庇尔丢掉性命的正是他过分相信了自己的权力和国民公会的懦弱。他打算让他们投票通过一项措施，该措施将允许不经过议会授权，而只需救国委员会的命令就可以把国民公会的代表送上革命法庭，也就意味着送上断头台。几名山岳党人和平原派的一些成员合谋起来推翻他。知道自己已经被列入死刑黑名单，因而也就不必害怕失去什么的塔里安，在国民公会会议上大声控诉罗伯斯庇尔的暴政。罗伯斯庇尔希望通过宣读在手里放了很久的一份演讲来为自己辩护，但他很快就意识到这是白费口舌：以逻辑的名义摧毁对手是可行的；以逻辑的手段来领导议会却是痴心妄想。合谋者的叫喊淹没了他的声音；由于精神传染的作用，因此在场的许多议员都跟着重复"打倒暴君！"的口号，这就足以导致罗伯斯庇尔的垮台。议会当机立断，逮捕了罗伯斯庇尔等人，并宣判了对他的指控。

巴黎公社打算营救他，但议会宣布被捕者"不受法律保护"，在这一充满魔力的口号的作用下，罗伯斯庇尔彻底倒台。

"在这一时期，被宣判不受法律保护，"威廉斯写道，"对一个法国人产生的效应无异于被宣判患上瘟疫；宣判不受法律保护就等于对民事权的褫夺，就好像人们相信自己会因患者呼吸过的空气而受到传染一样。这对那些曾经把他们的大炮对准过议会的炮手同样有效，无须进一步的命令，只消听到公社已经'不受法律保护'，他们立即就会掉转炮口。"

罗伯斯庇尔和他的所有同伙们——圣茹斯特、革命法庭庭长、社团主席等——在热月10日到21日之间——被送上了断头台；次日，新的一批七十名雅各宾党人紧随其后；再后一天，十三人被处决。于是，持续了十个月之久的大恐怖终于结束了。

雅各宾大厦在热月的垮台是大革命期间最让人费解的心理事件之一，那些促成了罗伯斯庇尔倒台的山岳党人从未料到它竟然标志着大恐怖的终结。

塔里安、巴拉斯、富歇等人推翻罗伯斯庇尔是因为他曾经镇压了埃贝尔、丹东、吉伦特党人以及其他许多人，但当群众的欢呼告诉他们罗伯斯庇尔之死被当作是大恐怖的终结时，他们赶忙装得好像这是在他们事先意料之中的一样。他们更多是被迫这样做的，因为平原派——也就是议会中的大多数人——

曾经听凭罗伯斯庇尔的宰割，现在他们要猛烈攻击这种政策，长期以来哪怕是在他们对之憎恨至极时，他们也不得不在表面上装作赞同它。最可怕的事情莫过于一群人曾经恐惧过，但现在不再恐惧了：平原派要为自己在山岳党人当政期间经历的恐怖复仇，他们反过来要对山岳党人实施恐怖。

罗伯斯庇尔在国民公会中的同僚们对他的卑躬屈膝，绝不是建立在心悦诚服的情感之上的。独裁者让他们感到一种无法形容的恐惧，出于害怕，他们对他竭尽吹捧之能事，但在这些钦佩和热情的掩饰下，隐藏着一种强烈的仇恨。当我们在1794年8月11日、15日和29日的《政府通报》上读到各个代表们撰写的报告，尤其是关于“罗伯斯庇尔、库通和圣茹斯特这三驾马车的阴谋”的报告时，同样会感到不可理喻，就连奴隶也不会对一个倒台的主人如此恶言相加！

我们念道：“这些恶魔一度重新起用了最恐怖的马略和苏拉的伎俩。”罗伯斯庇尔被视为一个非常可怕的恶棍；我们被告知“同卡利古拉一样，他不久就会要求法国人民对他的坐骑也要顶礼膜拜……他为了确保自己的安全，就把所有哪怕引起他一丝怀疑的人都处死。”

这些报告忘记了补充一点，即他们影射的马略和苏拉的权势得到了各自强大军队的支持，而罗伯斯庇尔的权力则除了多次得到国民公会议员们的纵容之外，没有得到过任何支持。要不是他们的极端胆怯，独裁者的权力一天也不会维持。

罗伯斯庇尔是历史上最可憎的暴君之一，但他与其他所有暴君不同的是，他的暴政是在没有士兵支持的情况下实行的。

我们可以这样总结罗伯斯庇尔的信条：也许除了圣茹斯特之外，他是雅各宾信仰最完美的化身，这种信仰之狭隘的逻辑、强烈的神秘主义色彩以及不折不挠的严峻无一不体现在他身上。他至今还不乏仰慕者，昂墨就称他为“热月的殉道者”。已经有人提议为他树立一块纪念碑，我对此欣然同意，因为它有助于保存这样的证据：只要领袖们知道如何去操纵运作，群众将是何等盲目，议会将是何其温顺；他的塑像将让我们回想起，就是在国民公会打算推翻他的前一天晚上，他们还在为独裁者最具威胁的措施发出赞许和热情的呼喊！

四、富基埃·丹维尔、马拉、比约·瓦伦等人

我将用上一节文字来谈一谈某些以其残忍本性著称的革命者，他们的暴行因掺杂了其他的一些情感、恐惧和憎恨而变本加厉。

富基埃·丹维尔是革命法庭的检察官，他给人们留下的印象最险恶。此人从前颇有慈善仁义的美名，后来却变成了一个嗜血动物，因此对他的回忆只能激起人们的无限厌恶，这恰恰可以证实我在其他著作中的一个观点，即人的某些本性在革命时期会发生质变。

在君主制被颠覆时，他还极其贫困，在这场社会巨变中他渴望得到一切，却不怕失去任何东西。他属于那种在动乱时期总是乐于把无政府状态维持下去的人。

国民公会把它的权力丢给他，他不得不对近两千名被告的命运做出判决，在这些被告中有玛丽·安托瓦内特、吉伦特党人、丹东、埃贝尔等等。他当面处决了所有的嫌疑犯，并毫不犹豫地叛卖他先前的保护人，一旦他们中的哪一个——卡米尔·德穆兰、丹东或其他人——落入他的手中，他都会做出指控。

大革命为富基埃·丹维尔非常低劣的灵魂提供了一个让其发挥到极致的机会。在正常的时代里，由于职业规则的限制，他一生也就是一个平静黯淡的公务员，这正是他在革命法庭的副手或代理人吉贝尔·利当东的命运。迪勒尔写道："他应该和他的同僚一样为恐怖政策感到惊骇，而他却在帝国长官的高位上完成了使命。"

一个有序社会的最大好处之一就是它确实能够钳制住那些危险人物，对这些人，只有通过社会的约束才能控制住。

富基埃·丹维尔至死都没有明白为什么他会被判有罪，从革命的立场来看，对于他进行审判是没有理由的。他难道不是仅仅在热心执行他上级的命令吗？把他与派往各省的、无法控制的特派员们等量齐观是不合理的，国民公会的议员们审查了所有他经手的判决并最终批准了这些判决。他的暴行以及他审判囚犯的简便程序，如果没有得到他的上司们的鼓励，他还能够保留在职位上吗？在宣判富基埃·丹维尔有罪的同时，国民公会也等于在宣判自己那套骇人的统治体制有罪。它当然理解这一事实，把一些恐怖分子送上了断头台，而富基埃·丹维尔只是其中的一个忠实代表。

除了富基埃·丹维尔外，我们还可以提到主持革命法庭的迪马，他也表现出了一种极度的残酷，这种残酷因强烈的恐惧心理而增加。他在外出时总要带上两把装满子弹的手枪，他为自己的住宅设置了种种障碍，来访者只能通过一个小窗口和他说话。他对任何人都完全地不信任，包括自己的妻子，他甚至把她投进了监狱，并打算在热月前把她处决。

在国民公会揭露的人当中，比约·瓦伦是最疯狂、最残忍的一个，他也许可以被视为野兽般凶残的一个完美典型。哪怕是在极为愤怒与痛苦时，他也能够保持平静，喜怒不形于色，并有条不紊地完成自己的任务，一项可怕的任务：在阿培监狱大屠杀时，他代表官方向刽子手们祝贺，并许诺给他们金钱，然后就若无其事地回家了，就像他只是在散步一样。他身兼数职：雅各宾俱乐部主席、国民公会议长、救国委员会委员。他先是把吉伦特党人送上了断头台，然后是王后；他以前的资助人丹东在提到他时说："比约是口蜜腹剑的家伙"；他先后批准了里昂的炮击、南特的溺杀、阿拉斯的屠杀；他组织了残酷无情的奥伦治委员会；他参与了牧月法令的炮制；他曾竭力怂恿富基埃·丹维尔；所有的死刑判决书上都有他的签名，而且通常是第一个，同时往往当着同僚的面率先签名；他毫无同情心、感情和热情可言；当其他人畏惧、犹豫、退缩时，他夸口要"揪住狮子的鬃毛"自行其是；为了使他那张阴沉冷漠的面孔与他周围的热烈气氛更协调，他现在给自己套上一副黄色假发，除了比约·瓦伦那阴险的脑袋之外，任何人戴了这副假发都会使人发笑；当罗伯斯庇尔、圣茹斯特和库通反过来遭难时，他又弃之而去投向敌人，并把他们推到屠刀之下……为什么？他的居心何在？没有人知道：他没有任何野心，既不爱权，也不贪财。

我认为这个问题不难回答，我们已经说过，在某些罪犯那里非常普遍的对于血的渴望可以很好地解释比约·瓦伦们的行为。这类罪犯为了杀戮而杀戮，犹如运动员的射击游戏，他们仅仅是为了体验破坏的乐趣。在正常时期，具有这种嗜血倾向的人，一般出于对警察和绞刑架的害怕而克制了这些冲动，一旦他们可以自由发泄它们时，任何东西都制止不住。比约·瓦伦以及其他许多人就属于这种情况。

马拉的心理状态更复杂，这不仅是因为他对杀戮的渴望结合了其他因素——受到伤害的自尊、野心、神秘主义信仰等，而且我们必须把他当作一个半精神错乱者来看，他一直都经受着自大症和各种顽固思想的折磨。

在大革命爆发之前，他提出了一些伟大的科学构想，但没有人对他的唠叨感兴趣；他梦想着地位和荣誉，结果只在一个大贵族家里谋得一个极其低微的差事。大革命为他打开了前途无量的未来之门，他带着对没有能够认可他才能的旧制度的满腔仇恨，成了最暴虐的那伙人的首领。在公开进行了九月屠杀之后，他创办了一份杂志，公然抨击每个人，并不断叫嚣要求更多的死刑。

马拉言必称人民的利益，一时成了群众的偶像，但他的大多数同僚对他却极为鄙视。就算他能够逃过夏洛特·科黛的匕首，也必然躲不了断头台的铡刀。

五、大革命后幸存的国民公会成员的命运

国民公会中，除了那些心理状态表现出特殊个性的成员之外，还有一些人如巴拉斯、富歇、塔里安、蒂翁维尔的梅兰等，完全没有原则或信仰可言，他们只知道牟取一己私利而已。

他们竭力从公众的不幸中聚敛巨大的财富，在正常的年代，他们只会被视为十足的无赖，但在革命时期，一切善恶准则似乎都消失了。

虽然还有几个雅各宾党人仍然执迷不悟，但大多数人在得到财富以后就和他们的信仰断绝了关系，并成了拿破仑的忠实朝臣。康巴塞雷斯在与沦为阶下囚的路易十六的谈话中称呼他路易·卡佩，等到帝国时，他却要他的朋友们在公开场合叫他“殿下”，而在私人场合叫他“阁下”，这就充分暴露了许多雅各宾党人在对平等的渴求中暗藏的嫉妒之心。

“大多数雅各宾党人，”马德林写道，“都非常富有，而像沙博、巴齐尔、梅兰、巴拉斯、布尔索、塔里安、巴雷尔等人都拥有城堡和地产，那些至今还不富裕的人不久也会腰缠万贯。在共和三年的委员会中，仅热月党成员中，就有一个未来的公爵、十三个未来的伯爵、五个未来的男爵、七个未来帝国的参议员、六个未来的地方议员；除了他们之外在国民公会里，还有未来的奥特朗托公爵和未来的勒戈尔特伯爵，不下于五十个共和派在十五年后都拥有了头衔、纹章外套、羽饰、马车、养老金、必要的不动产、旅馆以及城堡；富歇在死的时候资产竟达六十万英镑。”

于是，曾经被严厉谴责的旧制度特权很快又为了资产阶级的利益而重新恢复。为了实现这一结果，毁灭法兰西，焚烧整个外省，扩大苦难，使无数家庭陷入绝望，颠覆欧洲，乃至在战场上牺牲几百万人的生命都是必要的！

在这一章即将结束时，我们再次回顾一下我们对这一时期的人们可能做出的评价。

伦理学家不得不对某些个人的道德品行做出严格的区分，是非善恶泾渭分明，因为他依据的评判标准是社会，如果要成功维持下去的话，就必须得遵从标准；然而，心理学家不能这样：他的目标首先是理解，知其所以然，批评将在完全的理解面前退隐消失。

人类的心灵是一种非常脆弱的机制，在历史舞台上粉墨登场的木偶很少能够摆脱那些驱动他们运转的专横力量，这些力量包括遗传、环境与现状。我们现在正试图对那些人的行为做出解释，但没有人敢肯定假如自己就是那些人，我们的行为会是什么样子。

第三卷　古代传统与革命原则之间的冲突

第一章　无政府状态的最后挣扎：督政府

一、督政府的心理

由于各种革命议会的部分成员是同一些人，因此有人可能就认为他们的心理状态非常相似。

在正常情况下，这也许是事实，因为一种不变的环境往往意味着性格的稳定。而一旦当环境发生大革命时期那样的迅速变化，人的性格必然会发生改变以适应它，督政府的情况就是如此。督政府包括几个迥然不同的议会：两个大议会，由各自不同类别的代表组成；一个非常小的议会，由五个督政官构成。

两个较大的议会因其软弱而很容易让人回想起国民公会：它们不再受民众暴动的胁迫，督政官们已经有效防止了此类事件的再次发生；但是，它们得无条件服从督政官们的专断指令。

由选举产生的第一类代表大多数都是温和派，他们已经厌倦了雅各宾党人的暴政。新的议会梦想在法兰西的一片废墟上重建家园，并建立一个没有暴力的自由政府。

然而，由于命运的捉弄，这些代表们同他们的前任一样，也许可以说他们所做的事情总是与他们希望的恰恰相反，这是大革命的一条规律，同时它也表明事件的发展往往超出人们的意志之外。他们希望适可而止，结果却暴戾如故；他们打算清除雅各宾党人的影响，结果却被他们牵着鼻子走；他们力图挽救国家的败落，结果却带来了新的祸患；他们立志实现宗教和平，最终却用比大恐怖时期更严厉的方式迫害、屠杀牧师。

由五位督政官组成的小议会的心理状态完全不同于下院。面对每天新出现的困难，督政官们不得不解决它们，而大议会却全然不顾现实，一心想着实现自己的抱负。

督政官中盛行的想法非常简单，他们对原则不感兴趣，他们首先想到的是如何保住自己法兰西主人的地位。为了实现这个目的，他们毫不犹豫地采取最不明智的措施；为了扫除障碍，他们甚至取消了许多地区的选举。

督政官们感到自己没有能够统治法国，索性就让她放任自流。他们竭力通过专制手段支配法国，却从未治理法国，而在这个节骨眼上法国最需要的就是治理。

人们往往有这样一个印象，即国民公会在历史上是一个强硬的政府，而督政府则是一个软弱的政府。事实正好相反：称得上强大政府的恰恰是督政府，而不是国民公会。

从心理学角度看，我们也许很容易就可以解释督政府时期的政府与此前国民公会时期的政府之间的差异，只要我们记住这样一个事实：一个由六七百人构成的集体极易受到感染性狂热情绪的影响，就像8月4日之夜贵族主动放弃自己的特权那样；甚至容易受到个别意志坚强者一时冲动的支配，就像他们向欧洲诸君主发起挑衅那样。但是，这样的热情或冲动实在太短暂不足以拥有持久而强大的力量；而一个五人委员会则很容易受到一个人的意志左右，因而更容易受到持续决心的影响，也就更容易遵循一个固定的行为模式。

虽然督政府时期的政府被证明缺乏治理能力，但它从不缺乏坚强的意志：没有什么可以制约它的行动，无论是对法律的尊崇，对公民的顾虑，还是对公众福利的热爱；它把一种专制强加给法国，这种专制程度不亚于大革命开始以来的任何一个政府，包括大恐怖时期的政府。

虽然它使用的方法与国民公会的方法颇为相似，而且它以一种最残暴的方式统治着法国，但督政府和国民公会一样，从来就不是法国的真正主人。

这一事实再次证明了我前面已经指出的：物质的强制不足以支配道德的力量。怎么强调也不为过的是：人类的真正指导原则是其历代祖先建立起来的道德架构。

我们已经习惯生活在一个秩序井然的社会里，庇护于法律和值得尊敬的传统之中，所以我们很难想象在这一基础已被抽空的国家里，生活状态将会变成什么样子。对于周围的环境，我们只看到这一伟大事物的令人厌恶的一面，很容易忘记社会只有在强加了某些限制的条件下才能存在。法律、礼仪和习俗对于人类那些野蛮的自然本能构成了一种制约，这些本能在我们身上从未根绝。

国民公会以及随后的督政府的历史明白无误地向我们证明：一个摧毁了自己传统结构的民族，妄图依靠并不充分的理性来充当人为的社会黏合剂，将会导致何等程度的混乱。

二、督政府的专制统治，大恐怖的复发

为了转移人民的注意力，使军队忙于军务而无暇他顾，并掠夺邻国以获取财富，督政官们决定再次发动征服战争，这一伎俩在国民公会时期曾颇为灵验。

督政府的这一招果然奏效：军队赢得了辉煌的战果，尤其是在意大利。

一些被入侵的民族如此天真，因此指望这些入侵者们能够保护他们的利益，但他们不久便发现所有的军事行动都伴随着压迫性的税收、对于教堂和国库的掠夺等。

这一扩张政策的最终结果是导致一个新的反法联盟形成，该联盟一直维持到1801年。

督政官们对国家的状况，以及自己在重建国家方面的无能漠不关心，他们首先关注的是如何与一系列的阴谋做斗争，以保住自己的权位。

这项任务足以使他们自顾不暇，因为各个政治派别的武装尚未解除。国家的无政府状态已经达到这样的地步，所有的人都在企盼一个强有力的手腕来恢复秩序。每个人都感觉到，督政府以及共和政体将不复存在。

一些人梦想复辟王政，一些人妄图重建恐怖体制，而其他人则在期待一位将军主政，只有那些国有财产的购买者害怕政府发生任何变动。

督政府的不得人心日胜一日。1797年5月，议会的三分之一成员改选，新当选的大多数议员都对于督政府体制充满敌意。

督政官们当然不会被这样的小事掣肘，他们宣布四十九个地区的选举无效；一百五十四名新议员的资格被取消，其中五十三人被判处流放，在后一批人当中有大革命时期最杰出的人物——波塔利斯、卡尔诺、特隆松、杜库德雷等等。

为了胁迫选民，支持督政府的军事委员会胡乱判处了一百六十人死刑；将

三百三十人放逐到圭亚那，其中有半数的人不久就死于非命；那些回到法国的流亡者和牧师被大批驱逐，这就是所谓的果月政变。

这场政变主要以温和派为打击对象，但也并不限于温和派；对激进派的迫害接踵而至，督政官们发现雅各宾派的议员太多了，于是宣布取消其中六十人的选举结果。

上述事实充分暴露了督政官们的专横本性，在那些措施的细节中，这一点表现得尤为明显。结果证明，法国的新主人同大恐怖时期最残忍的代表们一样，嗜血好杀，残酷无情。

虽然没有再架起断头台来当作家常便饭，但取而代之的是流放，把受害者们置于极少有生还机会的条件下。比如，装在铁笼里送到罗什福尔，暴露在各种恶劣的天气中，然后把他们塞到小艇上运走。

“在代卡德到贝翁内瑟之间的甲板上，”泰纳说，“可怜的囚犯们，在热带的高温下因缺少空气而憋闷，受尽欺辱压榨，最后死于饥饿或窒息；到圭亚那航程结束时，押送的一百九十三名犯人在二十二个月后到达代卡德时只剩下三十九人；送抵贝翁内瑟的一百二十人中只有一人存活。”

督政官们看到每个地方都在出现天主教的复兴，他们认为这些牧师正在阴谋反对他们，于是一年之内，有一千四百四十八名牧师被驱逐或送上船艇，不用说他们中的大部分人都被草率地处死了。事实上，大恐怖完全死灰复燃。

督政府独裁专制的触角延伸到各个行政部门，尤其是财政部门。它打算收取六亿法郎的税收，于是就强迫那些唯命是从的议员们通过一项增税法案，但最后只收到了一千二百万法郎；它迫不得已，决定强制借贷一亿法郎，结果导致大批工厂关闭、商业停顿和家庭失业，以这一毁灭性代价换取了四千万法郎的收入！

为了确保对外省的控制，督政府通过了所谓的质押法，根据这项法律每个地区都因为各种过失上缴了一大批抵押财产。

不难想象，这样一个体制会激起人们怎样的憎恨，到1799年底，先后有十四个地区爆发叛乱，四十六个地区的起义一触即发。如果督政府继续执政的话，社会的彻底解体将会无可挽回。

就财政方面来讲，当时的社会解体已经非常严重：金融、工商，以及所有的一切都在崩溃；随着纸券贬值到原来价值的百分之一，财政部的借贷收据几乎成了一张废纸；政府债券的持有人和政府公务员根本拿不到报酬。

这个时候的法国给外国旅行者留下的印象是一个饱受战争蹂躏并被其居民遗弃的国家。毁坏的桥梁、堤坝和荒废的建筑物使交通极为不便；废弃已久的道路上土匪横行，有些地段甚至只有从这些帮伙的头目那里购买通行证之后才能通过；工厂和商业基本歇业；在里昂，一万五千家工厂和作坊中有一万三千家被迫关闭；里尔、勒阿弗尔、波尔多、里昂、马赛等地都变成了一座座死城；贫穷与饥荒成了普遍现象。

道德上的混乱与失序同样骇人听闻：奢侈与享乐的欲望、豪华的宴会、珠宝，以及富丽堂皇的豪宅被一个新的社会阶层独占，他们包括股票经纪人、军队承包商以及那些实际上靠掠夺发家的掩人耳目的金融家，使巴黎呈现出一副繁华祥和的虚假景象，它迷惑了多少研究这一阶段的历史学家，惊人的奢侈挥霍掩盖了普遍的穷困。

书本里的督政府编年史有助于我们理解谎言是如何编织成历史之网的。近来的戏剧常以这一时期为题材，并且仍然有人在仿效这种风尚，它给人留下的似乎是一种大恐怖后歌舞升平的记忆。但事实上，督政府上演的戏剧比起大恐怖来几乎没有什么改进，其残忍暴虐如出一辙。督政府最终引起人们极大的憎恨，以致它自己都感觉到已经无法维持统治。于是，他们就为自己物色了一个独裁者，这个独裁者不仅是能够替代自己，而且还要能够保护他们的利益。

三、拿破仑的崛起

我们看到在督政府统治的末期，法国的无政府状态及社会解体已经达到这样一种程度，以致每个人都在绝望地企盼一个精力充沛、足以恢复社会秩序的人。早在1795年，一些议员们就曾经考虑过复辟王政，但路易十八愚不可及地宣称，他将彻底恢复旧秩序，把所有财产归还给它原来的主人，并将惩罚那些参加革命的人。于是，他很快就被人抛弃了。基贝隆毫无意义的冒险最终使那些未来王权的支持者们与之疏远。在整个大革命期间，保王党人表现出的平庸无能和心胸狭窄证明对他们采取的措施大部分都是合理的。

既然恢复君主制已成泡影，寻找一位将军就成了当务之急，当时唯一可以承担此重任的只有一个人，那就是波拿巴。意大利战争使他威名远扬，在穿越了阿尔卑斯山之后，他取得一个又一个的胜利，先后攻破米兰和威尼斯，几乎是攻无不克，战无不胜。

然后，他又向维也纳挺进，当奥地利皇帝决定战败求和时，他的军队距维也纳的城门只有二十五里路之遥。

虽然他已声誉渐隆，但年轻的将军并没有满足，为了进一步抬高自己的名望，他说服督政府相信入侵埃及将会削弱英国的势力。1798年5月，他从土伦誓师出发。

这种对于威望的不断需求源自一个非常深刻的心理学观念，这一点拿破仑本人在流放圣赫勒拿岛时说得十分清楚。

长期以来，那些最有势、最开明的将军一直力劝这位出生于意大利的将军采取措施，登上共和国元首的宝座，但他拒绝了；他尚未强大到仅靠自己的力量就可以稳操胜券的程度。他深谙统治的艺术以及什么是这个伟大民族的所需；他的想法与大革命时代的人以及议会的想法格格不入，他知道自己还不能一意孤行，不愿拿自己声誉冒险。他决定向埃及出发，而一旦环境许可，他就会再度崛起。

拿破仑在埃及并没有待多久，他的朋友很快就将他召回。他在弗雷儒斯登陆，拿破仑的归来激起了人们的普遍热情，处处张灯结彩。两位督政和一些主要部门的部长们早已事先做好了准备。计划在不到三个月的时间就已经出炉，雾月十八日的政变易如反掌地取得了成功。

在摆脱了那伙压迫、剥削这个国家如此之久的邪恶小人之后，所有的派别都感到无比兴奋。毫无疑问，法国将出现一个专制政体，但它不可能像已经压迫了人们十多年之久那个政体一样，让人无法接受。

雾月政变的历史见证充分证明我们已经说过的一点是正确的，即那些从表面上看来很容易理解与确认的历史事件，不管有多少人亲历其中，仍然不可能形成准确的判断。

我们知道三十年前人们对雾月政变是怎么评价的，它被视为一个得到其军队支持的野心家犯下的政治罪行。但事实上，军队在整个事件中并没有发挥什么作用，把少数几个顽抗的议员驱逐出议会的甚至并不是士兵，而是议会自己的卫队。政变的真正发动者是政府本身，而整个法兰西都是同谋。

四、大革命持续的原因

大革命的基本原则产生了一系列的后果：法律面前人人平等，公职开放、人民主权、国库开支的控制等。如果我们以此为出发点来限定大革命持续的时间的话，那么，我们也许可以说大革命只持续了几个月。到1789年中时，所有这些目标都已基本实现，接下来的岁月里没有增加什么新花样。然而，大革命实际上延续的时间要长得多。

假若局限于官方历史学家们承认的期限，我们将看到大革命只延续到拿破仑的崛起，其跨度大约在十年左右。

为什么会出现这样的事情呢，即在新的原则确立之后，接踵而至的竟是这样一个混乱不堪、暴力丛生的阶段？我们不可能从对外战争中找到原因，对外战争曾因反法联盟内部的同床异梦以及法国的节节胜利而多次中断；我们更不可能归咎于法国人对革命政府的同情，因为没有哪种统治会比大革命时期历届议会的统治更让人痛恨和鄙视了。无论是造反还是麻木的投票，大多数法国国民对这种体制都表明了自己的厌恶。

最后一点，即法国人对于革命制度的憎恶，长期以来一直被误解，近来的历史学家们对此深有揭露。最新出版的一部关于大革命的著作的作者马德林，对他们的观点作了这样的总结：

从1793年开始，一部分人——但绝对不是许多人——就一直把持着法国、大革命和共和国；现在有四分之三的法国人希望大革命得到遏制，或者宁愿把它从那些可憎的剥夺者手中解放出来，但这些人千方百计地控制着这个不幸的国家；只要他们继续执政，大恐怖就仍然是他们不可缺少的手段，无论谁在任何时候胆敢反对恐怖政策，都会受到他们的打击，哪怕他是大革命最忠实的奴仆。

直到督政府结束统治时，政府还掌握在雅各宾党人手里，他们一心只想维护自己的权力，希望通过谋杀与掠夺获得不义之财，他们愿意把法国交给任何一个能够保证他们继续享有这些东西的人。他们同拿破仑议定雾月政变，仅仅是因为路易十八不能满足他们的愿望。

但是，到底应该如何解释这样一个暴虐而软弱的政府竟然能够苟延残喘这么多年呢？

这不仅仅是因为革命宗教仍然存活在人们心中，或是因为人们受到了迫害和杀戮的威胁，而主要是因为，就像我前面已经说过的，有很大一群人可以从大革命的延续中获得巨大利益。

这一点是根本性的原因：假如大革命只是一种理论信仰，它就很可能只是昙花一现；但是，这种刚刚确立的信仰随即就超出了纯理论的范畴。

大革命确实没有仅仅满足于褫夺君主、贵族和教士的政治权力，它在将旧特权阶级的财富和特权转移到资产阶级和大多数农民手里的同时，也为自己赢得了革命体制顽固的支持者。那些人得到了从贵族和教士那里掠夺来的财产，以极低的价格购买了土地和城堡，对君主制的复辟极为警觉，唯恐一旦旧制度卷土重来，自己将不得不支付巨大的赔偿。

在很大程度上，正是由于这些原因，一个在正常时期绝对无法维持的政府才能得以存活，直至一个铁腕人物横空出世，重建社会秩序。这个铁腕人物许诺的不仅是大革命的道德成果，而且还包括其物质结果，波拿巴对这些要求了然于心，所以他很快就受到了热烈欢迎。大革命尚存争议的物质后果和仍很脆弱的理论原则都被他的制度和法律吸收。因此，说大革命因拿破仑崛起而告终是错误的，恰恰相反：拿破仑完成并巩固了大革命，而不是破坏了大革命。

第二章　秩序的恢复：执政共和

一、大革命的成果如何被执政官认可

执政府的历史为我们提供的心理学材料就像先前的阶段那样丰富。首先，它向我们揭示，一个强大个人的工作效率要优越于一个强大集体的效率。波拿巴很快就结束了困扰共和国十年之久的血腥的无政府状态，使社会暂时恢复了秩序。大革命时期的四届议会没有哪一个能够做到这一点，哪怕是采用最严厉的镇压手段，而他一个人却在如此短暂的时间里做到了。

波拿巴的权威立即平定了巴黎的各种叛乱和企图复辟君主制的反抗，并重新确立了法兰西在精神上的统一，它曾经因强烈的敌视和仇恨而分崩离析。波拿巴用一种组织得极为完善的个人专制代替了无秩序的集体专制，使每个人都能够从中获益，毕竟他的专制远比已经持续了十年之久的暴政要宽松。而且我们必须承认，对他的统治表示厌恶的人非常之少。不久，人们就怀着无限敬意接受了他的统治。

过去的历史学家认为是波拿巴颠覆了共和政体，今天看来，这显然是迂腐之论，事实恰好相反：他保留了一切可以保留的共和遗产，如果没有波拿巴的话，共和主义的遗产将会所剩无几。正是波拿巴通过制度和法典，巩固了大革命一切可行的工作——特权的废除、法律面前的平等，等等。此外，执政府还继续称自己为共和政府。

如果没有执政府的话，取代督政府的就很可能是复辟的君主制，大革命的绝大多数成果将毁于一旦。让我们假设一下，如果波拿巴从历史上消失的话，那么，我想没有谁会认为，督政府能够在人们的普遍厌恶中幸存下来，它必然要被每天都在发生的保王党人阴谋推翻，路易十八很可能将登上王位。当然，十六年后，他还是如愿以偿了。不过，在这一段间歇中，波拿巴通过法律和习俗赋予了大革命诸原则如此强大的力量，复辟的君主根本不敢触动它们，财产权也没有恢复到旧制度的状况。

如果路易十八当时就取代督政府的话，事情将会截然不同：他可能会恢复所有的旧制度，而旨在推翻他的新一轮革命势必要爆发，我们知道导致查理十世垮台的原因就是因为他企图回到过去。

抱怨波拿巴的专制多少有些天真：在旧制度下，法国人受着各种各样专制的压迫；而共和政体建立的是一种比君主制还有过之而无不及的专制。那时，专制是一种正常情况，除非它带来了秩序的混乱，否则它就不会引起人们的反抗。

大众心理的一条永恒规则是：在他们制造出无政府的混乱之后，就会寻求一位能够使他们摆脱这种状态的主人。于是，波拿巴应运而生。

二、执政官时代法国秩序的重建

一旦大权在握，波拿巴就得承担起重建法兰西的艰巨任务：国家现在是满目疮痍，百废待兴。在雾月政变的第二天，拿破仑就着手起草一部宪法——几乎是他独自一人操办，这部宪法注定要授予他绝对的权力，以使他能够统御各个派别，重整国家。只花了一个月时间，这部宪法就制定出来了。

这就是所谓的共和八年宪法，这部宪法一直沿用到拿破仑统治结束为止，其间只有少许修改。行政权由三位执政官行使，其中两位执政官只有建议权，因此第一执政官也就是波拿巴本人，成了法国的唯一主宰。他可以任命大臣、国务委员、大使、地方行政长官以及其他官员，并拥有宣战或媾和的权力；立法权也归他所有，因为只有他可以创立法律，这些法律然后交给三个议院：参政院、保民院和立法院讨论和投票，第四院也就是元老院事实上充当了宪法的护卫者。

虽然拿破仑专制，但即使是在议定最琐碎的事务之前，他也要召集其他的执政官来商议；立法院在他统治期间并没有发挥多少重大的影响，而在没有向参政院咨询之前，他从不签署任何法令。参政院由全法国最知名、最博学的人士组成，他们准备好法律之后，交送立法院讨论通过。由于投票是秘密进行的，因此他们可以自由地对法案提出批评。在波拿巴的主持下，参政院在某种程度上就是最高法庭，它甚至可以审查大臣们的行为。[1]

---

[1] 拿破仑虽然经常否决上议院的提案，但并不总是如此。据《德塞恩·海琳回忆录》记载，有一次，除了他自己外，别人都反对他的看法。于是，他不得不接受大多数人的看法，他说了这样一段话："先生们，这件事就按照大多数人的意见决定，我是孤家寡人，不得不让步；不过，我声明：从内心说，我只是表面上服从，你们可以逼迫我沉默，但绝对没有让我信服。"

还有一次，皇帝的发言三次被人打断，于是他对刚才打断他发言的人说道："先生，我还没有结束发言；请你让我把它说完，好吗？我认为，在这里每个人都有表达自己观点的正当权利。"

与通常的想法恰好相反，皇帝并不独断专行，他与上议院的关系非常融洽。他常常因为某个参议员私下向他提出了新的理由，或劝说他接受大多数人意见，而重新进行讨论，甚至取消一个决定。

新的主人对参政院非常信赖，因为它的大多数成员都是杰出的法学家，他们每个人只负责自己的专长。波拿巴是一位非常优秀的心理学家，他从不信任那些平民出身、夸夸其谈却平庸无能的大多数议员，整个大革命期间，这些人给国家带来的灾难性后果，他是再熟悉不过了。

波拿巴希望实现为人民的统治，但从不求助于他们；人民在他的政府中没有立足之地，他只为他们保留了对新宪法投票的权利；偶尔他也会诉诸普遍的投票，但这种情况极少。立法议会成员的填补更替由各议院相互推选产生，而不由选举产生。

在筹划一部旨在巩固自己权力的宪法过程中，第一执政从未指望它能够在重建国家方面发挥什么作用，所以在他草拟宪法的同时，也为重新建设法兰西承担了大量行政、司法和财政方面的工作。各种权力都集中到巴黎，每个省设省长，由一名秘书长协助工作；每个大区设区长，配备一个委员会；市镇设一名市长，连同一个市政委员会工作。所有的官员都由部长们任命，而不是像共和国时期那样由选举产生。

这套行政体系确立了一个全能的国家和一个强大的中央政府，它被后来的政府继承，并一直延续到今天。虽然有种种缺陷，但在一个自身陷入严重分裂的国家，作为避免地方专制的唯一手段，中央集权始终被沿袭下来。

这套行政组织的基础是对法国人国民性的深刻认识，它很快就恢复了法国被中断了如此之久的平静与秩序。

为了完成国家的精神和解，政治放逐犯被赦免，教堂重新向教徒开放。

在重建社会大厦的过程中，波拿巴还亲自操刀起草了一部法典，其中很大一部分是对旧制度习俗的借用，正如有人指出的那样，它是旧法律与新法律的一种过渡或妥协。

考虑到第一执政在如此短暂的时间里完成了这么繁重的任务，我们就会明白为什么他首先需要的是一部能够授予他绝对权力的宪法。如果他把重建法兰西的一切措施都提交由律师们组成的议会的话，他绝不可能将国家从无政府状态中解救出来。

共和八年宪法显然已经把共和政体改造成了一个君主政体，这个政体起码和路易十四“君权神授”的君主政体一样的专制。作为适合当时形势需要的唯一可供选择的宪法，它反映了一种心理上的必然性。

三、执政府事业成功的心理因素

所有能对人发生作用的外部力量——经济的、历史的、地理的等最后都有可能转化为心理的力量。一个善于治理国家的统治者必须理解这些心理力量才能实现自己的目标，历届的革命议会完全忽视了这些力量，而波拿巴却深谙如何运用它们。

历届革命议会，尤其是国民公会都是由相互对立的派别组成。拿破仑意识到，要想驾驭这些派别，自己就不能属于其中的任何一个。他深深地懂得，一个国家的精华就是那些散布于各个政治派别之中的优秀分子。于是，他对他们多方笼络，一律加以擢用。他在政府中的代理人——部长、教士、地方行政长官等——都是从自由主义者、保王主义者、雅各宾党人等多种政治势力中分别挑选的，尽量做到唯才是举。

波拿巴一方面接受旧制度支持者的帮助，另一方面却还是谨慎地让他们知道他打算维持大革命的基本原则，虽然如此，但许多保王党人还是团结在了新政府的周围。

从心理学角度看，执政府最突出的贡献之一就是它实现了宗教和平。造成法国分裂的原因与其说是政治意见的纷争，不如说是宗教意见的纷争。旺代一部分地区的彻底性破坏因为军事斗争的结束而终止，但它并未平息人们的心灵。既然只有一个人，基督教会的首领可以促成这种和平，波拿巴就毫不犹豫地同他进行妥协。他与教皇签订《教务专约》是一个真正心理学家的明智之举，他知道，道德的力量无须使用暴力来征服，武力迫害只能导致更大的危险。虽然他与教士实现了和解，但仍然竭力将他们置于自己的控制之下，主教由国家任命并发给薪俸，这样他依旧是主人。

拿破仑的宗教政策深谋远虑，其意义往往被现代雅各宾党人忽视，他们一味沉溺于自己狭隘的盲信，他们看不到这一点：将教会从政府中分离出去就意味着在一国之内又建立了一个新的国家，所以他们很容易发现自己将遇到了一个难以对付的阶层的反对，一个在法国境外对法国怀有敌意的主人——教皇，将会操纵这些人反对本国政府。给敌人一种他们本不该拥有的自由是极端危险的，无论是拿破仑还是在他之前的任何一个统治者都不会让教士独立于国家之外，而我们今天却反其道而行之。

第一执政波拿巴此时面临的困难要远远大于他在加冕称帝之后遇到的困难，只有对人的深刻理解才能帮助他战胜这些困难。未来的主人迄今为止还远不是真正的主人：许多地方仍在爆发叛乱，土匪还在四处横行，米迪地区正在经受各派党徒的兵燹之灾。作为执政，波拿巴还不得不与塔列朗、富歇以及一些自以为可以和他平起平坐的将军们进行周旋与抚慰，甚至连他的兄弟也合谋反对他。拿破仑称帝时，他没有敌对的党派要对付；但是，在他还是执政时，他就得和所有派别斗争，并在他们中间保持平衡。这的确是一项艰巨的任务，自上个世纪以来，还很少有政府可以成功地做到这一点。

成功完成这一任务需要策略、意志以及交际手腕的一种非常巧妙的混合。作为执政，波拿巴感到自己此时尚未足够强大，就为自己建立了一条准则，用他自己的话说，就是“按照大多数人希望的那样来统治”。作为皇帝，他通常不需要考虑这么多，只要根据自己的理想来统治即可。

曾经很长一段时间，无论是极其愚昧的历史学家还是才华横溢却缺乏心理学知识的伟大诗人，都对雾月政变横加非议，这样的时代已经一去不复返了。断言“法兰西在穑月的阳光普照中获得解放”，实际上包含了何等严重的幻觉！维克多·雨果等人对这一时期所做的判断同样荒谬不堪。我们已经看到“雾月罪行”的积极同谋不仅包括政府本身，而且还包括所有的法国人，其实把法兰西从无政府状态中拯救出来的正是雾月行动。

有人也许要问，那些聪明饱学之士怎么会对这样一个再清晰不过的历史阶段做出如此错误的论断呢？毫无疑问，是因为他们在根据自己的信念看待历史事件，我们知道，真理在那些挣脱不掉信仰束缚的人那里会发生什么样的变异。最明显的事实也会被遮蔽，事件的历史沦为梦想的历史。

希望理解我们刚才简略勾画的这段历史的心理学家，如果他独立于任何一个党派之外，并对一切党派具有的激情了如指掌的话，他所能做的也就仅此而已，他决不会奢望对过去横加指责，那是一个受不可克服的必然性支配的时代。当然，拿破仑也让法兰西付出了沉重的代价：他的壮丽史诗因两次远征的失败而告终；即使在他去世之后，他遗留的威望还能够将继承他姓氏的侄嗣推上帝位，但拿破仑三世发动的第三次远征同样功亏一篑，其影响我们至今挥之不去。

所有这些事件都和它们的起源紧密联系在一起，它们是一个民族在其发展过程中、在其理想演变中，为一种重要现象付出的必要代价：那就是人们不可能试图一下子就与他们的祖先割断联系，除非他们自己的历史过程发生了深刻的变化。

第三章　最近一个世纪传统与革命原则相冲突的政治后果

一、法国革命运动不断的心理原因

在后面检讨最近一个世纪里革命思想之演进的一章中，我们将看到，在半个多世纪里，革命思想在社会各阶层中的传播非常缓慢。

在这一段时间里，绝大多数人民和资产阶级对革命思想并不感兴趣，只有非常有限的几个信徒受其蛊惑，但他们的影响足以激发几次革命，这主要得归咎于政府的过失。在我们考察了引发革命的心理因素之后，我们将对这些革命作简要的检讨。

我们最近一个世纪的政治动乱史，足以证明——哪怕我们尚未认识到这一点：人们更多的是受自己心理意识的支配，而不是受他们的统治者竭力强加给他们制度的支配。

法国接二连三的革命是这个国家中心理意识迥然不同的两部分人相互斗争的结果：一部分人信仰宗教，主张实行君主制，长期以来一直受传统的影响；而另一部分人实际上也受传统的影响，但赋予传统以一种革命的形式。

从大革命一开始，两种对立的心理意识之间的斗争就已经昭然若揭了。我们看到，虽然进行着最可怕的镇压，叛乱和阴谋，但这种斗争一直没有停止，直到督政府统治的结束。它们证明，过去的传统深深地扎根于大众的心灵之中。有那么一段时期，六十个地区都发生了叛乱，反对新政府，直到几次大规模屠杀之后才被镇压。

在旧制度与新理想之间建立某种妥协，是波拿巴要解决的最棘手的问题，他必须得找到一些制度来调和造成法国分裂的这两种对立的心理意识。正如我们已经看到的那样，他成功地做到了这一点，主要是采取了一些折中的措施，此外就是为非常古老的事物冠以新的名称。

在他统治的时期，法兰西实现了精神上的完全统一，这在法国历史上非常罕见。

但是，这种统一依赖拿破仑的权威而存在，他垮台之后，原来的各个派别马上就死灰复燃，并一直延续到当代。一些派别附着于传统势力，而另一些派别则强烈排斥传统势力。

如果这种冲突发生在信徒与冷漠者之间的话，它就不会持续很久，因为冷漠总是宽容的；然而，不幸的是，斗争产生于两个不同的信仰之间。世俗的派别很快就采取了一种宗教的外表，它伪称的理性主义几乎成为最狭隘的教士精神的替代形式，尤其在近些年更是如此。现在，我们已经指出在不同的宗教信仰之间没有和解的可能，因此一旦当教士们掌权，他们对自由思想家们不可能比今天后者对前者更宽容。

这些由信仰不同而产生的分歧，掺杂由此出现的政治观念的差异就变得更加错综复杂。

长期以来，许多头脑简单的人一直认为法国的真正历史是从共和元年开始的，这种幼稚的观念现在已近绝迹，就连最僵化的革命者也不再坚持了，[1]他们开始乐于承认，过去的时代比起一个受浅薄迷信支配的野蛮时期，总要好些。

在法国，大多数政治信仰的宗教起源，甚至在老练的政治家身上都能够激发起强烈的仇恨，这常常让外国人大为惊讶。

巴雷特·温德尔先生在他论述法国的著作中写道：

确凿无疑的事实是：保王党人、革命党人和波拿巴主义者总是在拼命地相互攻讦，而且由于法国人热情如火的性格，他们总是对对手的智识怀有深深的厌恶。相信自己掌握了真理的人禁不住断言，那些与自己想法不同的人是谬误的玩偶。

每个派别的人都会危言耸听地告诉你，敌对事业的鼓吹者是如何愚蠢或是如何不诚实。然而，如果你遇到了这些人的对手的话，他们就会用同样的言辞攻讦他们的毁谤者。但是，实事求是地说，你必须承认，他们无论是谁，都既不愚蠢也不是不诚实。

在法国，不同信仰者之间的相互憎恨、攻讦常常加速政府及内阁的倒台，

[1] 我们可以从饶勒斯先生在下议院发表的一段演说中对这一观念的最新演进作出判断，他说：“我们今天的辉煌是建立在过去若干世纪的成就之上的，法兰西并不是由一天或一个时代构成的，而是由不停穿梭的所有岁月、所有时代，以及它所有的黎明与黄昏构成的。”

少数派之间从不拒绝联合起来反对得势的党派。……这些人和他们在大革命时期一样，还是愚蠢至极。

在法国，宗教分歧与政治分歧并不是导致争执的唯一原因，在这些分歧上僵持不下的人们常常被一种特殊的心理状态支配，这种状态就是我在前面描绘过的革命心理。我们已经看到，任何一个时代里总会有那么一些人，他们蠢蠢欲动，妄图推翻现存的秩序，无论这一秩序本身如何，哪怕它是所有人都渴求的。

法国各个党派之间的不宽容以及它们攫取权力的欲望，因得到一种盛行于大革命时期的信念的支持而进一步强化，这个信念就是社会可以通过法律的手段来重建。在群众及其领袖看来，在现代国家中，无论其领袖是哪位，都继承了赋予古代君王的神秘权力，那时候国王被视为上帝意志在尘世的化身。不仅是人民迷信这种对政府权力的崇拜，就连我们的立法者们也是乐此不疲。[1]政治家们在制定法律时从未意识到：制度是结果而非原因，它们本身事实上没有多大效力。这些政治家们因袭了革命的巨大幻觉，而没有看到人类是依据过去而塑造的，我们根本无法撼动传统的根基。

造成法国分裂的诸原则之间的冲突已经持续了一个多世纪，而且它肯定还要延续很长一段时间，没有谁可以预见它将来可能会导致什么样的巨变。如果纪元之前的雅典人能够推知他们的社会纷争将导致整个希腊的倾覆的话，他们毫无疑问就会停止内讧，但他们如何才能预见到这一点呢？吉罗德公正地写道："能够意识到自己正在完成什么使命的一代人极其罕见，他们在为未来作铺垫，但这个未来常常与他们希望的大相径庭。"

二、百年法国革命回顾

在考查了过去的一个世纪里法国经历的革命运动的心理原因之后，我们现在就可以对于这些接连不断的革命作一下大致的概括了。

反法联盟的君主们在击败了拿破仑之后，将法国的疆土缩减到她原来的边界，并把唯一的君主候选人路易十八拥上了王位。

---

[1] 我的一篇关于立法机关之错误观念的文章发表以后，我收到了当代一位杰出的政治家——参议员布当托先生的来信，他在信中写道："我在下议院和参议院二十年的经验告诉我，阁下的看法非常正确。我曾多次听到我的同僚们发出诸如'政府应该禁止这个，应该指令那个'的议论。你说该怎么办呢，君主制虽然已经不复存在，但它毕竟延续了十四个世纪，我们仍然摆脱不掉隔代遗传的影响。"

通过一个特别宪法，新国王接受了代议制政府下立宪君主的地位，他认可了大革命的一切成果：民事法典、法律面前的平等、信仰自由，以及对国有财产的售出不予追究等；但是，投票权受到了限制，它仅限于确定税收的数目。

这部带有自由主义色彩的宪法遭到了极端保王党人的反对，他们妄图复辟旧制度，归还国有财产，并重新确立他们的古代特权。

路易十八害怕这样一种反动会导致一场新的革命，于是不得不解散议会，温和派议员再次当选。路易十八清醒地认识到，在法国任何复辟旧制度的企图都将激起一场普遍的叛乱，因此他能够按照既定原则继续他的统治。

不幸的是，1824年路易十八去世后继承王位的是前阿图瓦伯爵查理十世，这个人心胸狭窄，目光短浅，他根本不理解周围的新世界；他吹嘘说自己从1789年以来从未改变过想法，他准备了一系列反动的法律：给予流亡贵族四千万先令的赔偿、渎神法、恢复长子继承权，以及授予教士的特权等等。

大多数议员对他的计划所持的反对呼声越来越高。1830年，查理十世签署法令解散议会，镇压舆论自由，并着手复辟旧制度。

对这种独裁行为，各派领袖随即做出反应，联合起来进行反抗，共和主义者、波拿巴主义者、自由主义者和保王党人团结一致准备发动巴黎人民起义。在解散议会的法令公布四天后，首都爆发了叛乱，查理十世逃亡英国。

运动的领袖梯也尔、卡齐米尔·佩里埃、拉法夷特等人，传唤路易·菲利普——此前人们很少注意过他的存在——到巴黎，并宣布他为法国的新国王。

面对人民的冷漠以及仍然效忠于正统王朝的贵族的敌意，新国王不得不主要依靠资产阶级。一项新的选举法把选举人减少到二十万人，资产阶级在政府中占绝对支配地位。

此时，国王的处境也很不容易：他不得不既要与查理十世的外孙亨利五世的支持者，即正统主义者做斗争；又要反对波拿巴主义者，他们拥立皇帝的侄子路易·拿破仑为首领；此外，他还要提防共和主义者。

共和主义者通过他们的秘密社团——类似于大革命时期的民众社团，在1830年到1840年间发动了数次间歇性的暴动，但很快都被镇压了。

另一方面，教士和正统主义者也没有停止他们的阴谋：亨利五世的母亲德贝里公爵夫人在旺代试图起义；至于教士，他们的要求最后使他们变得如此不宽容，竟然发动了一场叛乱，巴黎的大主教宫就是在这次叛乱中被毁坏的。

作为一个党派，共和主义者并不是很危险，因为议会站在国王一边与他们斗争。首相基佐主张强有力的中央集权，宣称有两样东西是政府必不可少的，那就是“理性和大炮”。这位著名的政治家相信理性的必要性或功效，表明他多少还迷惑于言辞。

虽然中央政府号称是强有力的，但事实上它并不强硬。共和主义者，尤其是社会主义者，仍在继续煽风点火，他们中最有影响的人物之一路易·布朗声称为每一个公民提供工作是政府的义务之一。拉科代尔和蒙塔朗贝尔领导的天主教党和社会主义者团结在一起反对政府，就像今天的比利时那样。

一场支持选举改革的运动在1848年演化为一场新的暴动，结果出人意料地推翻了路易·菲利普。

路易·菲利普的倒台比查理十世的倒台更没有理由，他很少有什么值得指责的地方。毫无疑问，他对普选是持怀疑态度的，但法国大革命已经多次证明这种怀疑是正确的。路易·菲利普并没有像督政府那样成为一个独裁的统治者，他甚至不能像后者那样宣布不合己意的选举无效。

一个临时政府在巴黎市政厅宣告成立，以代替倒台的君主。它宣布建立共和国，确定普选，并颁布法令要求人民对一个九百人的国民议会进行选举。

从新政府成立的第一天起，它就发现自己要成为社会主义计划和暴动的牺牲品。

在第一次大革命中出现的心理现象如今再度重演，新成立的民众社团的领袖们不时地鼓动群众胁迫议会，而其理由通常严重缺乏常识，比如要求政府去镇压波兰的一次起义等等。

为了满足每天都在议会前叫嚣与请愿的社会主义者，议会不得不建立国家工场，工人们在这里从事各种劳动，其十万工人每周要花费国家超过四万英镑的开支。工人们提出的不工作而取得报酬的无理要求，最后迫使议会不得不关闭这些工场。

这一举措导致了一场棘手的暴动，五万名工人起来造反，议会害怕了，他们把一切行政权托付给卡芬雅克将军。经过四天的战斗，三位将军以及巴黎的大主教在动乱中丧生；三千名起义者被捕，议会把他们流放到阿尔及利亚。革命的社会主义运动从此一蹶不振，直到五十年后才再度兴起。

这些事件导致了政府股票从一百一十六法郎跌至五十法郎；工商业陷入停顿；农民认为自己受到了社会主义者的威胁；资产阶级在议会将税收提高了一

半之后，转而反对共和国。因此，当路易 · 拿破仑允诺重建秩序时，他发现自己受到了热烈的欢迎。根据新宪法，共和国的总统必须由全体公民选举产生，结果他以五百五十万张选票当选。

不久，他就与议会发生了龃龉。于是，亲王发动了一场军事政变，议会解散；三万人被捕，一万人被驱逐出境，一百名议员被流放。

这场军事政变虽然乏善可陈，但受到了普遍的欢迎，因为当它提交全民公决时，它赢得了八百万选票中的七百五十万。

1852年9月2日，拿破仑三世在绝大多数人的支持下加冕称帝，法国人对煽动家和社会主义者的普遍厌恶促成了帝国的复辟。

在拿破仑三世统治的初期，它是一个专制政府；在其后期，则是一个自由主义的政府。他的统治维持了十八年，1870年9月4日的起义推翻了帝国，那是色当投降之后发生的事情。

从此以后，革命运动就很少发生了，唯一的一次重要的革命就是1871年3月的革命，这次革命致使巴黎的许多纪念物被焚毁，两万多名起义者被处死。

1870年战争以后，选民们在经历了这么多的灾难后显得有些无所适从，他们把大批奥尔良派和正统派的保王党代表送进了立法议会。由于无法在建立君主制问题上达成一致，他们任命梯也尔为共和国总统，后来又代之以马歇尔 · 麦克马洪。1876年的选举，同后来的所有选举一样，大多数共和主义者再次被选进了议会。

在此之后的各种各样议会通常都分裂为数个派别，并由此导致内阁多次更替。

然而，多亏这种党派分裂形成的平衡，它给我们带来了四十多年的相对平静。共和国的四任总统都不是因为革命而下台的，即使有零星的暴动，如香槟省和米迪的暴动，也没有产生什么严重的后果。

1888年，一场声势浩大的支持布热朗将军的民众运动，差一点颠覆了共和国，但它最终还是安然无恙地幸存了下来，并成功击败了各个派别的进攻。

目前的这个共和国能够得以维持，有这样一些原因：首先，在相互对立的派别中，还没有一个强大到可以压倒其他所有派别的程度；其次，国家首脑纯粹是象征性的，并没有实权，所以无法把国家遭受的不幸归咎于他，把他推翻了也于事无补；最后，由于最高权力分布在数千人手里，责任同时也就分散了，因此很难确定谁是始作俑者。一个暴君很容易就可以被推翻，但对一群匿名的小暴君，你怎么来反对他们呢？

如果我们打算用一句话来概括法国在经历了一个世纪的暴乱和革命后发生的巨大变化，我们也许可以说，那就是个人暴政被集体暴政取代，前者弱小，因而容易推翻；而后者强大，难以摧毁。对一个民族而言，如果一味醉心于平等，习惯于政府对每件事情负责的话，那么，个人的专制似乎难以忍受，而集体的专制则可以接受，虽然它导致的后果一般来说要严重得多。

因此，国家的暴政不断得到延伸，这是我们历次革命的最终结果，是我们知道的法国一切政府体制的共同特征。这种形式的暴政也许可以被看作是一种民族观念，因为法国持续动荡的唯一结果就是这一暴政的强化。中央集权制是拉丁民族真正的政治制度，其他的政府形式——共和制、君主制、帝国制——都不过只是空洞的标签、毫无意义的影子。

第三部
革命原则的新近发展

第一章　大革命以来民主信仰的进步

一、大革命后民主思想的逐步传播

任何理论一旦在人们的思想中稳固扎根，枝繁叶茂，它就会经历多少代的风风雨雨而不衰，持续发挥作用。同其他的理论一样，在法国大革命中形成的那些理论也遵循这一法则。

虽然作为一种政府形式而言，大革命的历史是短暂的，但与之相反，大革命的原则却具有持久的生命力，这些原则以一种宗教信仰的形式深深地影响了几代人的情感和思想方向。

虽然几度中断，但法国大革命却薪火相传，直到今天依然可见其影响。拿破仑的作用不仅在于他颠覆了旧世界，改变了欧洲版图，再现了亚历山大大帝当年开疆拓土的奇迹，更重要的是，由大革命及其制度树立的新的人民权利观念已经通过他产生了深刻的影响。征服者军事上的丰功伟绩早已烟消云散，但他致力传播的革命原则却得以传之后世。

继法兰西第一帝国之后出现的五花八门的复辟，使人们对大革命的原则多少有些遗忘了。在其后近五十年的时间里，大革命原则的传播极为缓慢，有人甚至认为，人民已经完全把这些原则抛置脑后。只有那么几个理论家还接受革命原则的影响，作为雅各宾派简单主义精神的继承人，他们相信通过法律可以实现社会从头到脚的彻底改造；他们试图说服人们，让人们相信，第一帝国只是中断了大革命的任务，他们希望能够把这项任务继续下去。

他们期待着卷土重来，重整河山，同时致力于以著述的形式传播大革命的原则。作为大革命时期革命者的忠实追随者，这些理论家们从来就没有停下来问一问自己：他们的改革计划是否同人类的本性相一致。他们实际上正在为一种理想的人建立一个空想的社会，并且相信，一旦他们的梦想得以实现，人类将经历一次脱胎换骨的转变。

无论哪一个时代的理论家都缺乏建设性的设计，他们总是倾向于破坏。拿破仑在圣赫勒拿曾断言："即使专制的存在坚如磐石，那些理想主义者和那些理论家们也会千方百计将它碾为粉末。"

一大串空想家如星河灿烂，如圣西门、傅立叶、皮埃尔·勒鲁、路易·布朗、基内等，在他们当中，我们发现只有奥古斯特·孔德才懂得态度和思想的转变必须先于政治的重建。

这一时期理论家们的改革蓝图绝不是支持了民主思想的传播，反倒是阻碍了它们的传播。有几位理论家声称，共产社会主义将重振大革命的雄风，结果这不仅是让资产阶级，而且也让工人阶级感到恐慌。我们已经看到，对于这些念头的恐惧正是导致帝国复辟的主要原因之一。

十九世纪上半期，那些作者苦心经营出来的空想主义著作没有一部值得探讨。今天，我们对这些观念本身早已不屑一顾了，虽然如此，但仔细考虑一下宗教观念和道德观念在其中所起的作用，还是非常有趣的。改革家们深信，新社会的建立同当初旧社会的建立一样，没有宗教信仰和道德信仰将会一事无成。为此，他们总是孜孜以求建立这样的信仰。

但是，这样的信仰应该建立在什么基础之上呢？答案不言自明，当然是理性。既然人们可以通过理性创造出复杂的机器，为什么理性就不能创造出宗教和道德这些表面上看起来如此简单的东西呢？那些改革家中没有谁会怀疑宗教或是道德的信仰是以理性逻辑为基础建立起来的。奥古斯特·孔德对于这一点再清楚不过了。我们知道，他曾创立过一个所谓的实证宗教，而且至今还有一些追随者。在这个宗教里，科学家将在一个新教皇的指导下构成新的教士阶级，这个新教皇将取代天主教教皇。

我再重复一遍，所有这些观念政治的、宗教的或道德的——从长远来看，只能产生一个结果，那就是使群众离民主原则，越来越远。

如果那些民主原则最后确实被普遍接受的话，它就不能归功于这些理论家，而只能归功于在新的环境中，人们的生活条件得到改善。由于科学技术不断进步，工业得到了进一步发展，并推动了大型工场的建立。经济的扩张必然性逐渐开始支配政府和人民的意志，并最终为社会主义尤其是工团主义的扩张创造了一个有利的环境，社会主义和工团主义成了民主思想的当代形式。

二、大革命三个基本原则的不均衡发展

我们可以用一个警句完整概括法国大革命的遗产，那就是，“自由、平等和博爱”。正如我们已经看到的那样，平等原则产生的影响最深远，这是其他两个原则无法望其项背的。

虽然这些字眼的含义看起来十分清楚，但不同的时代、不同的人对它们会有不同的理解。我们知道，不同精神状态的人会对同一字眼做出截然不同的解释，这是历史上引发各种冲突的最常见原因之一。

比如，对国民公会的代表来说，“自由”仅仅意味着拥有无限专制的权力；对一个年轻的现代“知识分子”来说，同样的一个单词就意味着摆脱了那些让人厌恶的东西：传统、法律、高傲等等；而对现代雅各宾主义者来说，自由的意义则主要在于迫害对手的权利。

虽然政治演说家们在他们的演讲中现在还不时提起自由，但他们一般已经不再提博爱了。他们今天要教导我们的不是社会各阶级间的联合，而是他们之间的冲突。社会不同阶层之间和领导它们的政党之间从未像今天这样充满了刻骨仇恨。

自由已经变得疑窦重重，博爱也消失得无影无踪了。然而，就在此时，平等的原则却在毫无节制地疯长。在19世纪法国所发生的一切政治变革中，平等原则取得了至高无上的地位，它的发展已经达到这样一种程度，以致我们的政治生活和社会生活、我们的法律、行为模式以及风俗习惯都必须建立在平等的基础上，至少在理论上是如此。平等原则构成了大革命的真正遗产。对平等的渴求——不仅是法律面前的平等，还包括地位和财产的平等——正是民主的最新产物，即社会主义运动的枢轴。这种渴求虽然与一切生物学和经济学的法则相背离，但它仍然非常强烈，以致在社会各个方面散布开来。一度中断的情感与理性之争，由此进入了一个新的阶段；不过，立于不败之地的依然是情感，而不是理性。

三、知识分子的民主与大众民主

迄今为止，一切导致人世间发生巨变的思想观念都遵循两条规律：一条是这些思想的演变非常缓慢；另一条是它们的意义将随着接受者精神状态的不同

而发生彻底的改变。

一种学说就好比一个生物体，只有通过不断进化以适应环境，才能得以存活。对那些瞬息万变的事物，著作显然是无法做出及时回应的，所以它们代表的事物发展的阶段只能属于过去。著作无法反映活生生的现实，而只能反映那些死寂的东西。一种学说的书面陈述常常代表了该学说中最没有生机的部分。

我在另一本著作中已经探讨了制度、艺术以及语言这些要素在由一个民族向另一个民族传播的过程中是如何发生变化的；我还探讨了这些变化遵循的规律与书本中描述的真理是如何的不同。

我现在提起这个问题仅仅是为了说明，在检讨民主思想这一主题时，为什么我们很少会把注意力放在反映这一学说的文本上；以及为什么我们只关注隐藏在民主思想背后的心理因素和这些心理因素在接受了民主思想的各式人等中激起的反应。

怀有不同心理状态的人在接受同一种理论时，会从各自不同的立场出发，对它加以修正。于是，到最后原来的理论几乎已经变得面目全非，它仅仅成了一张标签，甚至可以把它贴到那些与它完全不同的理论上。

这些原则不仅是适用于宗教信仰，而且同样适用于政治信仰。比如，当一个人说到民主时，我们就必须去追问这个词汇对不同的民族意味着什么；即使在同一个民族中，知识分子的民主与大众民主之间是否存在着巨大的差别。

首先，我们来考察一下大众的民主。我们很容易认识到，书本或期刊上的民主思想仅仅是文人们的抽象理论而已，民众对它们一无所知，而且实现这种理论不会给民众带来任何东西。虽然从理论上说，工人们可以通过一系列的竞争和考验，打破他们与上层阶级之间的藩篱，从而跻身上层；然而，现实生活中又有多少人能够做到这一点呢？

知识分子民主的唯一目标就是要建立一种选择机制，以便从他们当中挑选精英，充当领导阶级。如果选择是真实的话，这种民主就无可厚非，恰好印证了拿破仑的那句格言："统治的真正方法就是雇佣精英，但必须在民主的形式下进行。"

不幸的是，知识分子民主只能导致一小撮专制寡头的神圣权力取代国王的神圣权力，它的狭隘与暴虐有过之而无不及。自由之花并不会因一种暴政替代另一种暴政而绽放。

大众民主绝不会以产生统治者为目标，它完全被平等精神和改变工人命运的渴望支配，因此大众民主拒绝博爱的观念，在自由方面，它也没有多少热情。除非是在独裁制度下的，否则政府是不可能实现大众民主的。所以，我们看到，在历史上，大革命以来的所有专制政府都受到了热烈欢迎；而今，工人阶级的工会也是按照独裁的方式运作的。

知识分子民主与大众民主之间有着深刻的差异，工人阶级对此远比那些知识分子有更清楚的认识。在知识分子与工人阶级之间不存在任何共同的精神状态，这两个阶级甚至连语言都不相同。工团主义者今天特别强调，在他们与资产阶级的政治家之间不存在任何联合的可能。这种声明非常真实地反映了两者之间的差异。

情况向来如此，毫无疑问，而且这也正是为什么从柏拉图时代到我们这个时代的大思想家从来就没有谁拥护过大众民主的原因。

这一事实让埃米尔·法盖大为震惊，他指出：“几乎所有的十九世纪思想家都不是民主主义者。当我写《十九世纪的政治思想家》一书时，这令我十分沮丧。我找不到什么人曾经是民主主义者，虽然我很想找到这么一位，以便我能够介绍他阐述的民主学说。”

当然，这位杰出的作者可以找到大量的民主主义的职业政治家；但是，这些职业政治家同时也是思想家的却如凤毛麟角。

四、天赋不平等与民主平等

民主平等与天赋不平等之间的调和问题是当今时代最难解决的问题之一。我们知道民主渴望的是什么，现在就让我们来看一看自然是如何回应这些要求的。

从古代希腊英雄时代一直到当代，民主理想曾多次激荡全球，但它却总是与天赋不平等发生冲突。一些观察家——如爱尔维修——认为人与人之间的不平等是由教育造成的。

事实上，自然并不知道什么是平等，她从不均匀地赋予人们天才、美貌、健康、活力、智力，以及所有那些使一部分人比其他人优越的能力。

没有什么理论能够改变这些差异，因此民主的学说将只能停留在字面上，除非遗传的法则可以让人类在能够上实现整齐划一。让我们来设想一下，社会能否人为地建立起被自然拒绝的平等。

长期以来，一直有一些理论家相信教育可以使人们达到一种大致的平等，但多年的经验表明这只是一种不切实际的幻想而已。

然而，通过残酷清除所有天资出众的个人，从而建立起暂时的平等，这也不是不可能。如果一个国家压制其最优秀的分子，而它周围的国家则借助于精英分子谋求发展的话，其结果会是如何，这不难想象。

自然不但不知道如何促进平等，而且自创世以来，她始终借助连续的差异，也就是说，借助逐渐的不平等，来实现进步。恰恰是这些不平等，才使早期地质时代那些低微的细胞进化为高等生物，这些高等生物的出现改变了地球的面貌。

同一种现象也发生在社会当中。那种从平民阶级中挑选优秀分子的民主形式，最终将导致智力贵族的产生，这一结果与那些抽象的理论家的梦想相互矛盾，他们的梦想在于将社会中的精英分子贬低到一般人的水平。

自然的法则虽然与平等理论互相矛盾，但却为现代社会的进步提供了条件。科学和工业要求越来越多地考虑智力劳动的作用，由此产生的精神上的不平等和社会地位的差别必然会进一步扩大。

因此，我们会看到这样一个显著现象：法律与制度试图拉近个人之间的差距，而文明的进步则倾向于进一步扩大个人之间的差距。封建制度下的农民与男爵在智力上的差异并不是很大；但是，工人与工程师之间的差异却非常明显，而且这种差异正在与日俱增。

当能力成为促成进步的主要因素之后，每个阶级中那些精明强干人士的地位就会直线上升；而那些庸庸碌碌的人则只能维持原状或每况愈下。其必然性有目共睹，势不可挡，法律又能奈何呢？

那些能力不济的人声称自己在数量上占据优势，因而也就在力量上占据了优势，这可真是自欺欺人。优秀的大脑所做的工作将使所有的工人受益，一旦没有了这些大脑，他们将很快坠入贫穷与无政府的深渊。

在现代文明社会当中，精英的重要角色似乎过于明显，以致无须过多强调。一个民族无论是文明还是野蛮，其一般民众皆为平庸之辈，在这一点上，各民族之间相差无几；而前者唯一的优势就在于它所拥有的那些优秀的大脑。美国人对此有深刻的认识，所以他们禁止中国工人移民入境，因为这些中国工人与美国工人在能力上是接近的，但他们要求的工资较低，这将对美国本土工人构成强大的竞争。虽然如此，但我们还是看到，群众与精英之间的对抗日趋严重。没有哪个时代的精英像今天这样不可或缺，但也没有哪个时代的精英像今天这样难以为继。

社会主义学说最坚实的基础之一就是痛恨精英。学说的杰出分子总是忘记了这样的事实，即科学、艺术以及工业的进步增强了一个国家的实力，促进了成千上万工人的幸福，而这正是一小部分优秀的大脑带来的。

如果说工人们如今生产的产品数量是一百年前的三倍，而他享受的日用品则是一百年前的豪门望族闻所未闻的话，这些成就得完全归功于精英。

第二章　民主演进的结果

一、非理性价值对社会进化的影响

我们看到，自然的法则与民主的热望并不协调；我们还知道，这一事实从来就没有动摇过人们心目中的教条，被信仰支配的人是不会为民主的真正价值困扰的。

研究一种信仰的哲学家当然会探讨它的合理性内容，但他更关心的是这种信仰对于普通人心理的影响。

如果用理性来解释历史上曾经出现过的伟大信仰，这一对比的重要性立刻就会显示出来。诸如朱庇特、摩洛神、毗湿奴、安拉之类名目繁多的神祇，如果从理性的角度来看的话，毫无疑问他们仅仅是一些幻想而已；然而，他们对人类生活产生的影响却是不容低估的。

这一对比同样也适用于中世纪流行的诸多信仰。虽然都是些幻象，但它们却产生了深远的影响，就像它们与现实完全吻合似的。

如果有谁对此表示怀疑的话，就让他来比较一下罗马帝国的统治和罗马天主教会的统治吧。前者的统治是求真务实、脚踏实地、不搀幻想的东西；而后者虽然纯粹建立在空想的基础之上，但它却是完整而强大的。在中世纪的漫漫长夜中，正是由于教会的统治，那些半野蛮的民族才接受了社会的约束和规范，并形成了自己的民族精神——没有这种民族精神，也就没有文明可言。

教会拥有的力量再次向我们证明，某些幻象的力量是巨大的，它甚至足以使人们产生——至少可以暂时维持——一些与个人利益乃至社会利益截然对立的情感，比如说对修道院生活的迷恋、对殉道的渴望、十字军东征、宗教战争等等。

如果从上述角度来思考民主思想等思想，我们就会发现这些思想是否拥有坚不可摧的基础并不重要，只要它们能够给人留下深刻的印象，并能够改变人的精神，这就足够了。这些理论的后果可能是极端危险的，但我们却没有办法来预防和阻止它们。

新教义的使徒们殚精竭虑地为自己的信仰寻求理性依据，这实在是得不偿失。如果他们一门心思要妄下断言，唤醒人们的希望，他们可能就会更加令人信服。他们的真正力量源自人们心中固有的宗教情感，这种情感在若干个世代的演变中仅仅变换了具体崇拜的对象。

在接下来的章节中，我们将从哲学的角度来审视民主的演进所带来的各种后果。我们看到，民主正在加速其演进的过程。对中世纪的教会，我们可以说，它拥有一种能够深刻影响人们心理状态的力量。在考虑民主学说导致的某些后果时，我们会发现，它们的力量比教会的力量毫不逊色。

二、雅各宾精神与民主信仰的心理

当今几代雅各宾主义者不仅是继承了雅各宾派的革命原则，而且也继承了促使他们成功的特殊心理状态。

在考察雅各宾精神时，我们曾经描述过这种心理状态，我们看到，它总是试图通过暴力推行其自以为真实的幻想。在法国以及其他一些拉丁国家，雅各宾精神最终变得如此普遍，以致所有的政党都受到了它的影响，甚至包括那些最保守的政党。不仅是资产阶级深受它的影响，而且普通大众更是有过之而无不及。

雅各宾精神的膨胀导致了这样一种结果，那就是政治观念、政治制度以及法律无不倾向于通过暴力来实施。在其他国家能够十分和平地进行的工团主义，一到了法国就表现为骚乱、怠工和暴动等形式，从而暴露出其强硬和无政府主义的一面。

懦弱的政府根本就无法控制雅各宾精神的蔓延，这一精神的蔓延可悲地影响了那些平庸者的精神状态。在最近的一次铁路工人代表大会上，有三分之一的代表投票赞成怠工，大会的一位书记这样开始他的发言，他说："在这里，我要向那些怠工者致以兄弟般的问候和衷心的赞美。"

这种普遍的心理状态导致了一种与日俱增的无政府主义。但是，正如我已经指出的那样，法国也不可能永远处在一种无政府状态之中，这是因为造成法国分裂的那些政党之间达到了某种平衡。这些政党彼此之间存在着不共戴天的仇恨，但它们中的任何一个都没有强大到足以压倒对手的程度。

这种雅各宾式的不宽容流毒甚广，以致统治者们常常肆无忌惮地采取最革命的手段来对于待他们的敌人：任何一个政党只要稍加反抗，就会遭到残酷的迫害，甚至会被剥夺财产。时至今日，我们的那些统治者一举一动还同古代那些征服者如出一辙，被征服的人别指望从胜利者那里得到任何宽恕。

不宽容绝不是只限于社会下层阶级，在统治阶级之间，不宽容同样盛行。米什莱早就指出，有教养的阶级实施的暴力常常甚于普通大众。当然，这些人并不会去砸毁街灯，但他们却足以让人头落地。在革命的过程中，最激烈的暴力莫过于有教养的中产阶级实施的暴力，比如教授、律师等。人们常常以为接受过古典教育的大学教授们一定是彬彬有礼的，但从他们今天的所作所为来看，情况并不是这样。如果你去读一些高水平的期刊——其撰稿人和编辑主要是来自大学的教授，你就会对我刚才所说的确信不疑了。

这些人的著作同他们的文章一样，充斥了对暴力的赞美。人们不禁感到奇怪，这些命运的宠儿们内心怎么会埋藏这么多的仇恨？

他们信誓旦旦地向我们保证说，他们是受到了一种强烈的利他主义热情的驱使，但这一点很难让人相信。我们更愿意相信，抛开狭隘的宗教心理不说，希望受到当权者的注意或希望得到一种有利可图的声望，才是他们在作品中竭力鼓吹暴力的唯一可能的解释。

在我以前的一部作品当中，我曾经从法兰西学院一位教授的著作中摘录了几段文字。在那里，作者对资产阶级猛烈攻击，并竭力煽动人民剥夺他们的财产；我还得出一个结论，那就是，在诸如此类著作的作者当中，一场新的革命很容易就会找到它需要的马拉、罗伯斯庇尔和卡里埃们。

雅各宾主义的信仰——同古代的信仰一样，对那些低能的心智具有强烈的吸引力，这些人为其信仰所蒙蔽，他们相信理性是自己的指南，但实际上，真正让他们心驰神往的只是他们的热情和梦想。

因此，民主思想的演进不仅产生了我们在前面已经提到的各种政治后果，而且它还对现代人的心理状态产生了巨大的影响。

古代教条的魅力早已消失殆尽，而民主理论的影响却远未走到它的尽头。我们看到，民主理论引发的种种后果日趋显现，尤其是人们对优越者的普遍仇恨。

任何人在社会财富或智力上只要超出了一般人的水平，就会招来嫉恨。这种对优越性的仇恨心理今天盛行于社会所有阶级当中，从下层的工人阶级到上层的资产阶级，概莫能外。其结果就是嫉妒、诽谤、好斗、嘲讽、迫害、愤世嫉俗，以及对正直、无私和知识的不信任。

在法国，从最普通的公民到那些最有教养的名流，他们之间的交谈无不充满了对一切事物、一切人的诋毁和辱骂，甚至连那些最伟大的死者都在劫难逃。从来没有出现过这么多贬低著名人物丰功伟绩的书籍，哪怕这些人曾经被视为我们这个国家最可宝贵的财富。

嫉妒和仇恨似乎在任何时候都与民主理论脱不了干系，但这些感情从未像今天这样肆意蔓延，让任何观察者都感到触目惊心。

布尔多先生写道："有一种蛊惑人心的低级本能，它没有任何道德上的企图，只是妄想将人性拖到最低层次；在这种本能看来，任何优越，甚至是文化上的优越，都是对社会的一种冒犯……正是这种可耻的平等情感鼓动雅各宾派的屠夫们砍下了拉瓦锡和谢尼埃的头颅。"

这种在现代思想中非常突出对比自己优越的人的仇恨，并不是民主观念产生的新精神的唯一特征。

其他的一些后果虽然是间接的，但是其意义深刻却毫不逊色。比如说，国家主义的发展、中产阶级权力的萎缩、金融家日渐活跃的参与、阶级冲突的加剧、旧的社会约束的消失以及道德的沦丧等等，不一而足。

所有这些影响均以一种普遍的不服从和无政府状态的形式表现出来：儿子反抗父亲、雇员反抗老板、士兵反抗军官，不满、憎恨和嫉妒统治了一切。

接踵而来的社会运动必然就像一台加速运转的机器，因此我们会发现，这种感情的结果将变得更加重要。这种感情一次又一次地暴露在那些后果日趋严重的罢工事件当中，比如，铁路工人的罢工、邮政工人的罢工和船员的罢工等。一项导致"自由女神号"船舰遭到毁坏的提议几乎是在一分钟内耗费了二百万镑，使二百人的命运发生了逆转。前海军大臣德·拉内桑就此发表了他自己的看法：

侵蚀着我们舰队的这种罪恶同时也在吞噬我们的军队、我们的公共行政、我们的议会体系、我们的政府体制以及我们的整个社会结构。这种罪恶就是无政府主义，也就是说，精神和事物处在一种无序的状态之中，没有什么事情会遵循理性的指导，人们的行为举止无一不偏离职责或道德责任的要求。

对于继"勒拿号"事件之后发生的"自由女神号"悲剧，巴黎市政议会主席费利克斯·鲁塞尔先生在一次演说中指出，就我们今天来说，导致这种罪恶的原因不足为奇。这种罪恶现在更加普遍，它有三个名字，那就是，玩忽职守、目无法纪和无政府主义。

这里引证的言论只不过是叙述了我们每个人都非常熟悉的一些事实，它向我们表明：共和政体最坚定的支持者自己都认识到了社会的无序化发展。[1]每个人都看到了这一事实，但人们也都意识到，事已至此，谁都无法挽回。实际上，这一局面完全是由心理影响造成的，它的力量比我们意志的力量要大得多。

三、普选权及其代表

在民主的所有信条中，最基本、最具吸引力的可能就是普选权。普选权赋予大众一种平等的观念，因为起码就在将选票送入投票箱的那一刻，无论是穷人还是富人，无论你是博学多识还是目不识丁，都一律平等。大臣与其仆人比肩而立，在这短暂的一刻，每个人的权力和其他人都是一样的。

所有的政府，包括革命政府都害怕普选。实际上，只要稍作观察，普选权的缺陷就会暴露无遗。仅仅因为数量上的优势，就认为群众能够有效地选择出合适的统治者；就认为那些道德冷漠、知识贫乏、心灵狭隘的个人具有某种对候选人作出判断的能力，这样的想法难道不是愚不可及吗？

如果我们像帕斯卡那样想的话，从一种理性的角度看，以数为原则的投票在某种程度上就是合理的，他说：

多数原则是最好的方法，因为它比较直观，而且多数原则能够让更多的人服从；然而，它却只能作为少数精英的参考。

既然在我们这个时代，普选制不可能被其他任何制度代替，那我们就必须接受它，并试着适应它。如果与它相抗争或仿效玛丽的话，卡罗琳王后就是徒劳无益的。在与拿破仑的斗争中，卡罗琳说过这样一段话："没有比在这个启蒙的世纪里进行统治更可怕的事情了，甚至连一个皮匠都可以对政府说三道四，吹毛求疵。"

---

[1] 这种混乱状态在所有的政府部门都是相同的。令人感兴趣的例子可以在多塞特写给市议会的一个报告中找到：

"关于公路服务，首先应该注意到的是其快速执行速度，但与此相反的是，官僚形式主义和官样文章的管理方式中，拥有人力和金钱，却浪费在无用的工作上，因为秩序、主动性和方法——总之缺乏组织。"

然后说，每个部门的领导，他只是以其认为乐意接受的他自己的方式来工作，他又补充说："这些重要的人员完全是彼此相轻，他们在制定和执行其计划时不了解他们周围的人在做什么，在他们之上没有人组织和协调他们的工作。"这就是为什么道路破损后就修理，然后几天后又破损的原因，因为供应水、气、电以及处理潜水的有关部门相互妒忌，从不会努力协作。这种无政府和无纪律状况自然会造成金钱的大量浪费，如果是私营企业这样运作的话，就会很快倒闭。

实事求是地说，它的缺陷并不像表面上看起来那么大。从大众心理的规律来看，有限选举比普选是不是一个更好的选择恐怕还有待商榷。

有关大众心理的那些规律还向我们表明，所谓的普选权实际上纯属一个幻想。除了极个别情况之外，群众只会唯领袖马首是瞻，他们根本就没有自己的主见。因此，普选实际上意味着最有限的选举。

这才正是它真正的危险所在：在普选过程中存在着一些小的地方委员会，它们非常类似于大革命时期的俱乐部，而群众领袖实际不过是这些委员会的傀儡而已，因为他要想获得它们的授权和提名，就得屈从它们的意志。

一旦被提名，他就可以在地方履行其绝对的权力，但他必须首先满足地方委员会的利益。正因为如此，所以当选的代表几乎完全置国家的普遍利益于不顾。

这些只需要温顺奴仆的委员会，自然不会挑选那些具有过人才智的个人，更不会挑选那些具有高尚品德的个人来承担这一任务；它们必须选择那些没有个性、没有社会地位、温顺听话的人。

正是由于这些原因，代表们对这些赞助他们的小团体必然会表现得卑躬屈膝，没有它们的支持，他们几乎什么也不是。他们只能够按照自己委员会的指示来发言、投票，他们的政治理想也许可以用这么一句话来形容，那就是，要想保住自己的地位就必须服从。

当然，在少数情况下，某些代表也可能由于自己巨大的声誉、地位或财富而享有崇高的威望，这时他们就可以克服地方委员会中那些厚颜无耻的少数人的专横，按照自己的意志对普选施加影响了。

像法国这样的民主制国家仅仅是表面上实行了普选，所以有许多人根本不感兴趣、也不需要的议案都获得了通过，比如说购买西部铁路的决议、关于集会的法律等。这些荒谬的措施仅仅反映了那些狂热的地方委员会的要求，是它们将这些措施强加给了它们挑选的代表们。

当我们看到这些温文尔雅的代表们被迫向那些无法无天的兵工厂的破坏者屈尊俯就，以便和反军国主义者结为联盟时，或者说白了，就是屈从于最恶劣的要求，以赢得下一届选举时，这些委员会的巨大势力就昭然若揭了。因此，我们看到，民主政治的低劣就体现在当选代表的行为举止当中；我们必须得承认，我们认可的道德也是最低劣的。政治家就是政府的雇员，他们正如尼采所说的那样：

哪里有公仆，哪里就有伟大喜剧演员的吵闹声和有毒蚊虫的嗡嗡声……喜剧演员常常相信这能够让他们获得最好的演出效果，能够让别人相信他。明天他会有一个新的信仰，明天的明天又会再来一个……所有伟大的人物都远离公仆和荣誉。

四、对改革的狂热

对改革的狂热，尤其是对通过法令突然强加改革的狂热，是雅各宾精神中最具危害性的思想之一，也是法国大革命留下的最可怕的遗产之一。它构成了19世纪法国接二连三发生政治剧变的主要原因之一。

面对种种令人痛恨的罪恶，人们往往很难找出它们的真正起因，这正是导致人们对改革产生如此强烈渴望的心理因素之一。为了解释的需要，人们就编造出最简单的理由，这样对它们进行补救似乎也就轻而易举了。

四十年来，我们不断进行改革，每一次改革都不亚于一次小规模的革命。虽然如此，或者不如说就是因为如此，法国和别的欧洲民族一样，几乎并没有进步多少。

如果我们将社会生活中的主要因素——如商业、工业等，同其他国家加以比较的话，我们也许就会发现，我们的发展实际上是相当缓慢的。其他国家，尤其是德国，正在取得长足的发展，而我们的步伐显得实在太慢了。

我们的行政机构、工业和商业组织已经大大地落伍了，它们不再能够满足我们不断增长的新需要。我们的工业止步不前；我们的海运正在走下坡路；虽然有国家巨额的财政补贴，但我们的殖民地仍然无法同外国竞争。前商业大臣克吕皮先生在他最近的一本著作中就明确指出了这种令人忧虑的衰落。然而，不幸的是，他也犯了那个常见的错误，以为只要颁布了新的法律很容易就可以扭转这种不利的局面。

所有的政治家都抱着同样的看法，这就是为什么我们发展得如此慢的原因。每个政党都相信，通过改革，所有的罪恶都可以得到纠正。这一信念导致的恶果就是党争和内讧不断，它们使法国成了世界上最四分五裂的国家和无政府主义最大的牺牲品。

然而，似乎还没有人真正懂得这样一个道理：赋予一个民族以重要意义的不是规则，而是个人及其方法。富有成效的改革不是革命性的改革，而是那些点滴积累起来的渐进改良。伟大的社会变革，同巨大的地质变化一样，是通过经年累月的积聚来实现的。德国最近四十年的经济发展史雄辩地证明了这一规律的正确性。

许多重大的事件看起来似乎或多或少地取决于运气，但它们确实也遵循积少成多这一规律。比如说战争，生死攸关的战斗无疑在一天乃至更短的时间内就可以完成，而那些慢慢积累起来的微小努力，对胜利来说才是至关重要的。我们自己有1870年的惨痛教训，而俄罗斯人在最近的日俄战争中也尝到了苦头。在对马岛役中，日本的舰队司令东乡平八郎在不到半小时的时间里就将俄军的舰队化为乌有，并最终改变了日本的命运。但是，正是那些成千上万、细小而又意义深远的因素决定了战争的胜利。同样，导致俄国人失败的原因也是多种多样的，比如说，同我们一样繁文缛节、玩忽职守的官僚机构；虽然耗费巨额资金但质量低劣的物资设备；社会各个层次上的贪污腐败之风；对国家利益普遍的漠不关心等等。

不幸的是，这些微不足道的小事一时很难暴露出来，它既不能给公众留下什么印象，也不能在选举中给政治家们带来多少利益，自然也就不会受到重视；但是，这些小事积少成多就可能给国家造成重大损失。那些政治家们根本就不把这些“琐事”放在心上，而是放任自流。于是，一系列小问题日积月累，最终酿成了巨大灾难。

五、民主国家中的社会差异与各国的民主思想

当人们被划分为不同的等级，并且主要是根据出身来区分时，社会差异一般被视为自然法则不可避免的结果而被人们接受。

一旦当旧的社会划分被破坏，等级之间的差异就变成人为的了，这样人们再也不会忍受它了。

平等的必要性仅仅是理论上的，我们看到，在那些民主国家中，人为的不平等在急速膨胀，这些不平等允许人们追求那些显而易见的特权。人们从来没有像今天这样普遍地对头衔和勋章充满渴望。

在真正的民主国家里，比如说美国，头衔和勋章并不能发挥很大作用，造成差异的唯一原因就是财产。只有在例外的情况下，我们才会看到一些年轻富有的美国姑娘嫁给那些拥有古老贵族头衔的欧洲人。她们这样做是本能地希望通过这种唯一的方式来让一个年轻的民族获得一种传统，以此来建立其道德体系。

但是，一般来说，正在美国兴起的贵族制绝不是建立在头衔和勋章的基础

上的，它纯粹是财富上的贵族制，这不会激起很大的嫉妒，因为每个人都希望有一天自己也能够加入这个行列。

当托克维尔在《论美国的民主》一书中谈到人们对平等的普遍渴望时，他没有意识到他预言的那种平等将要终结，人们将重新划分等级，这种划分的唯一基础就是人们拥有的美元数量。美国不存在其他的等级，而且确定无疑的是，总有一天，欧洲也会出现同样的情形。

目前，我们还不能把法国视为一个民主的国家，因为它还停留在纸面上。这里我们有必要探讨一下前面曾经提到的那些五花八门的思想，它们在不同的国家里都被冠以“民主”这一头衔。

在谈到真正的民主国家时，我们实际上仅仅是指英国和美国。

在那里，民主以不同的形式存在，但它们都遵循着相同的原则——尤其是对各种不同观点完全的宽容；在那里，宗教迫害是闻所未闻的；在各种职业中，真正的优越性很容易显示出来，只要具备必要的能力，任何人无须论资排辈就可以得到某个职位。在这两个国家中，没有什么能够对个人的努力构成障碍。

在这样的国家里，人们相信他们是平等的，因为所有的人都认为，他们可以自由获得某种地位。工人们知道自己可以成为工长，然后是工程师；那里的工程师常常是从下层工作做起，而不是像法国这样一开始就高高在上，他们并不认为自己是由特殊材料构成的，比别人高出一等。在其他职业中，情况大致也是如此。在欧洲国家如此强烈的阶级仇恨，在英国和美国却很少见，个中缘由，不证自明。

民主在法国，除了在演说中之外，实际上并不存在。不公正的竞争与繁文缛节的考察耗尽了人们的青春岁月，但自由职业的大门依然紧闭，其结果必然导致各阶级之间的隔阂与对立。

因此，可以说，拉丁民族的民主纯粹是纸上谈兵，国家专制主义代替了君主专制主义，其专制程度有过之而无不及；财产的贵族取代了出身的贵族，其特权丝毫未见减少。

君主政体与民主政体之间的差异与其说是实质上的，不如说是形式上的。它们达到的效果完全取决于人们的精神状态。所有关于政府体系的讨论都不得要领，因为这些政府体系本身并没有什么特别的优点，它们的价值总是取决于它们统治的人民。只有当一个民族发现，决定一个国家在世界上地位的是每一个个体努力的总和，而不是其政府体系时，这个民族才会走向繁荣昌盛，兴旺发达。

第三章　民主信仰的新形式

一、劳资冲突

虽然我们的立法者们在贸然进行改革和立法，但世界的自然演化依然沿着自己的进程缓慢地前进。新的利益产生了；国与国之间的经济竞争越来越激烈；工人阶级开始觉醒，社会各个方面都在出现难以克服的问题，但那些只知道夸夸其谈的政治家们对此却束手无策。

在这些新问题当中，最棘手的问题之一就是劳资冲突问题。这一问题现在变得越来越尖锐，甚至连英国这样的传统国家也不例外。工人们不再遵守那些先前曾经构成他们行动指南的集体合同，动辄就因为一些鸡毛蒜皮的事情而宣布罢工，失业和贫困人口已经上升到一个令人感到不安的比例。

在美国，这些罢工最终会波及所有的行业，但这种无节制的做法也促使人们提出了一种补救办法。在最近的十年里，工业巨头们组织了庞大的雇主联盟，它能够有力迫使工人将他们受到的不公正待遇提交仲裁。

在法国，劳工问题因数量众多的外国工人的干涉而变得更加错综复杂，这也使我们的人口增长陷入停滞。

注：列强人口增长表

	1789年	1906年
俄罗斯	28，000，000	129，000，000
德国	28，000，000	57，000，000
奥地利	18，000，000	44，000，000
英国	12，000，000	40，000，000
法国	26，000，000	39，000，000

人口增长的滞后使法国很难同她的竞争对手一争高下，因为它们的土地很

快就难以承受其众多的居民，根据一条最古老的历史规律，它们将不可避免地要向那些人口密度较小的国家扩张。

同一个国家里的工人及其雇主之间的这些冲突还由于亚洲人与欧洲人之间日趋激烈的经济战而变得更加尖锐。在亚洲，工人要求的工资较低，因而制造出来的工业品价格也相对低廉；而在欧洲，情况则刚好相反。二十五年来，我一直在强调这一点。

二、工人阶级的发展和工团主义运动

当今社会最重要的民主问题也许源自工人阶级近来的发展，而这种发展正是由工团主义运动或工会运动造成的。

由具有相同利益的人组合在一起的集体，我们称之为工团主义，几乎在所有的国家里，工团主义都获得了蓬勃发展，因此我们可以把它看作是一种全球性的运动。某些工团组织的财政预算甚至可以与一些小国不相上下，比如，德国的一些组织据说就获得了超过三百万英镑的捐赠。

劳工运动在每个国家都获得了不同程度的发展，这种发展表明，它不是乌托邦理论家们的幻想，而是经济发展的必然结果。从它的目标、手段及其发展趋势来看，工团主义与社会主义没有任何亲缘联系。在《政治心理学》一书中，我对此已经作了详尽的解释，因此这里我只想简要回顾一下这两种教义之间的区别。

社会主义要求垄断一切工业，并把它们交给国家来管理，这一措施意味着它将在公民之间平等地分配产品；而另一方面，工团主义则要完全取消国家的行为，并将社会分解为一些小的行业组织，这些小的行业组织都是自治的。

虽然受到了工团主义者的轻视和猛烈攻击，但社会主义者试图忽略二者之间的冲突，而这一冲突很快就会变得越来越明显，根本无法掩盖。社会主义者至今仍然保留的政治影响将消失殆尽。

如果说工团主义在世界各地的扩张是以社会主义的萎缩为前提的话，那么，我再重复一遍，这仅仅是因为这种合作运动——虽然只是传统的一种复兴——综合了现代工业专业分工带来的某些需要。

无论在什么样的环境下，我们都可以看到工团主义的诸多表现形式。在法国，它还没有像在别的地方那样取得巨大的成功。由于工团主义在法国采取了革命的形式——这一点我们前面已经提到，因此它落入了无政府主义者的股掌之中，至少暂时还是这样。无政府主义者对工团主义和其他任何形式的组织本身都不太感兴趣，他们仅仅是想利用新的学说来达到破坏现代社会的目的。无论是社会主义者、工团主义者还是无政府主义者，虽然他们在指导思想上看起来大相径庭，但统治阶级的暴力镇压和对他们财产的掠夺使他们有了共同的最终目标，他们也因而走到了一起。

工团主义者的学说与大革命的原则没有任何关系，甚至可以说它在许多方面与大革命是完全对立的。更确切地说，工团主义代表了向集体组织形式的一种回归，它类似于大革命期间被禁止的那些行业协会或社团。因此，工团主义构成的这种联合正是大革命所谴责的，工团主义坚决反对大革命建立起来的国家中央集权。

工团主义对于自由、平等、博爱等民主原则没有任何兴趣，工团主义者要求其成员绝对服从纪律，这就等于取消了一切自由。

由于这些辛迪加组织还没有足够的力量在相互之间施加暴虐，因此它们目前还表现出相互尊重的情感，这勉强称得上是博爱。而一旦它们强大起来，它们之间的利益对立必然会导致冲突的发生，就像古代意大利共和国时期，比如说在佛罗伦萨和锡耶纳的行会组织那样。到那个时候，目前的博爱很快就会成为过眼烟云，由最强有力的一方施加的专制将代替平等。

这样一种黯淡的前景看来已经为时不远了。新的力量在迅速增长，政府在它面前显得软弱无力，只能通过不断的让步和屈服聊以自保。让步这一可耻的策略一时半会也许派得上用场，但从长远考虑则危害甚大。

而最近，当矿工协会威胁要举行罢工使英国的工业生产陷入停顿时，英国政府不得不在无奈之中被迫采取这种妥协退让的办法。协会为其成员要求最低的工资保障，却不受最低工时的限制。

虽然这样的要求是不能容忍的，但政府还是同意向国会提出一个议案，批准这样一项措施。我们读一读巴尔富先生在下院所做的沉痛陈述，也许会受益匪浅：

在我们国家漫长而曲折的历史上，她从未遇到过这样一种恶劣而严峻的危机。我们面对的是一个奇怪而又危险的景象：区区一个团体居然威胁要让一个地区赖以生存的商业和制造业陷入瘫痪，而且它确实在很大程度上做到了这一点。

在现有的法律条件下，矿工拥有的力量几乎是无限的，我们见过什么能够与之相匹敌吗？封建制度下的男爵能够实施这样一种暴政吗？有哪个美国的托拉斯组织在行使其合法的权利时能够如此蔑视普遍利益吗？我们的法律、社会组织以及各行各业之间的密切联系已经达到了一种非常完美的程度，但同它在还比较粗陋时相比，它使我们比我们的先辈们更加容易受到重大的威胁，就像我们目前这样……当前，我们正在目睹这一势力的首次示威，如果我们对此稍有疏忽的话，它将吞噬整个社会……政府对矿工们的“无理”要求表示屈服，这一态度揭示了某些事实，那些反抗社会的人正在取得胜利。

三、当代的一些民主政府何以会逐渐演变成官僚政府

今天，由民主思想带来的无政府主义和社会冲突正在把一些政府推向一个难以预料的发展过程，这一过程将使政府最后只能保留一种有名无实的权力。对这一发展过程，我将简要指出它的影响。专横的必然性依旧是控制事件发展的主要力量。

现在，民主国家的政府是由那些通过普选产生的代表组成的。这些代表投票，通过法律，从他们当中任命和撤换部长，并且临时行使行政权。这些部长们自然是经常变动的，这是投票的要求；由于他们的继任者属于一个不同的政党，因此他们将根据不同的原则进行统治。

乍一看，一个国家被各种势力如此这般地颠来倒去，肯定会失去稳定性和连贯性。然而，虽然存在着种种不稳定的因素，一个像法国这样的民主国家的政府却仍然能够有条不紊地运行。对这一现象，我们该如何解释呢？

对这一现象的解释非常简单，它源自这样一个事实，即那些表面上进行统治的部长们，实际上只能在一个非常有限的范围内治理国家；他们的权力受到了严格的制约和掣肘，仅限于发表一些几乎没人关注的演说，并处理少数无关紧要的事务。

内阁部长这一表面的职权，既缺乏威力，也不能持久，不过是政治家的玩偶而已；但是，在其背后却有一种匿名的力量在暗地里发挥作用，它的权力在行政部门当中正在持续增长。这种神秘的力量来自惯例、特权阶层和连续性，那些部长们很快就会发现的，他们根本无法同这一力量相抗衡。在行政机器中，职责被分割得七零八落，因此一位部长根本就不会发现有什么重要的人物在反对他。他一时的冲动将受到一个由规章、惯例以及法令构成的网络的钳制，因为他随时得需要利用这一网络，而且他自己对它所知甚少，因而根本就

不敢违抗它。

吕皮克先生在他最近的一本著作中形象描绘了部长们在自己部门中的软弱无力。他们原先最热心的希望很快将被其部门所麻痹，最后不得不放弃与它的斗争。

民主国家政府权力的削弱只会越来越严重，我曾经说过这样一条永恒的历史法则：任何一个阶级——无论是贵族、教士、军人还是普通老百姓，一旦大权在握，它很快就会奴役其他人。罗马的军队是这样，他们最终操纵了皇帝的废立；中世纪的教士是这样，那时候国王根本无法与他们分庭抗礼；国民会议也是这样，在大革命期间，它很快就在政府中大权独揽，并将君主扫地出门。

政府的公务员阶层为这一法则的真实性提供了一个鲜明的例证。他们得势之后，就开始变得咄咄逼人，不时发出威胁，甚至不惜举行罢工，比如邮差的罢工，紧随其后的还有政府铁路部门雇员的罢工。因此，行政部门的权力在国家中形成了一个小的“国中之国”，而且如果按照现在这样的速度发展下去的话，它很快就会成为国家中唯一的权力。在一个社会主义的政府中，将不存在其他任何权力。因此，我们所有的革命都将导致国王权力和地位的剥夺，以便将权力和地位赋予那些不负责任、无名专制的政府雇员阶层。

我们不可能预见到所有那些可能给我们的未来带来阴影的冲突，乐观主义和悲观主义都是我们应该避免的；我们只能说，这是一种需要，它最终会为各种冲突的事物带来平衡。世界平和地按照它自己的道路运行，而不管我们那些振振有词的豪言壮语。或早或晚，我们都得设法使自己去适应环境的变化。困难是如何能够尽量避免更多的摩擦，尤其重要的是，要摆脱那些空想家们的白日梦。他们虽然没有力量重新建设世界，但总是竭力想颠覆世界。

雅典、罗马、佛罗伦萨以及其他许多城市都曾在历史上辉煌一时，但它们最后都成了这些可怕的理论家的牺牲品，无论在什么时候、什么地方，他们导致的后果都如出一辙，那就是无政府状态、独裁和衰落。

但是，这些沉痛的教训并没有警醒当代为数众多的革命家，由他们的野心激发的运动将会把他们自己吞没，他们却对此浑然不觉。所有这些乌托邦主义者唤醒了群众心目中已经泯灭的希望，刺激了他们的欲望，并侵蚀了多少个世纪以来慢慢建立起来的对群众构成约束的堤坝。

盲目的群众与少数精英之间的斗争是人类历史上连绵不绝的事实之一，历史多次证明，失去平衡的人民主权的胜利是一种文明行将结束的显著特征。精英从事创造，而平民则倾向破坏；前者一旦失势，后者紧跟着就开始了其钟爱的工作。

伟大的文明要想繁荣昌盛，首先就必须控制住它们包含的低劣成分。一种民主的暴政导致的无政府状态、独裁、扩张以及最终独立的丧失，不只是在古希腊才会发生；个人的暴政常常产生于集体的暴政。在伟大的罗马，它完成了第一轮循环，在野蛮人的统治下，它完成了第二轮的循环。

结论

我们在本书中研究了历史上重大的革命，但我们特别关注所有这些革命中最重要的一次，即法国大革命。这场革命席卷了整个欧洲达二十年之久，其影响至今余音未绝。

法国大革命是一个取之不尽的心理学文献资源宝库，人类历史上还没有哪一个时代能够在这么短的时间内积累如此丰富的经验。

我在各种不同的著作中详尽阐述的那些原则，无一不可在这场伟大的戏剧中找到无数的例证，这些原则包括大众心理的短暂性、民族精神的持久性；信仰的作用；神秘主义因素、情感因素和集体因素的影响以及各种形式的逻辑之间的冲突等等。

大革命时期的议会充分证明了那些众所周知的大众心理学定律：群众冲动而又懦弱，他们总是被一小撮领袖控制，并且常常做出同他们个人意愿相左的行为。

保王党人控制下的制宪议会摧毁了古老的君主制；人道主义的立法议会纵容了九月屠杀，也正是这群爱好和平的人把法国拖入了一场最可怕的战争。

在国民公会当政期间，类似的悖论更是比比皆是。国民公会的绝大多数成员都痛恨暴力；作为多愁善感的哲学家，他们热烈地呼唤自由、平等和博爱，但结果却是以最可怕的专制而告终。

同样的悖论也出现在督政府统治时期。一开始，议会在意图上是极为温和的，但他们却不断通过血腥的政变来实现自己的目的；他们希望重建宗教和平，最终却把成千上万的牧师送进了监狱；他们打算在法兰西的废墟上重整河山，结果却适得其反，陡然增加了废墟的数量。

因此，在革命时期，人们的个人意志与他们组成的议会的行为之间存在着根本的矛盾。

真实的情况是：投身革命的人常常会受到一种无形力量的支配，使他们身不由己。虽然他们相信自己是按照纯粹理性来行动的，但实际上，他们接受的是神秘主义、情感以及集体要素的影响。他们自己当然不可能认识到这一点，而我们也不过是直到今天才开始理解的。

人的智力随着时代的发展而不断取得进步，从而也就为人类开拓了一个光明的前景；然而，人的性格、精神的真实基础及其行为的真实动机却很少发生变化。虽然可以暂时将它压制住，但它很快又会再次出现。我们必须接受人类本性原来的样子。

大革命的始作俑者不甘心接受人类本性的事实，在人类的历史上，他们第一次试图以理性的名义来改造人和社会。

任何一项以此为使命的事业，从一开始就注定要失败。那些声称能够改变人性的理论家们，必然要动用一种超过以往任何一位暴君的权力。

然而，纵使他们拥有这种权力，纵使革命军队取得了胜利，纵使他们用尽了严刑酷法和接连不断的镇压，大革命留给人们的却只是一堆又一堆的废墟，最后不得不以独裁统治而告终。

既然经验对教育人民来说必不可少，这样一种尝试就不是一点意义都没有，至少我们可以从中吸取一些教训。没有大革命，我们恐怕很难证明这一点，即完美的理性并不能改变人性，因而没有一个社会能够根据立法者的意志进行重建，哪怕他们拥有绝对的权力。

大革命是中产阶级为了他们自己的利益而发动的，但它很快就演变为一场大众运动；同时，它也是一场本能对抗理性的斗争，一场旨在推翻那些使野蛮变成文明的种种约束的叛乱。正是借助于人民主权的原则，改革者们才试图将他们的教条强加于人。在领袖的引导下，人民不断干涉议会的决议，并犯下最残忍的暴行。

大革命时期的大众史具有不同寻常的教育意义，它让我们看清了那些赋予大众精神以一切美德的政治家们的谬误所在。

另一方面，大革命的历史也告诉我们：一个民族一旦从做为文明根基的社会制约中解脱出来，放任其本能的冲动，它很快就会故态复萌，再现其祖先的野性。每一场取得胜利的大众革命都是向野蛮主义的一次暂时回归。如果1871年的巴黎公社持续下去的话，它就可能会再次上演大恐怖的一幕。由于没有力量杀那么多的人，因此它只好将首都的主要纪念物付之一炬。

各种心理力量一旦从那些用以约束它们的枷锁中释放出来，就会发生冲突，大革命就体现了这样一种冲突。大众的本能、雅各宾主义的信仰、古代的影响、欲望、爆发的热情，所有这些因素导致人们陷入了一场长达十年之久的激烈冲突当中，在这十年的时间里，法兰西血流成河，为我们留下了一片废墟。

从长远来看，这似乎就是大革命的全部结果。法国大革命是人类历史上绝无仅有的事件，因此只有借助分析，才能理解和领会这一伟大戏剧的实质，为我们展现不断激励着其主角的动机。在正常情况下，人们受到各种形式的逻辑的支配，这些逻辑包括理性逻辑、情感逻辑、集体逻辑以及神秘主义逻辑，它们之间或多或少能够达到一种完美的平衡；但是，在大变革时期，这些逻辑发生了冲突。于是，人们再也不是他们自己了。

在本书中，我们绝对没有低估大革命在争取人民权利方面取得的某些成果的重要性。然而，和其他许多历史学家一样，我们不得不承认，这些成果是以废墟和流血为代价取得的；它们本来可以在稍晚的时日里通过文明的自发进程毫不费力地获得。为了赢得这几年的时间，我们经历了什么样的物质灾难和道德瓦解啊！时至今日，我们仍然在承受道德瓦解的后果。载入史册的那些残忍暴行将很难从人们的记忆中抹掉，至少今天还没有。

我们今天的年轻人更愿意采取行动，而不是思考。对哲学家们枯燥乏味的学术研究，他们不屑一顾：那种连物质的本质特征还没有弄明白的空洞思考，怎么会引起他们的兴趣呢？

敏于行动当然是一件好事，一切真正的进步都是行动的结果，但只有受到恰当指引的行动才是有益的。大革命时代的人都是对行动的重要性确信无疑的人，而他们却把幻想作为行动的指南，结果导致他们走向了灾难。

对事实不以为然的行动常常是有害的，它声称要剧烈改变事件的进程，但人们不能把社会当做实验室中的仪器用来做实验。我们经历的政治剧变向我们表明，为这样的社会错误付出的代价极其惨重。

虽然大革命的惨痛教训极为明显，但许多不切实际的灵魂，在他们梦想的刺激下，正在盼望着它卷土重来。

在当前的情况下，进行这样的实验几乎毫无益处可言。空想家们在追求他们自己的梦想时，也激发了群众的欲望和热情，各个民族每天都在扩军备战。

所有人都感到在目前世界范围的竞争当中，弱小的民族几乎没有立锥之地。

在欧洲的腹地，一个可怕的军事大国正在崛起：其力量正在不断增强；它渴望支配世界，以输出其商品。而且，它要为这些人口寻求生存的空间，因为不久将无力养育本国逐渐增长的人口。

如果我们继续再纠结于明争暗斗、政党纠纷、无聊的宗教迫害，以及束缚工业发展的法律而损害我们的凝聚力，我们不久便会丧失在世界上的优势地位。我们将不得不让位给那些更加团结的民族，他们能够使自己适应自然的必然规律，而不是像我们这样妄图开历史的倒车。现在不是过去的重复；虽然在历史发展的细节中充满了不可预见的因素，但其发展的主线却遵循着永恒的法则。

第四部
民族心理学

序言　现代社会平等观念及其历史心理学基础

平等观念的起源与发展——平等观念产生的影响——平等观念的践行及其代价——平等观念对现代大众的影响——平等观念践行中暴露的问题——影响民族进化一般进程的基本要素调查——制度对民族演进具有制约作用？——影响文明形成的要素：制度、艺术、信仰等，以及它们对各民族是否具有独特的心理作用基础？——影响民族进化的历史因素和根本规律。

民族文明是在某些基本观念的基础上形成的，这些基本观念决定了这个民族的制度、文学和艺术，同时它们的消长也经历了悠久的过程。正是在漫长的蜕变中，这些观念才得以去粗取精，去伪存真，最终演变为无可争议的真理，并对国民群众持续发挥着教化作用。虽然一种新观念想要获得大众的认可必须经过千锤百炼，但要质疑一种早被广泛接受的旧观念，也同样是难上加难。事实上，摒弃陈腐不堪的旧思想、推翻停滞不前的神学，历来就难以被人类认可。

那些敢于无视人类原始历史及心理构成变化、并无视遗传规律的哲学家，也不过是在一个半世纪以前，才有胆量喊出“人人平等，民族平等”这样的口号。

诚然，这种观念一出，便引得民众们一呼百应，深深植根于民众内心，并很快开花结果——撼动整个旧社会的根基，衍生出历史上最高涨的社会革命浪潮，将西方世界卷入一场场剧烈的变革动荡之中，而在这些变革之路的尽头则是我们难以预见的未来。

可能是人们对个体及民族间的不平等现象早已司空见惯，这个话题也早已失去了严肃讨论的意义。但是，人们发现，将不平等现象单纯归咎于教育差异，这种说法倒是很有说服力：每个人生来都是优秀睿智的，他们之所以会堕落沉沦，实为制度所迫。因此，想要对不平等现象进行补救，最简单的方法就是改革制度体系，让每个人都能享受同等水平的教育。如此一来，制度和教育便成了现代民主制的万能灵药，弥补了与高尚神学格格不入的社会不公，并使后者能够延续至今。

然而，科学的进步一方面瓦解着平等观存在的价值与意义，同时也让我们明白：从过去演进而来的介于个体之间和民族之间的心理“鸿沟”，只有通过遗传积累，才能得以填补。现代心理学和由传统经验带来的严酷教训则告诉我们，适用于某一部分个体或民族的制度和教育，对其他个体和民族而言，可能是灭顶之灾。但是，某些观念一旦流行开来，即便被认定是错误的，单凭哲学家们的力量也难以将其推翻。就像一条因涨潮而没有过河岸的小溪，这种观念的摧毁力也会势不可挡地持续下去。

正是“人人平等”这样荒谬的观点，才将整个世界陷入混乱：把欧洲推向大革命浪潮之巅，促使美国爆发血腥内战，并使法国所有的殖民地深陷衰落与颓废之中。而对这样荒谬的观点，没有一位心理学家、游说家和足够明智的政治家认为它是可取的，但最终他们也未敢站出来向它提出挑战。

这样，平等观念的势头愈演愈烈，有如星星之火以其燎原之势铺天盖地而来。而正是在这种名义之下，现代女性绝口不提自己与男性在心理方面的差异，开始呼吁得到与男性同样的教育及其他权利。一旦她们取得成功，欧洲或许就要陷入分裂。

对于由这些观念衍生出的政治和社会动荡，以及它们引发的更大的社会事件，民众们极少关心。而如今，政坛也是风云变幻，政治家们更无暇顾及这些问题。此外，随着舆论逐渐成为社会的主导，对这种观点的反驳更是无稽之谈。

所以，一种观念的社会影响力依赖的是它对民众思想施加的作用。对这种观念的正误甄别，只是一种哲学观点。一旦它上升为民众观念，依附它而来的一切后果都无法逃避。

于是，我们可以得出结论：现代社会平等论的实现靠的是教育和制度。正是借着它们的名义，人类对自然规律的不公平进行了一系列改革。从马提尼克到瓜德罗普岛，到塞内加尔再到阿拉伯国家阿尔及利亚，最后到亚洲人，我们继续按照同一模子进行改革。且不说改革能否实现，单凭过去的经验教训，我们都能看出其危害。但是，信仰这种东西却不是理性所能改变的。

本书的目标旨在对构成民族灵魂的心理特征加以描述，并向读者展示它们是如何影响一个民族的历史及其文明的。不考虑细节或只考虑这些心理特征，它们是证明真理不可或缺的，我们要对历史上民族的形成及其心理构成加以研究和探讨，即那些在历史掠夺、殖民及政治变革中人为留下的民族观念，同时我们要提出有力的证明——这些民族的历史都是由他们的民族心理构成决定的。我们将这些民族性格的不变或可变性考虑在内，尽力理清这些个体及民族是倾向于平等还是倾向于更丰富的多样性。之后，我们要对诸如艺术、制度、信仰等的要素进行研究，以探讨它们是否会对构成文明起到作用，是否民族灵魂的最直接体现。同时，我们要研究这些要素最终能否从一个民族传承到另一个民族，并努力找出决定一种文明消亡的必要因素。最终，在对东方文明进行了一系列研究之后，我们找出了问题的答案。本书可视为对这些研究做出的简单总结。

在游历了世界上最多变的一些国家之后，对我而言，有一件事是肯定的，那就是每个民族的心理特征都如同它的组织特征一样难以变更，这种心理特征便是这个民族情操、思想、制度、信仰和艺术的源泉。托克维尔和其他许多杰出的思想家曾经幻想找出各民族制度演化的根本诱因。而我则反其道而行之，希望从托克维尔的这些研究中证明的制度，在文明进化过程中扮演的是最不起眼的角色。或许它们作用的频率较高，但它们作用的效果却最低。

毫无疑问，民族历史是在众多不同因素的作用下形成的。一些在某些特例中发生了作用的因素或许在另一些情况下未曾发生作用。不过，包括所有特例情况在内，每一种文明的形成都内嵌着一条亘古不变的主线——即源于最普遍观念的民族心理构成。一个民族的生命力——即它的制度、信仰和艺术，这些是看得见的，它们是一个民族灵魂的最外在表达。如果要改革一个民族的制度、信仰和艺术，那就必须首先改变它的灵魂；如果将这个民族的文明传承到另一个民族，也就必须传承其灵魂。历史是不会教授我们这些的，但通过那些已经载入史册的反对论断，我们不难发现，它常常被虚华的外表误导。

在过去的一个世纪里，改革家们前仆后继，努力想要改革包括神、地球、人类在内的一切事物；但是在这个世纪里形成的民族灵魂的特征，却是他们无力改变的东西。

放大人类差异性这样的观念与现代社会主义学家的观点可谓截然相反，但它并不能诱导信徒摒弃他们的传统信条，转而投入一种新思想。他们是在以一种新的方式追求幸福，追求被赫斯珀里得斯看守的宝藏。如果平等观念早在孕育我们的时代就已经存在，那么这种理想或许还有实现的可能，但我们出生在一个不公平的时代，所以平等的理想注定没有存活的土壤。总之，无论如何，自然充斥着的不公平是显而易见的，这也是人类必须经历的，所谓社会的不公也只是自然不公的一部分。

第一卷　民族心理特征

第一章　民族精神

自然主义者如何对物种进行划分——将这种方法应用于人类——当前流行的人类物种分类方法的缺陷——心理学表述的根基——民族的一般类型——界定民族一般特性的心理因素——来自祖辈和亲生父母的影响——民族所有个体的共同心理根基——先辈们对当今时代的巨大影响——这种影响的数学原因——集体精神如何从家庭发扬至村落，从城市延伸至周边区域——城市概念的优势和危险——不可能形成集体精神的情况——意大利的案例——自然民族让位于历史民族。

自然主义者划分物种的方法，是建立在有规律地持续观察遗传带来的某种解剖特性上的。如今，我们意识到，经过不易察觉的细微变化的遗传累积，这些特性已经发生了变化。当然，如果我们关注的只是相对较短的历史时期，那可以说物种是没有什么变化的。

自然主义者用来界定一定数量鲜明特征的物种分类方法也可以应用到人类。借助于明确定义的解剖特性，比如肤色、头盖骨的形状和体积大小，就可以得出结论，人类包含几个显著的、可能有不同源头的物种种类。在那些尊重宗教传统的科学人员眼中，这些物种仅仅是民族而已。然而，正如正确的结论所言："如果黑人和高加索人是蜗牛一样迟钝的人，那么，所有的动物学家都会一致断言，他们是优秀的物种，原本不会是相同物种的后代，因为他们与先辈们已经渐行渐远。"

这些解剖特性，至少可以通过分析得到的特性，只能进行简要的概括性分类。那些差异只在具备明显特征的人类物种上才清晰可见，比如说白种人、黄种人或黑人。然而，民族和民族之间，虽然人们在外形上十分接近，但在情感和行为模式方面可能差异很大，结果导致他们的文明、信仰和艺术都相差甚远。比如，是不是可以将西班牙人、英国人和阿拉伯人归为一个群体呢？难道他们之间存在的心理差异对我们每个人来说不够明显，在整个历史过程中不易察觉吗？

不考虑这些解剖学特性，有人建议按照不同要素，比如语言、信仰和政治组织为基础对某些民族进行分类。但是，这种分类方法很少经得起检验。

解剖学、语言、环境或政治组织等因素都无法完全作为物种的分类基础。于是，我们再辅之以心理学分析，结果发现在体制、艺术、信仰和各民族政治剧变的背后，存在着决定民族进化的道德和智力特性。正是所有这些特性构成了所谓的民族精神。

每个民族都拥有一种心理特点，像解剖结构一样稳定。似乎毫无疑问的是，前者对应着大脑的某种特殊结构。然而，因为科学还没有先进到让我们了解这种结构的地步，所以我们还无法将它追溯为物种分类的基础。还有，了解这一点绝对不会改变先前对心理特点这个物种决定性因素的描述，这一点是在观察的基础上揭示给我们的结论。

道德特性和智力特性两者结合形成了一个民族的灵魂，代表着该民族全部历史的结晶、全体祖先的遗传和它的行为动机。在同一个民族里，个体看上去一直处于变化之中，但观察发现，这个民族大部分个体总是拥有共同的心理特点，如同解剖特点一样稳定，而且可以在此基础上对物种进行分类，还有同解剖特点一样，心理特点也是通过遗传有规律地持续性地重复出现。

从一个民族所有的个体身上观察到的心理因素的综合就构成了被正确称谓的国民性格。这些因素又共同定义出了一个民族的一般类型。随意挑选一千个法国人、一千个英国人或一千个中国人，每个国家的人个体之间有显著的不同。然而，由于民族遗传，它们又有着共同的特点，正是这些特点将它们界定为法国人、英国人和中国人。这种理想分类，类似于自然主义者在表述狗和马的一般特性时进行的理想分类。这种分类描述应用于狗和马的不同种类时，涵盖的只是所有他们共同的特性，而不是那些能将大量个体样本进行区分的特性。

只要一个民族足够古老，又是同种的，它的一般特征就得以总结出来。这些特征明显，可以被观察者轻易看到。

我们到外国参观时，那些旅行国家居民共有的特征总能引起我们注意，原因就是这些特点一再重复出现。个体特征很少重复出现，所以不会引起我们的注意。不久，我们不但是可以一眼认出哪个是英国人，哪个是意大利人，哪个是西班牙人，而且还能够说出他们某种道德和智力特性。这些特性正是先前提到的最根本的特性。英国人、加斯科尼人、诺曼底居民或佛兰德斯居民，都分别对应着一个类型，我们对这些类型有着清晰的概念，并可以轻易加以描述。面对孤立的个人，这种描述可能就会显得不充分，有时候不精确；而如果面对其中一个民族的大部分个体时，我们就可以完美地加以描述。通过这种无意识的过程，我们界定一个民族的身体和心理特征时使用的方法，在本质上与自然主义者对物种进行分类的方法完全吻合。

一个民族大多数个体心理特点的相似性可以归因为几个非常简单的生理原因。每个个体不仅是亲生父母的结晶，也是民族繁衍的产物，来自全体祖先。谢松先生是一名博学的经济学家，经他计算，在法国，假设一个世纪有三代人的话，那我们每个人的血管里就流着居住在一千年时至少两千万人的血。结果，一个既定位置或地区的居民，必然有着共同的祖先，用相同的泥土铸造，带着相同的痕迹，他们被又长又重的链子延绵不断地带回到一般的特性上来，只不过是最后的链接而已。

我们既是父母的孩子，又是民族的后裔。由于情感、生理和遗传因素，我们才会说国家是我们的第二个母亲。

如果我们希望用精确的语言来描述支配个人和指导其行为的影响的话，那可以说有三种。第一个，当然也是最重要的是祖先们的影响；其次是亲生父母的影响；第三，一般会被认为是最强大的，但却是最微弱的影响来自环境。环境影响，包括一个人终其一生都要受到的各种身体和道德方面的影响，尤其在其受教育阶段，只能让我们产生微小的变化。只有当遗传导致人们的行为在同一个方向持续相当长一段时间时，环境才会起作用。

那么，一切顺其自然，一直以来，个体就是民族的代表。一个国家全部个体与生俱来的观念和情感的总体构成了一种民族精神。这种精神实质上是无形的，但在作用上却是有形的，因为它事实上决定了一个民族的整个进化过程。

民族可以被比作构成一个有机体的细胞的总体。这些巨量细胞的寿命很短。然而，它们结合起来形成的有机物寿命就相对较长；他们同时拥有个体生命和集体生命，从而构成了物质。同样，民族内的单个个体的生命很短，集体生命却很长。后者的生命就是民族的生命，个体从其中来，助其繁衍，依其而存。

民族可以被看作是独立于时间的永恒存在体。这种永恒存在由延绵不断的逝者——即其祖先和在当下时空存在的生命个体共同构成。要理解民族的真正意义，必须要考虑其过去和将来。除了比当下活着的人的数量无限多之外，逝者也比他们力量大得多。他们统治着潜意识的广阔领域，那是一个虽看不见但对智力和性格的表现有着巨大影响力的领域。已故的人比现世的成员在更大程度上引导着一个民族。一个民族也正是靠逝者，单靠逝者，才得以形成。一个世纪又一个世纪，我们逝去的先人左右着我们的观念和情感，从而决定了我们所有的行为动机。逝去的一代代人不仅将他们的体格遗传给了我们，也将他们的思想遗传给了我们。逝者是我们现世人的无可争议的主人。我们承担着他们的错误，也享用着他们美德的奖赏。

民族心理特点的形成与动物物种的形成不一样，它不需要难以估量的漫长浩瀚的地质时代。然而，其所需要的时间依然很长。像法国这样一个民族的形成，即使至今仍是相对小范围的得以实现，构成其精神的共同情感和思想，仍然需要十个世纪的时间。[1]也许法国大革命最重要的结果，就是极大促成了少数民族的瓦解，从而加速了这种民族精神的形成。法国原来分裂为皮卡弟（法国北部旧省）、佛兰德、勃艮第、加斯科尼和普罗旺斯（法国东南部一地区）等诸多地区。毫无疑问，这种统一还远未结束，因为我们包含太多民族，导致大家持有太多的观点和情感，我们成了诸多分歧的牺牲品，这是那些同种民族——比如像英国这样的国家——不能理解的，撒克逊人、诺曼底人、古代不列颠人，在英国民族形成过程中都消失了，民族融合的结果是出现了一个同民族的群体，从而导致他们在行为领域里任何事情都步调一致。多亏这种融合，

[1] 这段时间，虽然从历史学的观点来看十分漫长，但实际上还是相对较短的，因为只有三代人的时光。之所以在相对较短的时间内就足以形成特定的心理特点，是因为一种成因在相同的方向上作用一段时间后，产生的效果非常显著。数学课教会我们，当一个成因持续产生相同的结果，当原因呈算术倍增时（1，2，3，4，5等），结果是呈几何倍增的（2，4，8，16，32等），即原因会成为结果的对数。在著名的棋盘摆麦粒故事中，连续的格子数是麦粒的对数。同样的例子还有投资时的复利计算，投资的时间（年）是累积资本的对数。正是这种序列原因，多数社会现象可以用几乎相似的几何曲线来表达。从另一项工作中，我得出了一个结论，就是这些曲线经由分析可以用抛物线或双曲线的方程式来表示。我那个博学的朋友谢松先生认为，他们通常可以用指数方程来表达。

英国在很大程度上取得了构成民族精神的三大根本要素：共同的情感、共同的利益和共同的信仰。当一个国家到达这个阶段，其成员在重大问题上就会出现本能的一致性，国家就不会成为严重分歧的牺牲品。

经由缓慢的遗传累积，这种情感、观念、信仰和利益的一致性，会让一个民族的心理特点出现高度的认同感和稳定性。这就是古代罗马昌盛的根源，也是当前英国强大的源泉。一旦这种一致性消失，民族就又会分崩离析。当罗马不再拥有这种一致性时，其鼎盛也随之烟消云散。

情感、观念、传统和信仰方面的一致性，形成了集体精神。这种一致性或多或少总是存在于各个民族和各个年代，但其进化延伸却是一个缓慢的过程。起初，这只是局限于家庭，然后慢慢地延伸至村落，又到城市，再至省份，直到近代，才开始在整个国家的所有居民中散播。直到最后这一步完成时，本土的概念，也就是我们今天理解的国家概念，才真正形成。直到国民精神形成，国家才可称其为国家。希腊人永远也没有走出城邦的概念，他们的城邦总是发生战争，虽然城邦之间总是互不相干。在过去的两千年里，印度都不知道还有村落以外的团结，也正因为这个原因，两千年来这个国家一直遭受外来统治。不过，那些短暂的帝国就像当初它们轻而易举地建立起来一样，最终也轻而易举地走到了尽头。

虽然从军事力量的角度来看，城市的力量非常薄弱，但是，如果从文明发展的观点来看，作为单一的本土城市概念还是非常有效的。虽然没有本土国家的精神高远，但城市的精神有时候也会硕果累累。古代的雅典，中世纪的佛罗伦萨和威尼斯，让我们看到了一小撮人形成的群体取得的高度文明。

当一个小城市或小省份独立生活了相当长的时间，最终形成了稳定的精神，为了形成国民精神，从而使其与其他周边城市或省份进行精神融合，将会变得几乎不可能。这种融合，即使可以实现，就像在各要素差异不是太大时也可能发生一样，也绝不可能是一日之功，至少也是几个世纪的事情。为建成该伟业，就需要黎塞留和俾斯麦这样的大人物。但是，他们也只是开了头，论证过程耗费了太长的时间。实际上，对一个国家来说，由于出现异常情况，突然形成一个国家也是可能的，就像发生在意大利的事情一样，但如果认为可以同时形成一种国民精神，那就想错了。我非常清楚，意大利有皮埃蒙特人、西西里岛人、威尼斯人和罗马人等，我可不清楚那里还有意大利人。

当下，无论是哪个民族，无论它是否是同族的，仅仅看它是一个文明国度，并在过去很长的历史时期都发挥着作用，就可以认为这是一个有人为因素、非自然发展的民族。自然民族很难遇到，除了在野人族中。只有在野人中，才可能发现有着完全纯洁的民族。如今，大部分文明民族仅仅是历史民族。

我们在此并不关心民族的起源。它们是自然形成的还是历史形成的，并非我们的研究目的。使我们感兴趣的是它们在漫长的历史过程中形成的特点。在几百年中，在相同的生存条件下，依靠遗传累积，最终通过取得高度的稳定性，通过确定每个民族的类型，这些特点得以维持。

第二章　民族性格变化的局限

民族性格的可变性，而非稳定性，是显著的规律——民族性格变化的原因——根本特性的稳定性和第二特征的可变性——动物物种不可减少的可更改的特点和心理学特点的相似性——环境、境遇和教育影响着附属心理素质特点——性格的可能性——不同时期的案例——可怕的人类——不同时期他们的样子——革命时期国民特点承受的一切——各种案例——结论。

正是通过对文明进化的认真研究，观察者才深刻认识到民族心理素质特点的稳定性。乍看上去，可变性而非稳定性，才是一般规律。人类历史发展让我们相信，他们的精神有时候会经历迅速而影响深远的变化。比如，克伦威尔时代的英国人和现代英国人的性格难道不是有天壤之别的差异吗？如今，谨慎敏感的意大利雕塑家本韦努托·切利尼回忆录里描述的暴躁冲动的意大利人看上去又是如何相差甚远。不用说那么远，拿我们法国人来说，几个世纪以来，甚至近年以来，我们的性格发生了多么显著的变化。有多少个历史学家没有提起十七世纪和十八世纪法国人国民性格的变化？在现代，还有什么变化，比残忍的顽固派们和拿破仑统治下温顺奴隶的性格变化更显著的呢？然而，他们就是同一个人种，虽然在一段时间里，他们好像完全改变了。

为了阐释这些变化的根源，我们首先要提醒学生的是，和解剖学物种一样，心理学物种由少数不可或缺的基本特点组成，围绕这些又有一些可变、易变的特点存在。饲养员可以改变动物的外表结构，或者园丁可以将植物的某方面改变到常人无法认出的地步，但这些改变丝毫不会影响物种的本质特点；他们所做的事情只能影响到物种的附属特点。虽然运用了技巧，但这些本质特点还是在每一代新物种身上重复出现。

心理素质构成的本质特点像动物物种的解剖特点一样难以改变，但人类也会拥有一些易变的附属特点。这些附属特点受到环境、遭遇、教育和其他因素的影响时，会很容易发生改变。

还有一点必须要记住，这一点非常关键，即我们的心理素质特点包含一些可能的特性，周遭环境没有提供给他们表现自己的机会，而当它们冒出来时，一种新的多少有点短暂的人格会立刻形成。正是以这种方式，在遭遇重大的政治或宗教危机时，我们就会看到暂时的性格变化，看上去好像人们的处事、观点、行动，简而言之一切东西都发生了改变。确实，一切都改变了，就像风暴席卷了平静的湖面。但是，这种变化鲜有持久的。

结果，在遭遇异常事件时，这些性格方面的潜能就开始起作用了。重大的宗教和政治危机中，演员对我们来说好像是超级材料制成的一个巨人，而我们则是其不争气的孩子。而在实际生活中，他们也是人，和我们一样，只不过在赋予他们的环境里，属于我们所有人性格中的潜能都释放出来了而已。打个比方，在公约巨人里，巨人控制着欧洲，仅仅因为冲突就将对手送上断头台。实际上，他们和我们一样是受人尊敬的温顺公民，在日常生活中，可能在书房里或柜台后过着平静的退休生活。重大事件导致他们在一般情况下不会被唤醒的脑细胞发生震动。于是，他们就成长为伟人，而这一点他们的后人通常很难理解。晚出生一百年，罗伯斯庇尔毫无疑问会成为一名正直的地方官员，和地方牧师关系良好；傅里叶这名地方法官，虽然在职业中严厉傲慢，但还是会因为将罪犯绳之以法那份热情而让人敬佩。圣茹斯特也会成为一名优秀的学校校长，受学校的教职员尊敬，并为其最终取得的奖章而自豪。为了打消对这些预测的怀疑，只需要注意，拿破仑这个残忍的恐怖分子的“成就”也没有让这些人自相残杀。他们大部分人还是成了沉着的官员、收税员、地方法官或地方行政长官。以上我们所说的风暴掀起的巨浪重又归于平静，荡漾的湖面又恢复了宁静。

即使在最风雨飘摇的时代，虽然那些时代催生了最奇怪的人格变化，我们也很容易追溯到新发展下掩盖的基本民族特点。难道权力集中的专制政权雅各宾派政权和十五个世纪以来法国已经适应的权力集中的专制君主政体，在事实上有很大差异吗？所有拉美民族的斗争最终都固执地产生了这种政权，产生了这种无可救药的被统治的需求，因为它反映了一种综合的民族本能。拿破仑能成功地成为法国统治者，不仅仅是因为其魅力。当他把共和国转变成专制政府之后，这种民族遗传的本能日益加强，实际上，如果没有这个天才将领，任何冒险者都会填这个空缺。五十年后，他的后裔出现，赢得了厌倦自由而渴望奴役的民众的选票。不是十八世纪雾月革命决定了拿破仑的命运，而是他准备以其铁蹄进行践踏的民族精神决定了其命运。[1]

环境作用在人身上的影响看上去很大，因为它是作用在附属或临时要素上，或者是我们一直在谈的那些性格的可能性上。实际上，变化并没有那么深刻。性情最温和的人，受饥饿驱使，可能会变得异常残暴以致犯罪，甚至偶尔会导致他吃掉同伴。难道这时候就可以说他一贯的性格肯定改变了吗？

如果文明发达的程度可以使少数人获得极度的财富，并由此在其成员中引发了不可避免的奢侈后果，如果这在其余民众中激起了强烈的欲望，却又没有满足其欲望的手段，结果就会出现普遍不满和动荡局面，这会影响人们的行为，并引发各种类型的骚乱。但是，在这些不满和动乱的过程中，民族的基本特性会一直显现出来。过去，英国出生的美国居民卷入内战时，展现出的不屈不挠的精神，与他们今天在建造城镇、大学和建造厂房的过程中展现出来的精神一模一样。国民性格没有改变，仅仅是促使其发挥作用的事物改变了而已。

当接连考察影响民族心理素质构成的不同因素之后，我们经常观察到他们只对附属和短暂性格有影响，却很少影响到基本性格，或者只是由于缓慢的遗传积累影响着基本性格。

我们不能从以上内容得出民族心理素质特点不变的结论，只能说他们拥有像解剖特点一样高度的稳定性。正是因为这种稳定性，民族心理在时代发展过程中，发生着缓慢的变化。

[1] 泰纳写道："在他统治初期，法国人恭敬顺从，态度如一，好像那是他们的本性；普通民众，士兵还有农民，有着动物一样的忠诚；达官贵人、政要显赫，有着拜占庭式的奴性。共和党人不作任何抵抗；相反，在他们中间，在那些参议员、代表、国务委员、各级法官和官员中间，他发现了统治国家的最好工具。在自由平等的言谈下，他很快发现他们专制的本能，他们控制的需求、超越同伴的需求，甚至附带的额外要求，他们对财富和寻欢作乐的渴求。这些需求在公共安全委员会代表和部长大臣之间，在帝国地方行政长官或副行政长官之间，区别并不明显，只是翻领短上衣改成了刺绣制服而已。

第三章 民族的心理等级制度

心理学分类，如同解剖学分类一样，建立在少数不可削减的基本特点的界定上——人类心理学分类——原始民族——落后民族——普通民族——发达民族——实行分类的心理学要素——最重要的因素——性格——道德——教育可以改变智商——与性格有关的特性不可削减，构成每个人的不变要素——他们在历史上的作用——为何不同民族之间难以互相理解和互相影响——落后民族难以接受发达文明的原因。

在对物种分类的自然史作一番实地考察之后，立刻就会发现那些不可削减的基本特点，即界定每个物种的基本特点数量非常之少。列举他们只需要寥寥几行。

原因在于自然学家只关心那些不变的特点，对那些暂时性特点熟视无睹。而且这些基本特点不可避免地会带来整个系列的其他特点。

民族心理学特点也是如此。如果详论细节，就会发现不同民族和不同个体之间存在数不胜数的细微差异。另一方面，如果只考虑基本特点，就会发现每个人身上存在的这种特点数量极少。只有通过举例——我们可以立刻列举出极其典型的特点——可以清晰地显示这些少量基本特点对人们生活的影响。

找到民族心理学分类的基础的唯一办法，就是对不同民族的心理进行详细研究，这项任务本身就需要几大卷内容，我们只限于研究其中的主要内容。

只要考虑他们的普遍心理学特点，人类就可以分为四类：①原始民族；②落后民族；③一般民族；④发达民族。

原始民族里找不到文化痕迹。他们所处的阶段与兽性临界，我们石器时代的祖先贯穿其中。火地岛人和澳大利亚土著居民适用于这一例子。

高于原始民族的是落后民族，他们取得了文明的雏形，但也只是雏形而已。即使赋予他们成为高级文明人的后嗣机会，如在圣多明戈一样，他们也从来没有能够逾越文明的野蛮形式。

我们可以将中国人、日本人、蒙古人和闪米特人归于普通民族行列。至于亚述人、蒙古人、中国人和阿拉伯人，他们已经创造了发达的文明，只有欧洲民族才能超越。

只有印欧民族才能被归类于优秀民族。两者都在古代，处于希腊和罗马的新纪元时代，而且在现代，他们又都在艺术、科学和工业方面进行了重大的发明。当今取得的高度文明也归功于他们。是他们发现了蒸汽和电……

以上列举的四大类人，分起类来，不会引起什么困惑，将其区分开来的智力鸿沟显而易见。只有我们想在这几类人内部进行分类时，才会出现困难。英国人、西班牙人或俄国人都属于优秀人种，但常识告诉我们，他们之间的差异是如此之大。

要想精确找出这些差异，就有必要将每个民族区分开来，再对其性格进行描述。如果要对其中两个民族进行分类，那么，为了将这种方法加以应用，并显示其结论的重要性，我们就应该立即遵循这种方法。

目前，我们只能大概指出，对种类进行区分的主要心理学要素的性质。

在原始民族和劣质民族人群里——为了找到这类民族，我们不必追溯到纯种野人，因为欧洲社会的最底层人就对应着原始人种——他们几乎没有推理能力或仅仅具有微弱的推理能力，即大脑不会产生联想，不会比较事物，找不到他们的相似性和不同点，察觉不到对过去感受产生的想法或他们的符号文字与当下情感产生的想法之间的差异。这种推理能力的缺失导致他们容易轻信他人，并完全缺乏批判精神。相反，对于优秀人种，富于联想的能力，并从这种联想得出的归纳能力非常强，批判精神和精确性也异常发达。

落后人种体现出难以集中的注意力和较差的反思能力，他们拥有高度的模仿精神，从特定的例子中提取不甚准确的一般性条件，观察力很弱，很难从观察的事物中提炼出有用的结论，性格极易变化，明显的缺乏远见。当下的本能是他们唯一的向导。就像以扫（圣经中人物）——原始人种的典型代表——宁愿付出重大利益，以获得物质享受。当一个人能够将其未来置于眼前利益之上，将其自身献身于一个目标，并持之以恒去追逐其目标时，他已经取得了巨大的进步。

无法预见行为的远期后果，仅仅被当下的本能牵着鼻子走，这些使个体和民族永远停留在一个低级水平。只有当他们能够恰当支配自己的本能，也就是说，他们具备了相应的意志力，从而可以驾驭自身时，他们才会明白纪律的重要性，才会明白为了某种理想牺牲自己的必要性，才会将自己提升到文明阶段。在历史上，如果需要用单一的民族社会学标准来测量，我愿意将他们支配其反射冲动的能力水平作为标准。古代罗马人、现代的英裔美国人，就是拥有这种高水平素质人的代表。这种特质对民族的伟大做出了巨大的贡献。

正是通过一般分类和他们各自的发展程度，以上列举的各种心理学要素构成了对个体和民族进行分类的基础。

在这些心理学要素中，某些与性格有关，而另一些则与智力有关。

优秀民族之所以从劣质民族里脱颖而出，既是由他们的智力，也是由其性格决定的，但性格是两者之间更主要的分界岭。这一点有非常重要的社会学意义，应当被明确树立起来。

性格由不同比例的各种要素组成，这些要素被当今的心理学家命名为感知。在这些起重要作用的感知里，需要重点指出的是毅力、精力、自控力这几个因素，其中自控力多少依赖意志力。在这些基本性格要素中，我们也要提到道德伦理的作用，虽然它是有些复杂感知的综合体。这里谈的道德伦理指的是世代相传对规则的尊重，而这些规则是社会存在的基础。一个民族有道德伦理，就意味着它有着某种固定的行为准则，不会偏离这些准则。因为这些准则随着时间和地点相应变化，道德伦理的内容也相应地不断改变，这是事实；然而，对于特定的民族，在特定的时期，它应该是不变的。对于性格和智力，只有当它们世代相传——即无意识时，才能真正牢固形成。通常情况下，一个民族伟大与否在很大程度上取决于其道德水平的高低。

智力因素受教育影响会发生轻微变化；而性格要素几乎不受其影响。如果教育真的对其产生影响，那也只会对中立性产生影响，中立性几乎不存在意志问题，结果就是它们随时准备接受任何给予它们的推动力。中立性在个体身上可见，但在整个民族很少见，或者如果非要这样说不可的话，那就只存在于极端堕落时期。

智力方面的探索可以由一个民族向另一个民族传播。而与性格有关的特质是不可能传播的。它们是对优秀民族心理构成进行区分的不可削减的基本要素。智力方面的开发是人类常见的遗产；而性格特质或性格缺陷构成每个民族的独有遗产，它们如坚固的磐石，只有流水日复一日不停地冲刷几个世纪，才刚刚能磨损其粗糙的表面。它们对应着物种不可削减的要素，比如鱼鳍、鸟喙和食肉动物的牙齿。

民族的性格，而非智力，决定了其历史的演化，从而决定其命运。那些显而易见的幻想——如渺茫的机遇、虚构的上帝，在这些背后，掩盖着真正的命运主宰，根据其不同的信仰，引导人们的行为。

性格的影响在民族的生活中是至高无上的，而智力的影响实在微乎其微。堕落时期的罗马人拥有的智慧比他们原始祖先要高深得多，但是他们丧失了良好的性格品质——毅力、活力、顽强不屈、为理想献身的精神和对法律不可侵犯的尊重，正是这些造就了他们伟大的祖先。……正是性格因素，而不是智力因素，促使人们创建了社会、宗教和帝国。性格让人能够感知和行动。他们从来没有从极其强烈的推理和思考欲望中得到太多的好处。[1]

正是民族的心理构成决定了其世界观和生活观，从而决定了他们的行为。我们会立即用关键案例来支持这一论述。对外来事物的某种方式印象深刻，个体的感觉、思考和行为与另一个有着不同心理构成民族的个体的感觉、思考和行为会截然不同。结果便是不同心理构成的民族之间不可能互相理解。民族之间长达几个世纪的冲突便是各自性格不能包容的结果。除非大家记得不同民族的感知、思考习惯和行为方式各不相同，否则便不可能了解历史。诚然，不同民族的语言有共同的词汇，他们认为这些词的意义相同，但这些共同的词汇让另一个民族听起来会激起不同的感受、想法和思维模式。我们有必要生活在与我们有着不同心理构成的民族，这种不同要让我们能感受到，即使与他们频繁接触，也只有那些和我们讲共同语言，接受我们教育的个体才能理解鸿沟的深度，这些鸿沟将不同民族思维区分开来。通过观察存在于接受文明的男人和女人之间巨大的心理差异，就会理解这种现象，即使女人们有着高学历。男人和

[1] 专业心理学家工作的最大缺点和实践兴趣缺乏，更多地归因于，他们几乎完全将自己局限于智力方面的研究，几乎完全忽略了对性格的研究。鲍尔汉先生在其有趣的著作《论性格》中，还有李波特在几段文章里都提到过性格的重要性，但十分遗憾的是篇幅很短。他们两位几乎是我至今能回忆起来的曾经提过性格重要性的作家，并指出性格是心理构成的真正基础。这位法国大学知识渊博的教授恰如其分地断言："智力因素仅仅是心理进化的附属形式，最根本的特性是性格，如果智力因素过于发达，便会破坏性格。"

如果我们想描述民族的相对心理，精力所指的应该是性格的研究，正如在这些章节里我试图表明的一样。如果不是因为我们知道心理学不是在图书馆也不是在书本中获得，而是在长途旅行中获知，那么，很难理解这么重要的一门科学——因为历史和政治只是其衍生品——为什么从来没有成为研究对象。而且过去没有任何迹象表明心理研究即将成为专业心理学家从事研究的对象。而今，这些心理学家正日渐抛弃过去曾经是他们主流领域的研究，将其精力放在解剖学和心理学研究上。

女人可能有共同的兴趣和感情，但绝对不在一个思维链条上。他们可能彼此交谈了几个世纪，却并不互相了解，因为他们的构造差异太大了，不可能对外来事物有着相同的印象。他们逻辑思维的差异足以在他们中间制造一条不可逾越的鸿沟。

不同民族心理构成之间的巨大鸿沟解释了为什么优秀民族无法将其文明施加给劣质民族。有一种普遍的观点认为，教育可以取得这种效果，不过是纯理性的理论家提出的一种十分有害的错觉。由于劣质物种拥有的记忆——这个特权决不限于人类——教育无疑有可能将欧洲人拥有的观念传授给人类尺度里低等的个体。一个黑人或一个日本人可能会轻易取得大学学历或成为一名律师；他取得的这种表面的装潢却无比肤浅，对其心理构成没有任何影响。教育无法给予他某些东西，因为这些东西只能由遗传所得，是西方人的思维形式、逻辑，最主要的是性格带来的。我们这些黑人或日本人可能累积所有可能得到的证书，却达不到普通欧洲人的水平。可以非常轻易地给他十年的时间，让他接受受过良好教育的英国人的文化。要使他成为真正的英国人，也就是说，在不同的生活环境里像英国人一样行事，一千年的时间恐怕也不够。一个民族突然改变它的语言、宪法、信仰或艺术，只是在表面上做出的改变。这类改变真正完成之后，还需要对其灵魂进行改变。

第四章　民族和个体的渐进区分

民族内部不同个体之间的不平等与民族的优良性成正比——落后民族内部所有个体的心理平等——要理解不同民族间的差异，必须对各民族的优秀个体而非普通民众代表进行比较——文明的进步导致个体和民族之间的差别越来越明显——这种差别的后果——阻止其差别过于显著的心理学原因——优秀民族的个体在智力方面差别显著，而在性格品质方面差异微小——遗传如何将民族内的优秀个体沦为普通大众——解剖学角度的观察确认民族、个体和性别的渐进式心理差异。

仅仅靠心理学和解剖学特征还不能将优秀民族和落后民族区分开来。构成其要素的多样性提供了进一步的差异。落后民族的所有个体，即使性别不同，也都具有相同的心理水平。大家彼此之间都十分相像。于是，他们就成了现代社会学家梦寐以求的平等典范。相反，在优秀民族内部，个体和性别之间的智力差异等成了法则。

因为这个原因，为了了解不同民族之间的差异，他们的优秀人士代表——如果他们有这种代表的话——而不是他们的次等人士，必须进行对比。印度人、中国人和欧洲人就普通民众来说，智力方面的差异不甚明显。另一方面，如果对他们的优秀代表进行比较，就会发现显著的差异。

随着文明的进步，不仅民族与民族之间，还有各个民族内部的个体——至少是优秀民族的个体——他们之间的差异变得越来越显著。现代文明的结果，与我们梦想的平等观念相冲突，并没有使人们拥有越来越相似的智力水平，而是相反，智力水平变得越来越不同。

文明的一个主要后果，一方面，就是通过日益增加的智力影响将各民族区别开来，要求各民族实现高度的文化水平；另一方面，拉大组成一个文明民族的不同级别之间的差异。

现代工业进化创造的条件，使文明民族的底层变成了高度专业的劳动力，远非提高了其智力，不过是降低了而已。一百年前，一名工人是名副其实的工匠，可以做一个工件的所有零件——比如说手表制作。而如今，他仅仅是一个出苦力的人，永远不可能生产一种以上的专业部件。他倾其一生都在钻相同的孔，打磨一个工件的同一部位，驱动同样的机器。结局就是他的智慧很快萎缩殆尽。相反，指挥工人的制造商或工程师却很幸运，因为迫于探索发现和竞争的压力，他们比一个世纪以前的先辈们拥有更多的本领、更多的专业技能和发明创造。他的大脑得到持续不断的锻炼，变得越来越发达，所有的器官都遵从这样的规则。

托克已经指出，在工业还远未发达到今天拥有的程度时，这种社会阶层会出现渐进式的差异。劳动分工的原则应用得越彻底，工人的力量就会变得越弱小，智力越下降，就会依赖性越强。艺术在进步，工匠却在衰落。雇佣者和工人之间的差异与日俱增。

当前，从智力因素的角度来说，我们可以认为优秀民族构成了阶梯式的金字塔，主体部分由大批民族组成，上面的台阶由智力阶层[1]组成，而金字塔尖则为科学家、发明家、艺术家、作家等少数社会精英。这少数精英与其余民众相比，是少之又少的一个群体，但他们却是在文明的智力尺度上决定一个国家级别的唯一群体。如果这个群体消失，构成国家荣耀的其他一切要素也都同时会随之消失。正如圣·西蒙所言：“如果法国突然失去了五十名顶尖的科学人才、五十名出类拔萃的艺术家、五十名杰出的制造商和五十名出色的农业家，这个国家就会成为没有灵魂的机构，随之消亡。相反，如果他失去了所有官员，法国就会因心地善良而为其损失感到忧伤，但这个国家受到的伤害要小得多。”

随着文明的进步，民众极端阶层之间的差异会迅速加大；有时候甚至迅速到数学家所说的以几何倍数增加的程度。

然而，由于几个原因，社会阶层之间智力方面的差异，虽然会越来越大，

[1] 我这里所说的智慧不含文化因素。拉丁民族一个典型的错误就是相信智力和文化并驾齐驱。文化仅仅意味着掌握了一定量的记忆，但是要获取文化，不需要进行判断、反思、创新或发明。拥有狭义智慧的人，是那些通过考试的人。然而，我们非常容易见到文化程度很低、智力水平却很高的人。金字塔上部，英国由各个阶层的成员组成。所有的职业里都有少数智力非凡的人。由于遗传法则，好像也有这种可能，即有人称存在大量的优秀社会阶层，无疑属于出色的谎言。

但也不会像理论上发展得那么迅速。首先，这种差异局限于智力因素，对性格品质方面的影响极其微弱；我们知道，是性格品质，而非智力因素，在人们的生活中起着决定性作用。其次，当今时代，由于组织机构和纪律严明，因此民众的力量变得无比壮大。他们对智力优势的恨意日益明显，随着民众变得更有组织性，很可能每个精神贵族注定遭到周期性的革命破坏，就像一个世纪前的名门贵族被消灭了一样。当社会主义成为欧洲的主人时，它长久生存的唯一机会就是无一例外地铲除所有具有优越感的个体，他们能够将他们提升到卑微水平以上，无论这种提升是多么微弱。

以上我陈述的原因是人为的排序，因为他们是可能发生改变的文明条件。但是，还有一个更重要的原因——那是不可抵抗的自然规律——经常会阻止一个国家的精英们，不是防止他们在智力上和低等阶层差异过大，而是阻止他们之间的差异变得过快。现在的文明条件使同一民族的人和人之间的差异越来越大，而强大的遗传规律则会使明显超越普通民众的个体消失，或者至少将他们拉回到平均水平。

调查遗传学的作者记录的古老观察数据证明，智力方面显赫的家族的后代或早或晚——通常情况都早早地——经历一个衰落过程，最终全部消亡。

巨大的智力优势好像都伴随着某种惩罚，那些拥有超常智慧的人往往都留下了堕落的后代。实际上，我上面谈到的社会金字塔的尖端部分得以生存的条件就是，同化其下端部分的要素。如果构成精英阶层的个体都退到一个孤岛上，那么，他们的内部联姻就会形成一个民族，这个民族在出现各种堕落症状之后，最终会迅速消失。巨大的智力优势可以比作园丁妙手制作的畸形植物，弃之不管，这些植物要么相继死去，要么重新长成普通类型的植物，因为这些普通植物有着长长的祖先链，拥有强大的力量。

认真研究不同的民族可以看出，一个既定民族的个体之间在智力方面可能差异巨大，但在性格方面的差异却微乎其微。我已经说明过，性格犹如坚固的磐石，历经数年，恒久不变。研究一个民族时，需要从两个不同的角度考虑。如果从智力因素的角度考虑，民族的价值依赖少数精英，科学、文学和工业文明的进步都归功于他们。而从性格品质的角度考虑，仅仅了解普通大众即可。民族的力量通常取决于普通大众的水平。在紧要关头，民族可以没有知识分子精英，但不能没有一定水平的性格品质。我们很快将证明这一言论。

因此，可以看出，随着时间的推移，一个民族的个体之间，在智力方面的差异越来越大，但就性格品质而言，却都围绕着民族中的普通民众摇摆。这些普通民众进步缓慢，而一个国家的大多数成员都属此类。围绕这一点我们发现了根本的核心内容——至少对优秀民族来说是这样——薄薄的一层杰出智慧，他们的行动对文明而言至关重要，但对民族而言却没有那么重要。不断遭到破坏，又不断牺牲普通阶层为代价得以复兴，而对普通民众来说，它们变化缓慢而又微弱，为了保持持久性，必须经历几个世纪，在遗传的作用下朝一个方向进行累积。

几年前，通过纯解剖顺序的调查结论，我得到这样一个从民族和个体差异中阐述的观点，证明我仅仅提倡心理学分析时的正确性。由于两种观察都导向同样的结论，因此我便回忆起早期所做的一些调查结论。这些结论建立在我对几千个头盖骨的测量基础之上。这些头盖骨有古代的，也有现代的，并隶属于不同的民族。下面是我给出的更具本质意义的段落内容：

头盖骨的体积和智力因素关系密切。这里我们不考虑个案，只考虑整体。于是，我们发现，将落后民族从优秀民族区分开来的，不是他们头盖骨的平均容量的微小差别，而是优秀民族中有一批大脑极其发达的个体存在，而在落后民族中则不存在这类个体。所以，民族之间的差异不在于构成他们的群体，而在于那些出类拔萃的一小群个体。两个民族内人们的头盖骨之间的平均差——除了考虑到非常落后的民族——从来都不大。

比较不同人类的头盖骨时，无论是古代的还是现代的，都会发现，民族内头盖骨体积揭示的个体差异越大，这个民族就是文明程度很高的民族，即一个民族越文明，构成民族的个体头盖骨的差异就会越大。这个事实告诉我们这样一个结论，文明并未使智力平等开发，而不平等的智力发展变得越来越显著。只有在十分落后的民族内，个体才能实现解剖学和生理上的平等。所有从事同样职业的野人部落成员间的差异，一定是微乎其微的。相反，只掌握三百个词汇的农民，与熟悉十万词汇并具有相应概念的博学之才，他们之间会有天壤之别。

我还需要补充一下，由文明发展带来的个体差异在性别方面一样非常明显。在落后民族内部或者优秀民族的低等阶层中，女人和男人在智力上相差无几。而另一方面，民族文明发展程度越高，性别之间的差异就越大。

在调查过程中，需要对调查对象进行对比时，我都严格用相同年龄、身高、体重的男性与女性进行对比。他们头盖骨的体积，揭示了随着文明程度增加，他们的差异也迅速变大。在落后民族里，这种微小差异到了优秀民族那里就变得非常巨大。优秀民族内部，女性的头盖骨常常没有落后民族内女性的头盖骨发达。而巴黎男性头盖骨的平均体积如此之大，是我们已知的具有最大头盖骨的人，而巴黎女性则是我们知道的具有最小头盖骨的人，差不多和中国妇女的头盖骨体积相当，几乎还没有位于南太平洋的新喀里多尼亚岛女人的头盖骨大。

第五章 历史民族的形成

历史民族是如何形成的——不同民族融合为单一民族的条件——参与这一进程的个体数量的影响、他们性格品质相异性的影响、环境的影响等——交叉繁育的后果——混血儿极其劣质的原因——杂交繁育带来的新的心理特点的变化——这些特点如何稳定——关键的历史时期——杂交繁育时新民族形成的关键因素，同时也是导致文明瓦解的强大要素——种姓制度的重要性——环境的影响——环境只会在新民族形成过程中对其产生影响，只能对杂交繁育行为之前祖先特点已经消失的民族施加影响——环境无法对古老的民族产生影响——各种案例——欧洲的历史民族大多数还在形成过程之中——政治后果和社会后果——为什么历史民族形成的时期会很快结束。

我们已经说过，从科学意义上来说，真正的民族很难成为文明民族。但是，历史悠久的民族，是征服、移民、政治等机遇的产物，所以由不同渊源的个体混合而成。

这些异种民族是如何融合在一起，从而形成历史民族，并拥有共同的心理特点呢？这是我们要调查的重点。

首先，让我们观察一下机遇带来的一些不会导致民族融合的要素。德国人、匈牙利人、斯洛文尼亚人，还有其他生活在奥地利统治下的民族，形成了完美的独特民族，它们从来没有试图去相互融合。英国统治下的爱尔兰是另一个不会发生民族融合的案例。对于非常落后的民族，像北美印第安人、澳大利亚人或塔斯马尼亚人，他们不仅不会与优秀民族融合，还会因为与他们接触而迅速消失。经验证明，每个落后民族与优秀民族相遇后，都会不可避免地迅速消失。

如果民族想进行融合并形成新的民族，并或多或少成为同质民族，需要具备三个条件。

第一个条件是欲进行异种交配的民族之间数量相当；第二个条件是他们的性格差异不应太大；第三个条件是他们必须很长一段时间生活在相同的环境条件下。

第一个条件是以上列举条件中最重要的。少数白人进入数量众多的黑人中间，经历几代人之后，就会消失，不会在他们后代身上留下任何血缘痕迹。所有入侵数量众多民众的征服者就是这样消失的。他们可以像高卢的拉丁人或埃及的阿拉伯人一样，身后留下他们的文明、艺术和语言，但他们却不能将自己的血液遗传下来。

两个民族进行杂交繁育会同时改变他们的体格结构和心理结构。而且，杂交繁育是我们从根本上改造民族性格唯一屡试不爽的手段。对抗遗传最强大的力量就是遗传。杂交繁育促使一个新民族的诞生，一个拥有新的生理特点和心理特点的民族。

新民族的特征起初是很不明显，而且波动。为了使其长期稳定，必须经过遗传累积。不同民族间的异种交配，首要的影响就是破坏民族心理，这里的心理指的是让民族变得强大的共同观念和情感的集合体，没有民族心理，便没有国家或祖国的出现。异种交配在民族史上是一个关键时期，这是所有国家都必须要经历的开端期和迟疑期，因为任何一个欧洲民族都是由其他民族的残骸构成的。这个过程充满了内部争斗和兴衰变迁，而且只要新的心理特点没有稳定下来，这个过程会一直持续下去。

以上所述说明，异种交配应被视为新民族形成的根本要素，和古老民族解体的强大因素。正是这种理性，使所有获得高度发达文明的民族谨小慎微，避免和外国人通婚。要不是种姓制度，三千年前侵入印度的那一小拨雅利安人，早就淹没在四周包围他们的黑色人种的汪洋大海里了，这个伟大的半岛上也不会有任何文明存在了。如果在现代，英国人没有遵循相同的制度，如果他们当时同意和原居民通婚，强大的印度帝国早就摆脱他们的控制了。一个民族蒙受诸多损失，可能会遭受许多灾难，依然能从磨难中恢复元气；然而，一旦失去其心理，它就失去了一切，而且很难恢复元气。就是在当下，当堕落的文明成了和平的或好战的入侵者的猎物时，异种交配接连充当我们以上所述的破坏性兼创造性的角色。杂交繁育破坏了古老的文明，因为它破坏了拥有古老文明的民族心理。它培育了新文明，因为与之接触的民族的旧心理特点已经受到了破坏，还因为在新的生存条件的影响下，新的心理特点已经形成了。

只有在民族的形成过程中，其古老的特点被互相对立的遗传破坏，本章开篇提到的最后一个影响因素——即环境的因素，才会变得有效。虽然环境对原始民族的影响甚微，但对新生民族影响很大。杂交繁育破坏了祖先民族的心理特点，为环境腾出一片空白的地方供其产生影响。这种影响持续几个世纪后，会使新的心理特点鲜明而稳定。接着，唯一的结果就是形成了新的历史民族。法国这个民族就是这样形成的。

环境的影响——无论是自然环境还是道德环境——视具体情况而确定其远大还是微小。这就是在阐述环境作用时，形成截然相反的观点的解释。我们已经看到，环境影响在民族形成期间是巨大的，但如果我们考虑到，古老民族在长期的遗传作用下已经牢固形成，这时候我们就可以说环境的作用，其实是微不足道的。

至于道德环境，我们可以用这样的证据——也就是，虽然东方民族几代人都接触西方文明，但西方文明仍然没有能影响他们，来证明其作用的无足轻重；美国的中国居民也是一个恰当的例子。自然环境影响薄弱，显示在适应性困难方面。进入一个和自己已经适应了的环境——完全不同的环境，原始民族——这种论述同样适用于人类、动物和植物——还没有被改造前就已经消失了。埃及一直以来就是许多不同征服者的坟墓。没有哪一个民族能够适应这个国家。无论是希腊人、罗马人、波斯人、阿拉伯人，还是土耳其人都没有能够留下其民族的任何痕迹。唯一可以看到的人种就是“夫埃拉”——即阿拉伯国家的农民，他们的容貌酷似埃及艺术家七千多年前雕刻在墓碑和法老宫殿上的人物形象。

欧洲历史上的大多数民族仍在形成过程中，为了解他们的历史，知道这一点非常重要。如今，英国人是欧洲几乎完全稳定下来的民族代表。对它来说，古代英国人、撒克逊人、诺曼人已经为新的高度同种的民族让开了道路。然而，在法国，普罗旺斯人与源自诺曼底居民的奥弗涅（法国中南部一个地区）的布列塔尼人差异却很大。不过，即使不存在法国人的一般类型，至少也存在特定地区的一般类型。不幸的是，这些类别的人在观念和性格上差异很大，所以要设计出适合所有人的制度十分困难，只有将能量集中起来，才可能让他们具备统一的思想。我们在情感和信仰方面的深层次分歧，并由此导致的政治动乱，主要归结于不同的心理结构，只有靠时间才可能将一切抹平。

这就是不同民族一直以来发觉自己所处的困境。民族之间差异越大，他们的意见分歧和内部斗争就越激烈。当它们完全不同时，要使他们生活在同样的体制和法律之下则是绝对不可能的。不同民族构成的庞大帝国的历史往往十分相似，大多数都随着他们的缔造者一起消亡了。在现代国家中，只有英国和荷兰成功地将束缚施加到了与他们差异巨大的亚洲人身上，而他们的成功主要归功于他们对那些亚洲人种的行为方式、风俗习惯和法律的尊重，让他们进行自我治理，将自己的角色限定在征税、从事商业和维持社会治安方面。

除了这些特例，所有不同民族构成的庞大帝国都是靠使用武力建立，又都注定在暴力中消亡。一个国家要想确立并长久存在，需要如下的程序：缓慢形成、差异较小的民族逐渐进行融合、通婚、居住在同一块土地上、经历相同的环境影响、拥有同样的制度和同样的信仰。

几个世纪过去了，这些独特的民族最终会形成高度同种的国家。

世界越变老，民族越稳定，靠相互融合改变的就会越来越少。随着它的不断进步，人类感觉到遗传的负担越来越重，转变会变得更加困难。就欧洲而言，可以说历史民族的形成时代很快即将结束。

第二卷　民族的心理特点如何体现在不同的文明要素中

第一章　文明的各要素被视为民族灵魂的外在体现

组成文明的各要素是创造了该文明的民族灵魂的外在体现——各种文明要素因民族不同，重要性也各不相同——通过几个民族的案例分析，文学、艺术、社会机构，充当根本性的角色——古代文明的例子：埃及人、希腊人和罗马人——不同文明要素的进化可以独立于文明的总体进程——艺术发展提供的案例——它们表达的内容——绝无可能用单一的文明要素中作为衡量文明程度的指标——确保民族优越性的要素——从哲学的角度来说，劣质的要素可能在社会学角度上是优秀的。

语言、社会机构、观念、信仰、文学、艺术，这些构成文明的不同要素，应该被视为缔造这些文明民族灵魂的外在体现。然而，作为民族灵魂外在体现的这些要素的重要性，却随着时间和民族的变化而发生很大的变化。

当下，好像艺术作品方面的书籍很少不包含这样的论点，即艺术作品是民族思想的忠实呈现，是其文明最重要的表达方式。

毫无疑问，事实就是如此，但这也远不是绝对的，艺术的发展也远不是与国家的智力发展一成不变、步调一致。诚然，确实有些民族，他们的艺术作品是其灵魂的最重要的体现，但也有其他民族在文明的范畴内占据较高的位置，在这样的民族里，艺术起着次要的作用。如果每个民族的文明史的书写都是建立在这样一种认识上，即只需要考虑其中一种文明要素，那么，每个民族所选的要素就应该会有不同。对一些民族来说，这些文明要素是艺术，而对另一些来说可能是其社会机构，他们的军事组织，他们的工业、商业等等不一而足，这有助于我们很好了解这些民族。最初建立这一点认识非常重要，因为这会让我们之后了解这些不同的文明要素，从一个民族转到另一个民族时，经历了怎样的不平衡转变。

古老的民族——埃及人和罗马人——在其不同文明要素的发展期间，甚至在构成这些要素的各个分支上，都出现了非常典型的这种不平衡发展的案例。

让我们从分析埃及人着手。他们在文学方面总是非常薄弱，绘画质量很次。但是，在建筑和雕塑方面，他们却杰作不断。他们建造的纪念碑至今仍引起我们的赞许。流传至今的埃及雕塑——比如狮身人面雕像、卡培尔王子雕像、阿蒙霍特普雕像，公元前十四世纪埃及王后奈费尔提蒂雕像，还有其他许多作品，至今仍然可以作为我们的典范。而且仅仅很短的时间希腊人就超过了他们。

谈过埃及，让我们再对比一下罗马，他们在历史上的地位遥遥领先。由于紧随埃及，因此罗马人既不缺少教育家，也不缺少典范。然而，他们的确没有产生其民族自身特色的艺术。可能没有哪个民族在其艺术作品中展示过那么少的创造性。罗马不怎么推崇艺术，只是从功利的角度来看待它们，他们仅仅把艺术看作是和从国外进口的金属、芳香剂、调料一样的物品而已。在其已经成为世界的主人时，罗马人都没有国民艺术，甚至日后，当世界和平、财富和对奢侈品的需求多少刺激其贫乏的艺术情感时，它也总是到希腊去寻求艺术精品和艺术家。罗马建筑和雕塑史只是希腊雕塑和建筑史的点缀而已。

另一方面，伟大的罗马民族，虽然在艺术方面发展落后，但在其他三个文明领域发展到了巅峰。它拥有能够确保其世界帝国地位的军事机构；它的政治和司法体制至今仍是我们效仿的典范；最后，他创造的文学几个世纪以来都是我们自身灵感的源泉。

于是，我们有了两个在文化发展领域无可匹敌的国家文明要素发展不平衡的显著案例，也就是只将其中一个要素——如艺术要素——作为文明的唯一判断标准。我们也发现了埃及的艺术——除了绘画之外——极其新颖非凡，而其文学却无法摆脱平庸。而罗马艺术发展水平一般，没有丝毫的创新，但他们在文学领域却光芒四射，有着最高级别的军事和政治机构。

虽然希腊本身是在诸多不同领域都是极其优秀的民族之一，但仍然可以引用为各文明要素之间发展不平衡的例子。在荷马时代其文学就已经光芒四射，因为荷马史诗至今仍被欧洲大学的学生作为典范来陶冶情操；人们在过去的几个世纪一直持这种观点。不过，现代考古学证实，在埃及荷马史诗时代期间，希腊的雕塑和建筑极其蛮荒，只限于对埃及和亚述艺术的粗糙模仿。

然而，提供给我们的不同文明要素之间发展不平衡的例子却是印度民族。在建筑方面，没有几个民族超越印度。而在哲学思考的深度方面，直到最近欧洲人的思想才得以企及。在文学方面，即使他们没有达到希腊人和罗马人的水平，他们至少产生了令人赞许的作品。然而，他们的雕塑艺术水平却极其平庸，远在希腊之下。在科学知识和历史知识方面，他们更是捉襟见肘，没有内容展示。在精密度方面，他们和任何其他民族都不可同日而语。他们的科学仅仅是幼稚的猜想；他们的历史知识怪诞的传奇故事没有一个确切的日期，可能也不含一个具体的事件。在他们的例子中，我们再次得出结论，仅仅研究艺术领域无法确定他们的文明水平。

还可以引用许多其他例子来支持以上观点。有一些民族，虽然他们从来没有占据过绝对优越的等级，但他们确实创造了与前面典范无甚关系的绝对民族特色的艺术。阿拉伯人是一个不错的例子。在入侵古希腊罗马不到一个世纪的时间里，他们完全改变了自己先前采用的拜占庭式的建筑，要不是我们能够查阅一系列中介纪念碑，也许就不可能确定给予他们灵感的是哪种建筑类型。

而且，即使一个民族没有拥有什么艺术或文学天赋，他依然能够创造出高级别的文明。腓尼基人就是如此，他们唯一的非凡之处就是其在商业方面的建树。就是他们让世界各地进行沟通，从而为远古世界带来了文明；但是，就其自身而言，他们几乎没有创造任何东西，他们的文明史就是其商业史。

最后，还有一些民族，除了艺术之外，其所有的文明要素都处于低级阶段。蒙古人就属于这种范畴。他们在印度建造的纪念碑，风格一点也不像印度人的，如此宏伟壮丽，以至于出色的艺术家宣称，在这些纪念碑中，其中几座已经跻身于人工建造的最完美的纪念碑。然而，没有人会将蒙古列为优秀民族。

此外，我们还注意到，即使最文明的民族，通常情况下，艺术发展的最高程度并不是这个民族文明的巅峰时期。在埃及和印度，最完美的纪念碑一般是最古老的；而在欧洲，正是在中世纪这样一个被认为是半野蛮时期，美轮美奂的哥特式艺术蓬勃发展，他们产生的令人叹为观止的作品至今无人企及。

所以，仅仅用艺术的发展程度无法来评价一个民族的水平，因为我多次重复过，艺术只是构成文明的要素之一，它的发展并不比文学的发展程度更能证明民族的文明发达水平。相反的事实是，在一些民族文明发展的顶峰时期——比如古代罗马人和现代美国人——艺术作品的水平却非常落后。正如我们论述的那样，频繁出现的事实是，各民族文学和艺术杰作总是在其半野蛮时代产生——尤其是艺术杰作。对一个民族而言，这好比在艺术领域的人格时期，其发展壮大是在儿童或青年时期，而不是在成年期。如果我们考虑到这一点，用实用主义的眼光全神贯注一个新世界，天刚破晓时，艺术的作用几乎不可见，我们可以预见有一天，即使他们不能算作文明的低级体现，至少也应算作文明的次要表现。

有许多原因能够解释，在其演化过程中，艺术的进步不能与文明的其他要素并驾齐驱，所以最终经常无法作为衡量文明状态的确切指标。无论是在埃及、希腊，还是在欧洲各民族的案例中，我们观察到这一通用法则，也就是，一旦艺术达到一定水平，某些艺术杰作开始出现，立刻就会有一个艺术衰落期，完全独立于文明的其他要素活动。这段衰落期可以一直持续到出现政治斗争、外族入侵、接纳新的信仰或艺术领域引进其他因素时为止。正是通过这样的方式，中世纪的十字军改革运动成了新知识和新观点的源泉，推动了艺术领域的进步，结果便是古典艺术向哥特式艺术的转变。也是通过这种方式，几个世纪之后，对希腊文学和拉丁文学研究的兴起又将哥特式艺术转向了文艺复兴运动。在印度也是如此，回教徒入侵，用完全相同的方式，促使印度艺术转变。

指出以下内容也非常重要，也就是由于艺术史以通用的方式表达某种文明需求，并与某种情感相对应，所以他们注定了随着这些需求一起发生改变，或者当这些孕育他们的需求和情感改变或消失时，他们也会随着完全消失。而文明绝对不会因为这个原因而导致衰落，因此我们又一次面临艺术和文明其他因素在进化过程中出现的不同步问题。历史上没有哪个时期有今天这样的文明发展程度，也没有哪个时期的艺术像今天这样普遍和非私人性。宗教信仰、思想观念和需求使艺术成了文明关键要素，当它们处在神殿消失，只好代之以庙宇和宫殿时，艺术便成了附属品，成了娱乐工具，不可能再投入太多的时间和金钱。不再是必需品，它就很难逃脱虚伪和模仿的泥沼。当今各民族不再拥有国民艺术，每个民族，无论在建筑还是雕塑方面，都或多或少地沉迷于对以往年代作品的简单复制。

这些平庸的复制品无疑代表着人们的需求和反复无常，但显而易见，他们不可能表达我们现代人的观念。我赞美那些中世纪时代艺术家的纯真作品，他们描绘的圣人画像、耶稣画像、天堂和地狱的作品，在他们那个年代都无比重要，表达着对人类生存的极度关切；然而，当不再持有这种信仰的画家在墙面上贴满原始传奇或幼稚符号的图画，试图退回到另一个时代的绘画技巧时，他们仅仅在进行可怜的模仿，对当今社会的漠然必然遭到未来人的鄙视。

唯一的真正艺术，唯一能体现一个时代的艺术，是那些艺术家表达其所感所见的艺术，而不是将自身拘囿于与我们已经不再有的需求或信仰形式的模仿。当今唯一真实的图画，能重现我们身边的事物，就像真实的建筑——五层楼的房子、高级铁路和火车站。这种实用的艺术与我们文明的需求和观念相呼应。这代表着时代的特色，犹如哥特式教堂和封建时代的城堡是那个年代的特色一样。对未来的考古学家来说，宏伟的现代商业旅馆和古老的哥特式教堂同样能吸引他们的兴趣，因为那些才是构成每个世纪遗留下的石书页码上连续的内容，他们只会对那些众多现代艺术家所绘的令人遗憾的仿造品嗤之以鼻。

每一种审美体系都代表着一个时代和一个民族的理想，因为年代和民族各不相同，理想也一定不断变化。从哲学的角度来看，所有的理想都有同样的价值，更是转瞬即逝的符号。

于是，艺术像文明的所有要素一样，是创造它们的民族灵魂的外在体现；但是，我们应该认识到，对所有民族而言，它们远非民族思想的最确切的表现形式。

这种表现形式是必需的。对一个特定民族来说，一种特定文明要素的重要性是衡量转变力量的指标，这个民族从外族引入这种文明要素之后，将这种转变力量施加在这个要素上。举例来说，如果民族人格更多地将自身体现在艺术方面，复制的进口经典作品必然就会带上其自身印迹的标志。相反，如果那些文明元素无法解释进口经典作品的精神，它的变化将非常小。当罗马人采用希腊人的建筑时，他们并没有大刀阔斧地对其加以改造，因为他们没有将民族灵魂的特色融入其建造的纪念碑之中。

还有，以罗马这个民族为例，他们没有民族特色的建筑，不得不从外国人那里引进经典建筑和艺术家，其艺术在不到几个世纪的时间里经历了环境的影响，后来不由自主几乎成了原封采纳其他民族的表现形式。寺庙、宫殿、凯旋门和古罗马的浅浮雕都是希腊和希腊学生的作品，而这些纪念碑的风格、所在地、装潢、甚至外形尺寸，都无法在我们心中激起对雅典人天赋的微妙诗意的回忆，只能让我们联想起暴力、控制和渗入罗马民族强大灵魂的军事狂热。所以，即使在民族极少展示其民族特色的领域，如果它没有自己的创新，没有揭示其心理构成和内心深处想法的东西，照样一事无成。

可以这样解释，真正的艺术家，无论是建筑师还是诗人，都具备将一个时代和民族的灵魂体现在其艺术综合体中的魔力。敏感、无意识、更多进行形象思考、极少进行推理的特定时期的艺术家是其生活的社会的忠实镜子，他们的作品是为唤起消失的文明可以追溯的最准确的资料。他们因为过于无意识的真诚，过于深陷于环境之中，所以最忠实地表达了思想观点、情感、需求和环境的趋势。他们没有随意去创造他们自己挑选的东西，这是他们的优势所在。他们拘囿于传统习俗、观念、信仰等这些构成民族和时代灵魂的网络，继承的情感、思想、灵感等因素对他们影响巨大，因为这种传承管理着潜意识的模糊领域，而在潜意识中，他们的作品得以阐释。如果没有这些作品，我们对消失的几个世纪的确会一无所知，与他们有关的东西，只能将它们和荒诞的陈述与对历史书籍人为的安排联系起来，每个民族的历史真相对我们而言，就像一个谜，如同柏拉图笔下被水淹没的神秘的赫尔墨斯。

艺术作品的基本特点，就是真实反映产生它的时代的需求和观念。在所有与历史故事有关的语言中，艺术作品，尤其是建筑作品，最容易理解。他们比历史典籍还要真实，比宗教和语言少了人为的因素，他们表达了他们那个时期的情感和需求。建筑师为人和神都建造了住处，构成历史事件的第一原因，经常在庙宇或房子的所在地，才能得到充分解释。

由此，我们可以得出结论，构成文明的各个要素确实是创造这些文明的民族灵魂的表现形式，一些特定的文明要素是民族灵魂最确切的体现形式——虽然它们会因不同民族或同一民族的不同时代而改变。

然而，因为这些文明要素的本质会随着不同民族和不同年代而改变，所以非常明显，我们不能将单独一种要素作为衡量不同文明发展水平的共同标准。

另一个显而易见的事实就是，无法对这些要素进行等级划分，因为划分标准会随着时间变化而改变，各要素的重要性本身也会随着时代的变迁而改变。

如果不同文明要素的价值仅仅用纯实用主义的观点来评价，可能很容易断定，最重要的文明要素就是那些使一个民族屈服于另一个民族的东西，也就是所谓的军事机构。但如果采用这种标准，我们就必须把希腊这样一个艺术家、哲学家、作家等人才辈出的国度置于无畏的军团之后，将善良博学的埃及人置于半野蛮的波斯人之后，将印度人置于同样是半野蛮人的蒙古人之后。

历史很少关注这些微小的差异。历史经常在军事优势面前臣服，而军事优势很少与其他文明要素优势并存，或者至少军事优势不会让其他文明要素优势在其旁边持续过长时间。不幸的是，如果一个民族不是注定要消亡的话，军事优势在那个民族就不会消失。通常情况下，当他们到达文明的最高点时，优秀民族不得不退至野蛮人，在智力方面看他们非常低级，但他们拥有的特定性格品质和好战的倾向，是文明高度发达的国家的致命伤。

所以，我们得出令人遗憾的结论，也就是从哲学角度看低级的要素，从社会学的角度来看，确实异常重要。如果历史的法则同样适用于未来，那可以说，达到高度的智力和文化水平对一个民族是最有害的。一旦形成民族心灵的根基——也就是其性格品质开始衰落，这个民族很快就会土崩瓦解。一旦其文明和智力达到非常高的水平，这些性格品质就会下降。

第二章 社会制度、宗教和语言如何发生变化

优秀民族和落后民族一样无力突然改变其文明要素——已经改变其宗教、语言和艺术的民族面临的矛盾——日本的案例——改变较为显著的方面——信仰佛教、婆罗门教、基督教等不同宗教的各个民族在宗教影响下经历的深刻变化——拥有不同社会制度和语言的民族经历的变化——不同语言体系里的词汇对应和表达着不同的观念和思维方式——翻译某种语言的不可能性——为什么在历史典籍里，一个民族的文明有时候好像经历了深刻的变化——不同文明相互影响的局限性。

在前面的章节里，我们已经说明，优秀民族完全不可能引导落后民族接受其文明或将文明强加于其头上。任凭欧洲采取一种又一种强有力的行为手段——教育、社会制度、信仰——我们已经证明这些改变落后民族社会状态的手段是绝对无效的。我们已经尽力证实，由于所有的文明要素对应着某种定义明确的心理结构，而后者是在漫长的历史长河中靠遗传作用形成的，所以在改变心理结构之前很难改变这些文明要素。这种任务超出了征服者的能力，只能靠漫长的时间来完成。我们也说明了，只有经历一些系列连续的阶段，如同那些破坏了希腊罗马文明的野蛮人经历过的阶段，一个民族才可能在文明的范畴内立足。如果想通过教育的手段，让一个民族绕开这些阶段，这种做法就会瓦解其道德和智力，该民族最终的水平将会比任其自由发展，所能达到的水平低而落后。

这些适用于落后民族的论据同样适用于先进民族。如果我们这部书确立的原则正确，那么应该非常清楚一点，也就是优秀民族也不能突然改变其文明。它们也需要时间，需要经历连续的阶段。优秀民族信奉的宗教、使用的语言、建立的社会制度和创造的艺术有时候好像有别于其祖先，事实上也是经历了漫长而深刻的改变过程，并使其适应了其心理结构。

历史好像在每一页都会与先前的观点相悖。它给我们提供了无数民族改变其文明要素的范例，包括他们信仰了新的宗教、使用了新的语言、建立了新的社会制度。一些民族摒弃了他们信奉了数个世纪的信仰而皈依了基督教、佛教或伊斯兰教；另一些民族改变了他们的语言；还有一些彻底改变了他们的社会制度和艺术。看上去甚至好像是征服者或信徒促成了这些变化，甚或只是简单的任性行为使然。

然而，历史在描述突如其来的革命时，只是完成了其习惯性使命，造成和宣传持久性错误。我们认真研究这些所谓的变化，很快会发现事物仅仅在名义上发生了变化，隐藏在文字背后的现实继续存在，只会极其缓慢地发生改变。

为了证实这一论断，同时说明运行在那些命名背后的事物的缓慢进化依然不变，有必要研究不同民族各个文明要素，重写他们的历史。这项繁重的工作，我已经尝试做了几大卷；所以，在此不需要再作这个尝试。将组成文明的众多要素弃之一旁，我只选其中之一——艺术作为范例。

然而，在对从一个民族传播到另一个民族的艺术进行专题研究之前，我要先针对文明其他要素经历的变化作一些评论，只是为了说明，适用于这些要素其中之一的法则同样非常适用于所有要素，如果不同民族的艺术对应某种心理结构，那么，如前所述的语言、社会制度、信仰，都对应某种心理结构，他们不会突然发生变化，只会不偏不倚地从一个民族向另一个民族传播。[1]

尤其是联系到宗教信仰问题时，这套理论可能更显得有些矛盾。然而，正是在宗教信仰发展的历史上发现了绝妙的例子，为民族文明要素突然改变的不可能性提供了证明，就像个体不可能改变其身高或眼睛的颜色一样。

毫无疑问，没有人不知道，所有伟大的宗教——如婆罗门教、佛教、基督教或伊斯兰教，在那些似乎信奉它们的整个民族的全体人身上突然都发生了变化；然而，认真研究这些变化后很快会发现，这些民族改变的更多的是古老宗

[1] 这里我不针对日本的案例，因为我已经在其他地方处理过这个问题，还要在将来某个时刻重新论及。我们不可能只用几页纸就对杰出的政治家成为妄想症的牺牲品这个话题进行研究，而非常不幸的是，某些缺乏洞察力的心理学家与那些政治家同样有妄想症。军事胜利带来的声望，即使是以牺牲野蛮民族为代价获得，对许多人来说，依然是衡量文明水平的标准。我们可以按照欧洲的军事原则来训练一支黑人军队，教会他们如何操作步枪和大炮，但他们在心理上的劣势以及由此引发的后果不会因这个而改变。日本鼓吹的欧洲文明外衣与日本这个民族的心理条件，绝对是风马牛不相及。那只是借来的花哨服装，很快将会被暴力战争租用。

教的名字，而不是这个宗教本身。事实上，新信奉的宗教必须经过转变，与他们取代了的古老信仰建立联系，所以实质上也只是后者的延续。

宗教信仰从一个民族传播到另一个民族之后，经历的转变总是非常大，新信奉的宗教与其持有的名称之间已经没有明显的关系。最好的案例是佛教，当它被传播到中国之后，变得基本不可识别，博学之人起初将其作为一种独立的宗教，经过很长时间才识别出来，这种宗教仅仅是其他民族信奉的佛教转变过来的样子。中国人信仰的佛教绝对不是印度信仰的佛教，而印度佛教与尼泊尔佛教有很大的区别，而后者与锡兰佛教也相差甚远。在印度，佛教只是婆罗门教的一个分支，实际上与其差异并不大；在中国，佛教也只是其早期信仰的一个分支，互相之间有千丝万缕的关系。

在佛教案例中，有力的证据可能同样也适用于婆罗门教。印度的民族已经发生了极其显著的变化，所以很容易推断，即使民族名称一样，他们也信奉完全不同的宗教信仰。无疑，婆罗门民族将毗瑟挐（守护神，印度教主神之一）和湿婆（印度三大神中司破坏之神）当作他们的主神，将《吠陀经》（印度最古的宗教文献和文学作品的总称）看作圣书；然而，虽然诸神并立，但宗教还是沿用其原来的名称，圣书还是其主流书籍。围绕着主要的共同特征，无数祭祀礼仪发展起来，在这些祭祀礼仪中，由于民族不同，发现了各不相同的信仰：一神论、多神论、物神崇拜、泛神论、祖先崇拜、魔鬼崇拜、动物崇拜等不一而足。如果我们仅仅用《吠陀经》里提到的内容来评价印度的宗教，那么，对这个巨大半岛的诸神和信仰，我们就理不出丝毫的头绪了。所有的婆罗门人都尊重圣书的书名，但总体上圣书里宣扬的宗教没有留存下来什么内容。

……

欧洲人自己的宗教也没有能逃脱该共同法则，这个法则迫使宗教随着奉行该信仰的民族的心理变化而发生转变。就像在印度，经书上所载的条文依然不变，但这些教条已是无用的准则，每个民族都用他们自己的方式对他们的意义加以阐述。在欧洲统一的基督教名称下，发现了真正的异教徒，比如崇拜偶像的布列塔尼人；恋物癖者，比如崇拜护身符的西班牙人；多神论者，比如崇拜每个村庄形态各异的圣母玛利亚神的意大利人。如果再深入该研究，很容易就会发现，宗教改革运动带来的重要的宗教分裂，是不同民族对其同一本宗教书籍不同阐述的必然结果；北方的民族希望对他们的宗教信仰进行探讨，改变自己的生活方式，而南方的民族却一直没有独立思想和哲学精神。没有什么案例比这个更有说服力了。

然而，这些就是事实，它们的发展将超出我们的研究范围。我们还将对构成文明的其他两个基本要素，即社会制度和语言进行简单论述，因为有必要进入技术细节进行讨论，这些细节完全超出了这项工作的限制。在宗教信仰方面正确的法则在社会制度方面同样是正确的；如果后者不经过改变，就不可能从一个民族向另一民族传播。我在这里并不想赘述，只恳请读者考虑一下，在现代，同样的社会制度，通过武力或劝诱在其他民族建立，虽然沿用同样的名称，但其实已经发生了变化。在之后的章节里，我会阐明和美国不同地区相关的事实。

实际上，社会制度是必然的结果，仅靠一代人的力量产生不了什么影响。对每个民族和民族进化的每个阶段来说，生存条件、情感、思想、观点、遗传影响只暗指某些社会制度，而不是其他社会制度。政府的标签一点都不重要。对一个民族来说，从来不曾选择过看上去最好的社会制度。如果出现了少有的机会，民族可以选择自己的社会制度，那肯定无法长久的。过去一百多年间，法国无数次的革命，接连不断的宪法修改，形成的经验，早就应该让政治家们坚定这样的观点了。而且，我相信，很少有其他地方，比在社会大众迟钝的脑瓜和几个少数幻想派狭隘的头脑里，更容易有这样持久的观念，也就是立法行为带来了重大的社会变革。社会制度唯一的作用在于，将大众的行为方式和民意最终接受的变革合法化。社会制度由这些变革塑造而成，但绝不是形成于它们之前。社会制度改变不了人类的性格品质和思想。一个民族是虔诚还是多疑，不是因为社会制度，或者是它教会这个民族去处理自己的事情，不要总是向国家索求，这样将为它锻造一条铁链。

我在语言的问题上不会比在社会制度的问题上停留更长的时间，而是会将自己的注意力集中于这个事实，也就是，即使语言被书面作品固定化，在从一个民族向另一个民族的传播过程中也需要对其进行改变，这个真相让全球语言的观点显得异常荒诞。毫无疑问，虽然高卢人在数字上有巨大的优势，在占领之后不到两个世纪的时间就采用了拉丁语，但他们很快让新使用的语言适应了他们的需求和他们专注心智的独特逻辑。现代法国正是这种转变的最终结果。

不同的民族不可能讲同一种语言，无论多长时间都不可能。征服的偶然事件、商业上的利益，肯定会让一个民族使用另一民族的语言，从而取代自己的母语。但是，几代人的时光过后，这种语言一定已经完全改变了。使用他国语言的民族和语言原产国的差异越大，这种改变就越彻底。

居住着不同民族的国家一定经常出现不同的语言。印度在此提供了很好的例子。这个伟大的半岛国家居住着数不清的不同民族；所以，当语言权威告诉我们，这个国家讲二百五十种语言，而且有些语言之间的差异比法语和希腊语之间的差异还要大时，我们就一点也不感到惊奇了。况且，这二百五十种语言还不包括三百多种方言！这些语言的广泛传播是在现代完成的，因为它只有三百年的历史；印度语是伊斯兰教徒征服者和印度人讲的波斯语与阿拉伯语的混合体，是被征服地区所讲的主要语言之一。征服者和被征服者很快都忘记了他们的原始语言，开始讲新的语言。这种新的语言经过改变，适应新民族的需求，而新民族正是聚集在一起的不同民族杂交繁育产生的。

我不能再在这个问题上停留太多时间了，必须集中精力指出基本观点。如果我可以进一步探讨这个话题的话，我会说，各民族之间差异越大，代表他们思维方式和感情的对应语言差异就越大。实际上，由于他们的语言都没有同义词，因此将一种语言翻译为另一种语言是不可能的。通过观察，我们可以明白，事实完全就是如此，同一个国家、同一个民族之间，在长达几个世纪的时间里，同一个词语对应着完全不同的思想。

古老的词汇代表过去人们的思想。单词在其发源地是真实事物的标志，但很快他们的意思就会随着思想观念、行为方式、风俗习惯的改变而发生变化。还是要追溯到这些年代久远的标志上去，因为它们很难改变，但他们在一个特定时刻代表的含义和如今代表的意义很难一致。对于和我们距离遥远的民族，其文明和我们没有相似性，翻译的词汇只能是完全脱离它们原始的真实含义。于是，那些词汇在我们心里激起的思想和它们原先激起的思想没有一点关系。这种现象对印度古代的语言尤其明显。印度民族的思想和他们的逻辑，与我们的思想和逻辑没有任何关系，他们的词汇从来没有我们欧洲人历经几个世纪发展起来的性情最终赋予词汇的那么明确的意义。有一些书籍——比如《吠陀经》，虽然有人试图进行翻译，但最终却是不可能的。[1]要了解和我们生活在一起的个体的想法已经够难了；况且，年龄、性别和教育的差异将

[1] 谈到翻译《吠陀经》的无数次尝试时，一位杰出的印度学者巴思先生说：“所有这些不同的有时候甚至是前后矛盾的调查只得出一个结论；它们揭示的事实就是，我们根本不可能将《吠陀经》的真实意思翻译出来。”

我们区分开来；民族的思想累积了数个世纪的尘埃，要了解他们的思想，是任何学者都无法完成的一项任务。其获得的所有知识只能显示这种尝试完全无用。

虽然上述案例简短，没有做深入剖析，但它们也足够说明各民族对其引进来的文明要素的影响是多么深刻。骤然改变的名字使引进的文明要素看起来常常十分重要，而实质上，这些并不重要。在几个世纪的时间里，由于一代代人缓慢劳作和连续不断添加内容，引进的要素最终和它在起源地产生时已经有了巨大的差异。历史特别注重表象，对这些连续的变化重视不够，当它告诉我们，比如说，一个民族信奉了一种新的宗教，我们为自己描述的根本就不是真正信奉的信仰，而是今天我们知道的宗教。为了了解它们的起源和探究将名称与现实分裂开来的差异，很有必要极其认真地研究这些缓慢地变化。

文明的历史是由这些缓慢地变化——即非常微小的连续变化构成的。如果后者对我们来说是突然的巨大变化，那是因为我们忽略了中间阶段，只考虑极端阶段，就像我们处理地质学一样。

实际上，无论一个民族被认为有多聪明、多有天赋，它汲取新文明要素的能力总是有限的。脑细胞不可能在一日之内就将经历几个世纪才形成的东西吸收，也不可能吸收已经适应了彼此不同的有机体的情感和需求的东西。只有通过缓慢的遗传累积，这种吸收才会变成可能。更进一步说，当我们对古代最智慧的民族——希腊民族的艺术进化史进行研究时，我们会发现，需要经历许多世纪，对亚述和埃及精品进行粗糙制作的仿制品才被抛到身后，又经过连续漫长的时间，才会出现引人赞叹的出色杰作。

我们也必须要看到，所有在历史上交替出现的民族——除了埃及人和迦勒底人等少数几个原始民族——很少吸收构成历史遗产的文明要素之外的东西；也就是，他们已经改变、适应其心理结构的要素。如果他们不能从历史创造的物质财富中受益的话，世界文明的发展速度就会无限缓慢，不同民族的历史就永远得重新开始。埃及和迦勒底居民在七八千年前创造的文明，是所有民族可以轮流从中汲取的丰富养料。希腊的艺术起源于底格里斯河流域和尼罗河流域河畔创造的艺术。希腊艺术风格催生了罗马风格，而后者在东方影响因素的作用下，又产生了拜占庭式风格、罗马古典风格和哥特式风格，这些风格在其繁荣发展的过程中随着民族的天赋和年代而改变，但他们都有同样的起源。

以上适用于艺术领域的结论同样适用于文明的所有要素，比如社会制度、语言和宗教信仰。欧洲的语言源自过去亚洲中部高原当地人的母语。法国法律是罗马法律的分支，罗马法律又是其早期法律的分支。犹太教源自迦勒底的宗教信仰，与雅安人的信仰息息相关，已经成为最大的宗教，在过去将近两千年的时间一直对西方民族产生影响。我们的科学本身，如果没有经历几个世纪的缓慢发展，也不会是今天的样子。现代天文学的缔造者们——哥白尼、开普勒、牛顿，都是古希腊天文学家、地理学家托勒密的嫡系后裔，后者的书籍一直到十五世纪还在持续发挥影响，而托勒密的后代们，穿过亚历山大里亚学派，一直可以追溯到埃及和迦勒底的天文学家。虽然历史充满大片的空白区域，但我们还是可以看到，穿过延绵不断的年代和帝国，将我们带回到那些古老文明开端的知识的缓慢进化，而现代科学正在试图将这些知识与没有人类历史痕迹的远古时代连接起来。然而，如果原始资料普遍，那么，各民族根据其心理构成对引进的文明要素所做的改变——无论是进步的还是退步的，也在发生变化；正是这些改革的历史构成了文明史。

我们已经看到，构成文明的基本要素对每个民族都非常独特，它们是结果，是其心理结构的表达形式，所以从一个民族传播到另一个民族时，不可能不经历深刻的变化。我们也看到，这些变化程度贴上了两方面的标签，一方面是迫使我们用同样的词汇来定义不同事物的语言发展的必然，另一方面是引导我们仅仅考虑文明的极端形式，而忽略与它们相联系的中间形式的历史发展的必然。我们在下一章研究艺术发展的通用规则时，可以更加精确地说明，文明从一个民族向另一个民族传播时，文明基本要素发生的不断变化。

第三章 艺术如何转变

已经确立的原则适用于研究东方民族艺术的进化——埃及——作为艺术起源的宗教思想——艺术在不同民族之间移植时的发展情况：埃塞俄比亚人、希腊人和波斯人——古代希腊的低等艺术——其缓慢的进化过程——希腊艺术、埃及艺术、亚述艺术在波斯的接受和演化——艺术随民族而非宗教信仰的不同而变化——在信奉伊斯兰教的民族，阿拉伯艺术经历的巨大改变提供的案例——将我们的原则用于调查艺术在印度的起源和进化——印度和希腊有相同的起源，但由于民族多元化，因此它们发展的艺术之间没有任何关系——虽然印度不同民族的宗教信仰相似，但印度的建筑艺术在不同民族之间仍然经历了巨大变化。

审视一个民族的心理构成、其社会结构、宗教信仰和其语言的关系后，我将精力集中在一些简单的指示上。为了阐述这一话题，需要用不少篇幅。

对艺术来说，做出一个清晰明确的定义易如反掌。社会制度和宗教信仰的定义无法确定，他们的解释非常模糊。我们不得不在古老的文献中搜寻隐藏着的、并随时代变化的真相，通过艰苦论证和批判精神来获得最终可以公开讨论的结论。艺术作品，尤其是历史遗迹，是非常具体的物体，便于解释。石书是最透明的书，唯一不会说谎的书，正是因为这个原因，在对东方文明史的著作中我把它们放在了最突出的地位。我对文献经常持有极大的怀疑态度。它们常常有欺骗性，很少能提供指导意义。历史遗迹很少欺骗我们，经常具有指导意义。历史遗迹是消失了的民族的思想最好的守护者，心理盲应该受到那些只关心历史遗迹所载铭文的专家的体恤。

艺术是民族心理结构的表达形式，让我们现在开始在这方面进行研究，还要研究他们在从一种文明向另一种文明的传播过程中经历的变化。

在这项调查中，我只考虑东方艺术。欧洲艺术的发源和转变遵循相同的法则；但是为了理解它们在不同民族之间的演变，需要详细叙述，这会超出这本书非常局限的范围。

让我们从埃及的艺术说起，审视它们前面的命运。埃及艺术曾经在三个不同民族——埃塞俄比亚的黑人、希腊人和波斯人之间相继移植。

所有在这个地球上兴盛过的文明，都在艺术领域发现了最完整的表现形式。它是如此有力和清晰地表达出来，以致看到尼罗河畔曙光的艺术形式只能适合埃及人，只有经历巨大的改变，才能被其他民族采用。

埃及艺术——尤其是埃及建筑——是一个民族独特理想的结果，是整个民族五十个世纪以来魂牵梦绕的东西。埃及人的梦想是为人类短暂的一生建造一座不朽的住所。在这方面，这个民族和任何其他民族都不一样，他们轻视生命，追求死亡。最让他们感兴趣的东西是静止不动的木乃伊，镶嵌在金色面具里的搪瓷眼睛从阴暗的居所深处永久注视着神秘的象形文字。他们被保护在阴森森的广阔如宫殿的墓穴里，免受一切亵渎，两边墙壁上满是绘画和雕塑的永无止境的长廊里，挤满了所有在其短暂的尘世生活中痴迷于此的人。

埃及建筑更多的是殡葬建筑和宗教性的建筑，经常以木乃伊和众神祇为对象。他们的建筑就是挖掘出来的地下墓葬，方尖碑、塔门和高耸云霄的金字塔；他们的建筑就是庄严却又协调地斜靠在石头王座上沉思的巨人。

这些建筑的牢固厚重，因为它的目的就是追求永恒。如果埃及是我们熟悉的唯一古老的民族，那可以说，它的艺术是其塑造的民族灵魂的最忠实体现。

民族之间的差异很大——比如，埃塞俄比亚是一个落后民族；希腊和波斯是两个文明程度相对高级的民族——他们或者只从埃及引进其艺术，或者从埃及和亚述两个国家引进他们的艺术。让我们看看艺术在他们手里变成了什么样子。

我们从上面提及的落后民族——埃塞俄比亚说起。

众所周知，在埃及历史晚期二十四王朝期间，苏丹民族利用埃及的混乱无序和腐败堕落，侵占了其几个省份，建立了王国，分别以纳巴塔和麦罗埃为其首都，几个世纪以来一直保持独立。被征服民族的文明让他们目眩神迷，便极力模仿他们的历史遗迹和艺术；不过，这些仿造品，我们现在还存有样品，大部分都是非常粗糙的作品。虽然有埃及人的文明影响，但他们还是无法将这种野蛮摆脱掉。无论在古代史还是现代史上，从来没有发现黑人取得一定程度文明的案例；在任何情况下，一旦一种高级文明因为一些偶然因素落入黑人民族手中，古代以埃塞俄比亚为例，现代以海地为例，这种文明很快就会退回到可怜的低级形态。

在世界上不同纬度的地方，另一个民族，当时也是野蛮民族，却是希腊的一个白人民族，起先他们从埃及和亚述人那里引进其第一批艺术精品，开始也只限于粗糙模仿。是腓尼基人和小亚细亚人在希腊提供了那两种伟大文明的艺术品。腓尼基人是连接地中海沿岸海路的主人，而小亚细亚人是通往古代亚述首都尼尼微和巴比伦陆路的主人。

所有人都清楚，希腊人最终远远超过了他们的榜样。然而，现代考古学发现，起初他们的作品非常粗糙，最终创造出使不朽的经典作品整整花费了他们几个世纪的时间。希腊人用了七百多年的时间，专心致志于将外国艺术转化为本国杰出艺术的工作；但是，在19世纪取得的进步要远远大于过往年代取得的进步。人们发现难以逾越的不是文明的高级阶段，而是低级阶段。最古老的希腊艺术品，是在希腊南部古城迈锡尼发现的，是公元前十二世纪的作品，完全是野蛮的作品，是东方艺术品的粗糙模仿；六个世纪之后，希腊艺术仍然带着非常浓郁的东方气息；该亚阿波罗和敖克门阿波罗与埃及雕塑有奇特的相似之处；但是它进步非常快，一个世纪之后，便涌现出了古希腊雕刻家菲狄亚斯和惊世绝伦的帕台农神殿——希腊用以祭祀雅典娜女神的神庙——雕像，也就是说，其艺术风格已经摆脱了东方的影响，已经超越了长期给予其灵感的模范。

建筑艺术也遵循相似的进化过程，虽然每个阶段的确立并不容易。我们不知道公元前九世纪的《荷马史诗》中的宫殿可能是什么样子的，但是通过诗人描述的青铜色的高墙、色彩鲜明的尖顶、守护大门的金银铸成的动物，会让我们立刻想起覆盖着青铜板和琉璃砖的由公牛雕塑护卫的亚述宫殿。不管怎么说，我们都知道希腊最古老的多立克柱式，它们好像始于公元前七世纪，在埃及的卡纳克神庙——位于尼罗河中游的路克索——和贝尼哈桑可以看到；爱奥尼柱式的几个具体建筑细节是引自亚述的，但我们也知道这些外来因素，在某种程度上，开始只是简单的叠加，然后融合，最后发生改变，产生了与原始模型差异巨大的新柱式。

做为远古世纪另一个极端的例子，波斯给我们提供了一个关于艺术接纳和进化的相似案例，不过其进化不够完整，因为它曾经被外族入侵突然打断过。波斯与希腊不一样，它没有用七个世纪，而是只用两百年的时间创造其艺术。

迄今，只有阿拉伯一个民族在短期内成功创造了自己的民族艺术。

波斯文明史直至赛勒斯和其后继者之后才真正开始，塞勒斯及其后继者在公元前五世纪成功占领了巴比伦和埃及这两个伟大的文明城邦，他们的荣耀在东方世界曾经熠熠生辉。日后即将行使霸权的希腊人还没有算在内。波斯王国成了文明的中心，直至公元前三世纪被亚历山大推翻，后者的征服立刻将世界的文明中心迁移至别处。波斯当时没有自己的民族艺术，他们占领埃及和巴比伦之后，从被征服国家引进了艺术家和艺术典范。波斯帝国只持续了两个世纪，根本还没有时间对这些艺术深入改变，但自他们建立之日起，就已经开始对这些艺术进行变更了。古波斯帝国都城波斯波利斯的灭亡，让我们知晓了这些变化的起源。我们无疑会在融合的过程中，或者埃及艺术和亚述艺术叠加后，又与一些希腊的文明要素的混合中看到这些变化；但是新的艺术要素，尤其是波斯波利斯高耸的大石柱已经呈现出来。于是，我们相信，如果波斯经历一段更长时间的话，这个优秀的民族就一定会创造出自己的民族艺术，即使可能达不到希腊艺术的高峰。

这种猜测，在对始于十世纪之后一段时间的波斯遗址进行考察之后，得到了支持。阿契美尼德王朝被亚历山大推翻后，由塞琉西王朝接替，之后是阿萨息斯王朝，最后是在公元前七世纪被阿拉伯人推翻的萨珊王朝。随着这些后来征服者的出现，波斯又出现了新的建筑艺术，当他们再次建造历史遗迹时，表现出了毋庸置疑的原创性，这是阿拉伯艺术和阿契美尼德艺术融合，又与阿萨息斯带点希腊式的艺术风格——与整个门面一样高度的宏伟门廊、瓷砖、尖顶式拱廊等——结合后改造过的结果。后来，蒙古人正是将这种新的艺术风格传到了印度，并进行了更改。

在前面的例子中，我们看到一个民族对另一个民族艺术不同的改造程度，根据民族和时代的不同，它能够一直致力于这种改变。

对于落后民族——比如埃塞俄比亚，虽然外来艺术已经任其处置了几个世纪，但最后却变成了低级的艺术形态，原因是这个民族的大脑容量不足。而对一个优秀民族来说，外来艺术经其几个世纪的影响演化后，我们已经看到，这种古老的艺术已经完全变成了全新的高级艺术。对另一个民族——比如波斯，他们没有希腊人那么高的文明等级，并受生存时间的限制，我们就只能看到他们高超的适应能力和艺术转变的端倪。

然而，除了以上我们已经援引的那些久远时代的例子之外，还有许多至今仍然可见的现代例子，显示了一个民族被迫对其引进的艺术改变的幅度。这些例子更加典型，因为他们由信奉同一种宗教却又有着不同起源的民族提供。这里我指的是伊斯兰教徒。

阿拉伯人在公元7世纪占领旧世界大部分的地域，建立起庞大的帝国，其领土从西班牙一直延伸到亚洲中部，包括非洲北部的广阔地域。那时，他们发现自己面临一种显著的建筑风格——拜占庭式建筑。起先，他们只是将这种建筑风格运用到西班牙、埃及和叙利亚的清真寺建筑上。耶路撒冷的奥玛清真寺、开罗的阿慕尔清真寺，还有其他至今尚存的纪念性建筑，都向我们展示了这种风格的运用。然而，这种建筑风格并没有持续很长时间，这些建筑物在不同国家都经历了几个世纪的转变。在《阿拉伯文明史》一节中，我们已经说明了这些变化的起源。变化如此巨大，以致阿拉伯对外征服战争早期的建筑物——比如开罗的阿慕尔清真寺（公元742年）——和阿拉伯全盛时期的建筑——比如凯特贝清真寺之间已经没有丝毫的相似性。我们已经通过阐述和图例说明，伊斯兰教统治的不同国家——西班牙、非洲、叙利亚、波斯、印度——他们现存的建筑物之间差异如此之大，因此事实上，都不可能将他们归于同一个名称之下。它们不像其他风格的建筑——比如哥特式建筑物，虽然有多种类型，但有明显的相似性。

伊斯兰教国家在建筑领域的这些极端差异，不是信仰多元化的结果，因为他们信奉同一种宗教；它是这些国家绝对性分歧的结果，这种分歧对艺术进化的影响，和其对帝国命运的影响一样深远。

如果这个论断正确，我们就可以在居住着不同民族、具有共同的宗教信仰和统一的政治统治的国家发现不同的建筑物，这正是在印度观察到的现象。正是在印度这个国家，我们很容易找到案例来支持本书中确立的一般原则，也正是由于这个原因，我总是参考这个伟大的半岛国家，它构成了历史典籍中最有指导意义和最有哲学思想的部分。在某种意义上，它是当今独一无二的国家：只需要从该国的某一个地方走到另一个地方，就有可能从一个时代跨入另一个时代，观察到人类要达到高级文明必须穿越的一系列连续阶段。所有的进化形式都在印度留下了痕迹：那里有石器时代的代表物，还有电气时代和蒸汽时代的代表物。除了这里之外，在任何地方都不可能得到更好的关于主导文明起源和进化的那些重大因素的观点了。

我将本书中归纳出来的原则加以应用，试图解决长久以来一直在寻求答案的问题——印度艺术的起源。这个课题鲜为人知，是我们关于民族心理观点的有趣应用，我们在这里将归纳出最本质的内容。[1]

在艺术方面，印度在历史上一直到很晚才崭露头角。它最古老的建筑物——比如，阿育王石柱、卡尔里神庙、巴尔胡特佛塔、桑吉寺等——很少有追溯到公元前二世纪的。当他们创造古代世界大部分的古老文明时，埃及、波斯、亚述甚至希腊自己的文明已经结束其周期，进入了颓废之夜。只有罗马文明取代了所有其他文明。世界只认识一个主人。

印度这个国家缓慢地从历史的阴影里走了出来，做好了引进许多古老文明的准备。然而，这个国家过去被公认总是生活在封闭状态，还有其建筑物令人惊叹的新颖性，与之前建造的建筑之间看不出有明显的联系，所以很久以来，人们都认定，印度将引进的外来建筑弃之一旁，没有进行过改造。

无可争议的新颖建筑鳞次栉比，印度早期建筑展现出来执行上的优越性，注定了在漫漫历史长河中不能被超越。如此完美的作品前面肯定有早期的努力尝试。然而，虽然进行了许多细致的调查，我们在那些水平较次的建筑物上没有发现这种尝试的痕迹。

在这个半岛国家西北部的某些封闭地区，近期发现的雕塑和古建筑残骸清楚地显示了希腊对它们的影响，最终让印度古文物研究者相信，印度曾经借鉴过希腊艺术风格。

对以上确立的原则的应用，和对印度现存的大多数的古建筑认真细致的调查，让我们得出完全不同的结论。在我们的印象里，虽然印度与希腊文明有偶然性的接触，但根本没有借鉴过希腊的艺术风格，也不会借鉴希腊的任何文明形式。两个民族之间的差异如此巨大，思想也不甚相同，他们的艺术天赋太不相容，很难互相影响。

对分布在印度的古建筑的调查还显示，印度艺术和希腊艺术没有任何联系。我们欧洲的建筑物到处可见源自希腊的艺术要素，而印度的现存建筑却根本没有这些要素。表面的肤浅研究证明，我们是极不相同的两个民族，艺术天赋更不相同——我甚至可以说得更严重些——没有什么比希腊人的艺术天赋和印度人的艺术天赋之间的差异更大的了。

---

[1] 由于这里不能涉及技术细节，因此我建议读者参考拙著《印度的建筑》，用我自己的四百多张照片、规划和图画作插图。许多盘子在拙著《印度文明》里都使用了缩小的比例显示。

我们对印度建筑物和建造这些建筑的民族的内在心理所做的更彻底和更尖锐的研究，只是深化了这个一般性结论。我们很快就会发现，印度的艺术天赋过于个性化，不会受到与其思想不一致的外来艺术因素的影响，除非这种外来因素的影响是靠武力强加上去的；但是，无论这种外来影响理应持续多长时间，它总是极其肤浅和短暂已逝的。这就像横亘在印度民族心理结构和其他民族心理结构之间的障碍，如同自然界为这个伟大的半岛国家和地球上其他国家之间制造的巨大障碍一样明显。印度的艺术天赋如此特别，以致任何想迫使它模仿的艺术因素，最终会立刻被改变，成为印度特色的因素。即使在建筑领域这样一个很难掩盖借鉴因素的领域，这种具备奇特天赋的人格和迅速变更的能力也会很快得以展示。毫无疑问，有可能使印度建筑师模仿一种希腊式的神柱，而我们却不能阻止它迅速将其改变成一种乍一看认为是印度特色的柱子。即使在今天，虽然欧洲艺术在印度有如此巨大的影响力，但我们也可随时看到这种变化。如果我们给印度艺术家一件欧洲的经典作品供其仿制，它就会采用这种艺术品的一般形式，还会将其某些部分扩大，增加并改变装饰细节，直至第二或第三件仿制品彻底丢掉西方的艺术特点，完全变成印度特色。

印度建筑的根本特色——这种特色也见于印度文学领域，正因为这样，印度文学与印度建筑之间有紧密的联系——极其夸张，对细节进行无止境的丰富充实，这种复杂风格与希腊艺术质朴简单的风格正好相反。在研究印度艺术时尤其如此，据了解，一个民族的浮雕作品发展程度与其心理结构密切相关，对那些知道如何解释他们的人来说构成了最清晰的语言。如果印度人像亚述人一样，完全从历史上消失，那么，他们的神庙、雕塑、历史遗迹等浅浮雕艺术就足以向我们揭示其历史了。它们尤其想告诉我们的是，希腊条理清晰的思想天赋从来没有对印度人夸张的没有条理的想象力产生过丝毫影响。它们也让我们明白，为什么希腊对印度的影响只是暂时的，也总是限于通过武力临时施加影响的地区。

从考古学的角度研究印度的历史遗迹，通过精确的资料，能够让我们确定对印度和印度人天赋有了一般性的了解之后立刻能显示的东西。它让我们了解一个有趣的事实，那就是，曾经几次，尤其是公元一世纪和二世纪期间，印度君主在与波斯阿萨息斯一世王朝的交往过程中，发现后者的文明带有显著的希腊艺术痕迹，就想将希腊艺术引进印度，但却从来没有成功地让这种艺术在本国生根。

这种借用的完全带着官方性质的艺术，与借用国家民族的思想没有任何关系，总是伴随着催生它的政治影响一起消失。而且这种艺术与印度人的艺术天赋格格不入，因此即使在靠武力影响的时期也没有对其国民艺术产生什么作用。当代或日后印度的历史遗迹——如地下神庙，就丝毫找不到希腊艺术的痕迹。另一方面，他们太容易被辨认出来，不可能被忽略掉。除了一般的特色之外，还有技术细节，尤其是对装饰织物的处理，立刻就透露出它们源自希腊艺术家之手。

希腊艺术在印度像幽灵一样突然消失，说明这种艺术完全就是舶来品，被官方强行引进，与被迫接受它的民族之间没有任何亲密关系。艺术从来不会这样从一个民族消失；他们进行自我转变，新艺术总是会从它取代的艺术中借用某些要素。希腊艺术突然在印度出现后，又突然消失，没有留下任何影响，恰恰如同过去的两个世纪英国人建造的欧洲历史遗迹一样。

当今欧洲艺术未在印度产生任何影响的事实，可以与十八世纪之前希腊极其微弱的影响力进行对比。不可否认，这里有一个审美情趣不相容的问题，而对于伊斯兰教艺术，虽然作为欧洲艺术与印度无关，但被整个半岛模仿。即使在伊斯兰教徒没有使用任何武力的地方，也很少能见到一个不含阿拉伯装饰物痕迹的神庙。无疑，如果今天我们看到一些首长，如同在迦腻色迦王的远古时代一样，比如印度中央邦北部城市瓜廖尔的首长，他们被外国人的威力吸引，自己也建造了希腊拉丁式的欧洲宫殿，但是——又一次发生在迦腻色迦王的时代——这种官方艺术，强加在当地艺术上，对后者就没有影响力了。

希腊和印度艺术，起初并肩存在，就像现在的欧洲艺术和印度艺术一样，却互不影响。就印度能称得上历史遗迹的建筑物而言，没有一座能说它与希腊的建筑物有任何相似性，无论是从总体特征还是具体细节上，哪怕是极小的相似性。

希腊艺术对其自身在印度的移植无能为力，必须将其归于我们之前指出的两个民族精神的互不兼容，而并非因为印度与生俱来就不能同化吸收外族艺术，因为这个国家已经显示出完美同化和改变外来艺术并使其符合其民族心理结构的能力。

我们能够收集到的考古资料显示，波斯是印度汲取其艺术的源泉；这里指的不是阿萨息斯一世时代研究希腊文化的波斯，而是已经继承埃及和亚述古老文明的波斯。我们已经知道，当亚历山大于公元前330年推翻了阿萨息斯一世王朝时，波斯的灿烂文明史已经长达两个世纪之久了。无疑，他们还没有发现新艺术的配方，但其继承的埃及艺术和亚述艺术的混合体已经诞生了优秀的作品。我们可以透过波斯波利斯现存的遗址对他们加以评判，这些遗址中的埃及塔门、亚述的翼兽身人面浮雕石像，甚至还有一些希腊元素，向我们展示，伟大而古老文明中的所有艺术因素都已经和对亚洲这个有限区域的影响融合在了一起。

所以，印度从波斯借用的艺术，实际上是从波斯自身艺术的发源地，即卡尔迪亚王国（古巴比伦人建立的一个古王国）和埃及借用的。

对印度历史遗迹的研究将他们最初赖以发展的借用艺术显现出来，但要确定这些借用艺术，还需要对最古老的历史遗迹进行考察，因为印度人的艺术天赋太独特了，这些借用元素为了调整自身，经历的变化如此之大，因此很快就辨别不出它们了。

为什么同样是在印度这个国家，它无法从希腊借用任何艺术形式，但相反，却将从波斯借用的艺术处理如此得当？原因非常明显，因为波斯艺术与它的心理结构相对应，而其与希腊艺术却没有这种一致性。希腊建筑物的简单形式和只有零星装饰的表面无法吸引印度的艺术天赋；相反，后者却被波斯建筑复杂的外形、华丽丰富的装饰吸引。

而且，不仅在远古时代，就在我们这个年代之前，作为埃及和亚述艺术代表的波斯，对印度的艺术产生了影响。许多世纪之后，伊斯兰教徒出现在半岛上，他们的文明，在穿过波斯这段路程时，深深地嵌入了波斯元素；实际上，波斯艺术被带入印度后，仍然保留着那些由阿契美尼德王朝延续下来的亚述的古老传统痕迹。雄伟的清真寺门廊，尤其是清真寺外部排列的釉瓷砖，都是古巴比伦亚述文明的遗迹。印度可以很好地同化这些艺术，因为它们与印度这个民族的天赋相互对应；而过去的希腊艺术和如今的欧洲艺术，与印度民族的思维和情感模式完全相反，所以总是无法对其民族艺术品产生影响。

考古学家认为，印度是与希腊有关联，其实不然，印度是以波斯作为媒介，同埃及与亚述联系在一起。印度没有从希腊借用任何东西，但他们却都可以追溯到同样的渊源，追溯到共同的财富，追溯到所有文明的根基，这个根基是埃及和卡尔迪亚王国两个民族在漫漫的历史长河中经历几个世纪形成的。希腊借用的艺术是以腓尼基和小亚细亚民族为媒介的，而印度借用的艺术则是通过波斯为媒介的。希腊和印度的文明就是通过这种方式回归至同一个源头；然而，由这个源头流出的洪流在两个国家迅速流向了不同的方向，顺应着每个民族的天赋。

然而，如果诚如我们认定的那样，民族艺术与其心理结构密切相关，如果因为这个原因，不同民族借用的相同艺术立刻就会呈现出不同的形式，我们应该可以发现，印度这个居住着大量不同民族的国家，虽然信奉相同的宗教信仰，但也会拥有不同的艺术风格，彼此之间的建筑风格也会不同。

对印度不同地区的建筑进行考察，我们发现，上述结论完全正确。确实，建筑物之间的差异如此巨大，我们唯一能对建筑物所做的分类标准只能建立在地域和民族差异上，而与建造这些建筑物的民族信奉的宗教无关。印度北部的建筑物和南部的建筑物之间没有相似性，虽然他们是由信奉同一种宗教的民族在同一个时间段建造的。即使在伊斯兰教徒统治时期，曾经有一段时间，即当印度在政治完全统一、中央集权影响力最大时，纯粹的伊斯兰教建筑物由于所在区域不同，呈现出巨大的差异。艾哈迈达巴德、拉合尔、阿格拉或比贾布尔的清真寺，虽然都尊崇同一种宗教，但基本上没有什么关系，他们之间的关系还不如文艺复兴时期的建筑与哥特时期的建筑之间的关系密切。

在印度，不仅建筑风格会因民族的不同而不同；不同地区的雕塑艺术也各不相同，不只是他们呈现的建筑类型不同，尤其是他们被处理的方式。将桑吉的浅浮雕和雕塑与巴尔胡特的浮雕和雕塑对比，再与它们不是同时代建造的浮雕和雕塑对比，其间的差异就已经十分明显了。如果拿奥利萨邦省的雕塑和浮雕与班德坤的雕塑和浮雕相比，或者还有，将迈索尔的雕塑与印度南部的巨塔上的雕塑相比，它们之间的差异就更加清晰。民族的作用处处都很明显。而且，也可以在小型的艺术品上看到，这些艺术品，每个人都知道，在印度不同地区差异很大。不必非常内行，就可以辨别迈索尔人工木雕的箱子和来自古吉拉特邦地区的箱子之间的差别，或者奥利萨邦省的珠宝和孟买省的珠宝之间的差异。

毫无疑问，印度的建筑和所有东方建筑一样，本质上都带着宗教性质；然而无论这些宗教影响多么巨大，尤其是在东方，民族的影响差异会更大。

民族精神指引着民族的命运，也决定着他们的信仰、社会制度和艺术；无论哪种文明要素，它的作用都是可以察觉的。它是可以抵抗任何其他力量都无法取胜的唯一力量。它肩负着几千代人的重责，是他们思想的结合体。

第三卷　民族性格决定民族历史

第一章　民族精神如何决定其社会体制

民族历史总是由其心理素质结构决定——各种案例——法国的政治制度是其民族精神发展的结果——表面可变性下隐藏的真正稳定性——差异最大的政治党派以不同的名义追求共同的政治目的——他们的理想总是中央集权制，而且为了国家的利益扼杀个体自主权——法国革命只是结束了古老君主制的程序——盎格鲁-撒克逊民族理想和拉丁民族理想之间的对比——国家权力取代了公民自主权——各民族的社会制度总是其民族性格发展的结果。

可以将主流历史仅仅视作民族心理结构造成结果的一种陈述。它由这种心理结构决定，就像鱼儿的呼吸器官是由其水中生活的特性决定的一样。如果对一个民族的心理结构缺乏基本知识的话，历史看上去就像是由偶发事件造成的一系列混乱事件。相反，如果我们了解一个民族的精神所在，它的生活看起来就是其心理特点富有规律、不可避免的结局了。从一个民族生活的所有表现形式中，我们总是能够发现不可改变的民族精神，在为自己的命运导航。

这尤其体现在政治制度中，那里民族精神的主权体现得最充分。我们很容易用几个案例来证明这一论断。

让我们从法国开始列举，这个国家是这个世界上经历最激烈动乱的国家之一，也是在短短的几年时间里政治制度变化最彻底的国家，还是各党派观点分歧最大的国家。从心理学角度来考虑，我们会注意到，这些表面看上去不同的观点，这些有着宿怨的争斗党派，实际上有着完全相同的共同基础，正好代表了我们这个民族的理想。强硬派、激进派、君主主义者、社会主义者，总而言之，所有不同学说的支持者，虽然他们为自己冠以各种命名，但其实都追求完全相同的目标：国家对个人的吸纳。所有的党派都满怀热情，想拥有一个古老的集权制君主制度，即国家指挥一切，命令一切，吸收一切，控制着公民生活的所有细节，让个人完全没有反思和发挥主动权的必要。无论被置于国家元首位置的掌权者如何称呼——国王、皇帝或总统等，都无关紧要；无论这个当权者是什么，他都会实践同样的理想，这种理想恰恰是民族精神情感的相同的表达形式。[1]民族不能再容忍其他的了。

对现状我们极度亢奋，也极易对我们的环境不满，总有着新政府可能使我们的生活变得更幸福的念头，这使我们总是想改变社会制度，引领我们的先驱强有力的声音迫使我们只改变了语言和外表。我们民族精神无意识的力量如此强大，因此我们根本察觉不到把我们变成牺牲品的错误信仰。

只考虑表面的组织结构，就可以确信，没有什么比旧体制和法国大革命创建的体制之间的差异更大的了。然而，毫无疑问，虽然它本身并没有意识到，实际上大革命不过是通过实施中央集权制，延续了君主制的传统。君主政体在好几个世纪以前已经开始实施中央集权制。如果路易十三和路易十四从坟墓中出来评价大革命的成果，他们肯定会谴责这次革命过程中的一些暴力行为，但他们也会将这些视作与传统和程序严格一致的行为，他们也会同意，被委任执行这个行动的部长做得太成功了。他们会宣称，大革命产生的政府是法国迄今为止所知的最没有革命性的政府。他们还会进一步指出，在过去的一个世纪，各种更迭的政权中没有一个试图干预这项工作，常规进化的果实——君主制理想的延续和民族天赋的表达太彻底了。毫无疑问，这些杰出的幽灵，因其丰富的经验，会提出一些批评，比如可能会说，行政种姓代替贵族统治种姓制度在国家里创建了一种非个人权力，比古老的贵族更可怕，因为这是唯一不受政治变化影响的权力，拥有传统和团队精神，是导致其必然成为独一无二的主人的不可靠和永久性的条件。然而，我觉得，他们丝毫不会过于细想这种异议，因为他们会留意到，拉美民族很少在意自由，但十分在意平等，只要这种独裁不是个人性的，他们就能毫不费力地容忍独裁专断。他们也可能会考虑极度残暴的无数规章制度，其他种种围绕着最无关紧要行为的义务，他们也会观察到，当国家吸纳一切、控制一切，剥夺公民所有的主动权之后，我们会自然发现，

[1] 富有远见的观察家杜邦·怀特说：“这是法国独特的天赋：民族性格在某些事件上排除了后面的一些因素，或是根本因素或是理想化的因素，如果政府在创业过程中没有延续或刺激这些因素，他们就会对文明产生次要的或根本性的影响。”

不再需要新的革命，自己已被卷入眼前的制度中。但是，这个反思阶段会启发国王的非凡洞察力，或者说，如果缺乏这种洞察力，他们事业得以维持使用的几何数列增长的数学原则，就会让他们认识到，革命仅仅是一个加速阶段。

于是，在一个民族的社会体制中，我们遇到了在本章开篇提到的偶然情况，还有我们试图确定的永久性法则。偶然情况引起名字和表面的变更。根本法则——最根本的由民族性格引起——决定了国家命运。

我们可以将前面这些案例与英国这个民族进行对比，他们的心理素质结构与我们相差极大。仅仅因为它的构成和我们根本不同的结果。

无论英国人的头脑中有一个如在英格兰的君主制也好，或者像美国的一个总统也罢，他们的政府总是会呈现相同的基本特征：国家的行为减至最少，私人的行为发挥到极致，这与拉丁理想是完全相悖的。海港、运河、铁路、教育机构等，总是由私人、而非国家建造和维护[1]。没有任何革命、宪法或独裁者可以给予人民不属于他们的性格特质，或者夺走本属于他们的性格特质，而社会制度也只是这种性格特质的结果。人们经常会说什么样的人民值得拥有什么样的政府。难道还能想到其他的结论吗？

我们很快会用其他的案例来说明，民族逃不出其心理结构的结局；或者说，如果能摆脱其影响，也只能是短暂的时期，就像暴风雨瞬间席卷沙滩看上去有悖引力法则一样。相信政府和社会机构决定人民的命运纯属幼稚的幻想。一个民族的命运取决于其自身，不在于外在的境遇。我们对政府的所有要求只能是，它是一个民族情感和思想的外在表现形式，而正是这个民族要求它对其进行管理的。没有哪个政府或社会体制能被说成绝对好或绝对不好。对请求它对其进行统治的民族来说，达荷美共和国国王的政府可能是出色的政府，而许多独创性的欧洲社会体制对其人民来说可能是较差的体制。不幸的是，政治家对这些真相都视而不见，他们认为一种政府管理模式可以出口移植，殖民地可以用大都市设置的机构进行管理。这就像奢望说服鱼儿到空气中生活，借口是所有的高等动物都可以练习空气呼吸。

仅凭各民族心理结构多元化这个事实，不同的民族就不可能在同一种体制下长久并存。爱尔兰人和英国人，斯洛文尼亚和匈牙利人，阿拉伯人和法国

[1] 这种个人主动性占优势的事迹在美国尤其可见。而在过去二十五年间，这种现象在英国却急剧下降，国家对私人的蚕食变得越来越明显。

人，都在同一种法制下艰苦挣扎，以持续的革命为代价。容纳着不同民族的伟大帝国，总是难免短暂命运的结局。当这些帝国持续一段时间之后，就像蒙古帝国，或者如印度的英国人一样，一方面因为相互接触的民族数量众多，差异巨大，结果因对抗分裂难以团结起来共同抵抗外国人；另一方面，这些外国侵略者有足够的政治本能，尊重被征服民族的风俗习惯，允许他们按照自己民族的法制生活。

还需要写许多的书。的确，如果我们想知道民族心理结构所有的影响，就应该从一个全新的视角来重新解读和思考历史。对这种心理结构的密切研究应该是政治和教育的基础。甚至可以这样说，如果民族可以逃脱其民族宿命，如果理智的声音不被逝去的先人专横的声音淹没，这种研究就应该会避免许多错误和许多剧变。

第二章　将前述原则运用到美国和西班牙裔南美洲共和国演化的对比研究

英国人的性格——美国精神如何形成——源自生存条件的选择的严肃性——落后要素被迫消失——黑人和中国人——虽然政治体制相同，美国繁荣兴盛和西班牙裔南美洲共和国衰落的原因——民族特征劣根性的结果导致西班牙裔南美洲共和国不可避免的无政府主义。

以上简要的思考说明，一个民族的社会体制是其精神的外在体现，所以民族很容易改变其外在组织结构，但很难改变其实质。我们将用更精确的案例来说明民族精神在多大程度上决定着民族命运，而社会制度在这方面的作用是何其微弱。[1]

这里我将要列举的例子是这样一个国家，那里有两个文明发展程度和智力相当的欧洲民族，在稍微有点差异的环境下共同生存，只是两者的民族性格不同：我指的是美国。美洲是由一个地峡连接起来的两个不同的州。这两个州表面几乎一样，而土壤却不一样。一个被英国人占领居住，一个被西班牙人占领居住。这两个民族在相似的共和国体制下生活，因为南美洲共和国总是模仿美国的社会体制。因此，为了解释这两个民族不同的命运，我们只能追溯到民族差异上。我们来考虑一下这些差异产生的结果。

首先，我们先用简单的几句话总结一下居住在美国的盎格鲁-撒克逊民族

[1]　著名的英国社会学家赫伯特·斯宾塞在其巨著中忽略了民族品行对其命运的影响，他出色的综合理论让他一开始就得出了乐观的结论。随着年龄的增长，他决定考虑民族品行的决定性作用，而且完全改变了早期的结论，最终用极其悲观的结论代替了先前的结论。我们在近期出版的关于廷德尔的论述中发现了这种结论，这篇论述在时事杂谈再次出版。以下是摘录的内容：“我对自由社会体制的信心，起初那么强烈，而在近期却剧烈削减，让我们回到一个以社会主义组织的官僚专制为代表的铁腕体制，这种体制继而被军事专制制度替代，我们假设由于一些急剧的社会危机，这种军事专制制度突然未能实现。”

的性格。可能世界上没有那个民族是如此同质，可以如此轻易地定义出其心理结构的主要特征。

从民族性格的角度来看，这种心理结构的主要特征是：顽强的意志力，可能除罗马人之外，极少民族有如此强的意志力；不屈不挠的精神、首创精神、绝对的自控力、情感独立到过分孤立的程度、强大的行动力、宗教情绪活跃、稳定的道德和清晰的责任意识。

从智力角度看，说不出什么特别的特征，也就是说，在他们身上找不到别的文明国家不具备的特殊因素。他们相信自己的判断力，此外很少看到其他的因素。这种判断力让他们能抓住事物实际的和积极的方面，不致迷失在以下荒唐的研究中：比如对事实极为狂热，对总体概念却没有兴趣，思维狭隘，认识不到宗教信仰的缺点，避免对这些宗教进行探讨。

在这些总体特点里，还要再加上一条，那就是个体对自己选择的生活道路的彻头彻尾的乐观性，这种乐观甚至让他从来没有想过自己有可能会选择一条更好的道路。他总是认为，是他的国家、他的家庭和他信仰的神灵要求他这样做的。这种乐观发挥到极致，以致他们对所有外来事物都极其鄙视。英国人对外国人及其习俗的鄙视程度一定超过了那些罗马人和野蛮人在他们的鼎盛时期对外国人的鄙视。这种力量如此强大，对外国人来说，他们的每一种道德统治都不起作用。没有一个英国政治家会认为，在对其他民族的行为中，这样的做法不合法，只要涉及自己的国民，他们的行为都会激起其他民族最深的一致愤慨。这种对外国人的鄙视，从哲学的角度来看，无疑是非常低的层次；但是，从一个民族的强盛来看，却非常有益。正如著名的英国将军沃尔斯利勋爵所言，这是成就英国强盛的其中一种情感。有人在谈到他们那次拒绝时说的有道理——应当注意的是他们那次审慎的拒绝——他们拒绝在英吉利海峡下方进行隧道开挖建设，虽然那会使英国和欧洲大陆连为一体，当时英国人想尽办法进行周旋，和中国人为避免外国势力对他们国家的侵入渗透费的劲一样大。

在各个社会阶层都可以发现以上所有列举的特点；英国的文明要素没有任何一个不留下痕迹。去英国参观的外国人，哪怕只有几天的时间，也会立刻受到这个事实的影响。他会看到人们渴望在最普通的工人的小木屋里过着独立的生活，当然是封闭的居所，必须与邻居隔开，但在室内，居住者不能受一点约束；在最繁忙的火车站，公众可以全天候自由流动，不会像一群温顺的绵羊一样被圈住，关在有人把守的栅栏后面，好像必须要靠武力才能确保人们的安全，而不是靠他们自己多加注意来保证不被车辆碾压。他在勤劳工人身上能识别出这个民族的能量，或者还在校的学生很小的时候他就独立生活，学习自己照顾自己，不靠别人帮忙，并清楚知道在他的一生中没有人会关心他的命运；在校长身上，他看到，他们极少重视知识，却非常重视品德，他们认为这才是推动世界前进的最大动力之一。[1]当他研究公民的公共生活时，他会发现真正感兴趣的不是国家，而是私人的主动性，无论是修理一个喷泉或建造一个港口或火车道。继续调查，他很快会意识到，这个民族，虽然其缺点在外国人的眼里看来简直不可忍受，但却是唯一实现真正自由的民族，因为他是唯一学会自我管理的民族，只留给政府一丁点的事情可做。如果我们研究其历史，就可以看到这是第一个把自己从各种支配力量，从教堂里，也从国王那里，把自己解放出来的民族。早在十五世纪，法律学家弗特斯克就将拉丁民族的遗产——即罗马法律和英国法律作了对比，前者捍卫的是绝对主权，完全牺牲个人权利的典律，后者则是关注群体意志，致力于保护个体的法律。

无论这个民族迁移到世界的哪个角落，它都能立刻取得优势地位，建立一个强大的帝国。如果它入侵的民族非常羸弱，不能被好好利用，比如就像美国的北美印第安人，最终就会被一步步消灭。如果被入侵的民族像印度的人口那样数量大得无法被消灭，而且不能做生产性的工作，那么，他们就会沦落为受压迫的奴隶，被迫为享有专有特权的主人劳作。

然而，尤其在像美国这样的新国家，应该研究一下英国民族心理结构带来的惊人进步。被流放到一个未经开发的地方，零星散落着几个野人，一直以来它的命运臭名昭著。不到一个世纪的时间，这个国家就在世界强国之林名列前茅，今天很少有哪个国家可以望其项背。我建议那些因为这个伟大共和国的公民惊人的创造性和耗费的个人精力而渴望感谢自己的人读一下卢梭和保罗·布克海特的著作。美国人管理自己的能力，团结一致创建企业、建造城镇、学校、海港、铁路等的能力已经到了这样如此让人惊叹的地步，国家的作用被降到了最小，可以说，没有公共权威存在。除了履行警务和作为外交代表之外，

[1] 受英国女王委托，由阿尔伯特王子决定接受女王授予威灵顿大学的年奖的颁发条件，阿尔伯特王子下令，年奖不是颁发给在学业方面优秀的学者，而是给予品质最好的学生。而在拉丁国家，这个奖一定是颁发给书本内容背诵最好的学生。我们所有的教育，包括我们所谓的高等教育，就是由年轻人背诵课文组成的。学者们保留这个习惯，整个一生都能背诵那些内容。

很难看出它服务的目的。

而且，除非个体具备我刚描述过的品格特质，否则他在美国就不可能成功，这也是外国移民运动无力改变这个民族总的心理趋势的原因。生存条件就是如此，不具备这些特质的个体注定了会早早消失。只有盎格鲁-撒克逊民族能在这片充满独立精神和活力的环境下生存。意大利人死于饥荒，爱尔兰人和黑人在最卑微的环境下像植物一样生存。

伟大的共和国的确是自由之地；它的确是一片既不平等又不友爱的土地，进步的法则并不认识这两个拉丁嵌合体。地球上没有一个国家的自然选择会让人如此粗暴地感受它的铁臂。它是无情的；但是正因为无情，才得以形成并保持它的力量和活力。在美国的土地上，没有为软弱、平庸和无能留任何余地。只需要看一下简单的事实就够了。北美印第安人，因其无用，已经被打垮或被迫死于饥饿。中国劳工，他们的劳动成了令人烦恼的竞争根源，很快就会经历相同的命运。全部将其驱逐的法令没有执行，因为实施这一法律会承担巨大的代价。[1]它的地位无疑很快会被系统毁灭取代，在几个采矿区已经开始了这种毁灭行动。其余几部法律已经通过投票，禁止穷人移民停留在美国国土上。至于黑人，他们是延续战争的借口——这场战争发生在拥有奴隶的一方和无法拥有奴隶、也不允许其他人拥有的一方——他们几乎被容忍了，因为他们占的是次等位置，这种位置美国公民是不同意接受的。从理论上来说，他们有权利；实际上，他们只是被当作有用动物一样对待，一旦他们变得危险，立刻就会被除掉。私刑法律被公认为符合他们的情况。一旦犯了严重罪行，他们就会被执行枪决或绞刑。只包含一部分被处以这类极刑的统计数据显示，过去的七年间就超过一千人被判死刑。

这些无疑是整体情况阴暗的一面。我们有足够光明的证据来支持这些。如果需要用一句话来定义欧洲大陆和美国之间的差异，那就可以说，对于前者，官方管制最大程度取代了个体能动性；或者个人主动性最大限度地完全脱离了官方管制。这些根本区别正是民族性格发展的结果。欧洲社会主义进行自我移植的机会绝不是在粗鲁共和国的土壤上找到的。国家专制的最终表达形式，只

[1] 第53届国会只是推迟了驱逐中国人法案的《吉尔里法律》，因为它发现将十万中国劳工遣返回国要耗费三千万法郎的费用，而驱逐中国劳工的投票金额仅仅只有十万法郎。

能在古老民族之间繁荣兴盛，这些古老民族在过去的几个世纪都被剥夺了他们所有自治能力的体制统治。[1]

如果一个民族心理结构的主要特征是顽强毅力、活力、坚强的意志力，那么，我们已经看到它在美国的领土上就能完成的功业。对我们来说，想知道的是，一个相似的国家在另一个民族手里会变成什么样子，这个民族智力发展水平很高，但并不具备我前面提到的那些品格素质。

对于自然产品来说，南美洲也是地球上物产丰富的国家之一。面积是欧洲的两倍，居住人口只是其十分之一，那里并不缺乏土地，也就是说，每人手里都有可以支配的土地。绝大多数人口都是西班牙血统，被划分为众多共和国——阿根廷共和国、巴西共和国、智利共和国和秘鲁共和国等等。他们都效仿了美国的政治结构，生活在相同的法律体系下。然而，仅仅因为民族不同，缺乏美国人民身上的根本特质，所有这些共和国，无一例外，都永久性地变成了最残暴的无政府主义的猎物，虽然物产丰富，但都相继沦为各种政治和经济灾难、破产和暴政的牺牲品。

为了了解西班牙裔南美洲共和国衰落的历史，必须研读一下以柴尔德为主题的公正杰出的作品。这些国家衰落的原因完全在于他们没有活力和意志力，缺乏道德感的民族心理素质结构。尤其是缺乏道德感，比欧洲我们知道的最差的还要差。以其中一个非常重要的城镇——布宜诺斯艾利斯为例，作者宣称任何有良知和道德的人都不适合居住在那里，谈到其中一个最堕落的共和国——阿根廷共和国，这个作者又补充道：“如果从商业的观点来研究这个共和国的话，人们就一定会为其随处可见的明目张胆的恶习感到震惊。”

至于社会体制，他们真是这个民族完整的后代，根本不可能从一个民族移植到另一个民族，关于这一点没有更好的例子了。真的很有兴趣知道，当美国的自由体制引入到低级民族时会发生什么事情。

M·柴尔德告诉我们有关各西班牙裔南美洲共和国的事情，这些国家的人民生活在其国家总统的暴政下，总统实施的独裁统治不逊于所有俄罗斯沙皇实施的独裁统治；确实，他们的独裁更彻底，因为他们根本不用担心欧洲谴责的纠缠和影响。政府官员只从内部招聘；公民投票选举，但没有人关心他们的选

[1] 刚才描述的美国是昨日之美国，今日的美国也不是明天的美国。在之后的章节中，我们会看到，由于大量低级和不可同化的因素侵入，因此这个国家真正受到许多因素的威胁——比如大规模内战，可能会导致国家分裂为几个独立的州，内部经常发生争斗，就像欧洲内部国家之间的关系一样。

票。阿根廷共和国只是名义上的共和国；实质上，它只是一小撮将政治当成交易筹码的人掌握的寡头政治。

只有巴西这个国家在一定程度上逃脱了这种堕落的命运，原因是其实施的君主制政体，中央集权没有成为个人竞争的目标。这种体制结构对没有活力和意志力的民族来说太自由了，最终会被压垮。结果，国家成了绝对无政府主义的牺牲品。近些年，公共财政被当权者荒废到如此程度，税收增长幅度竟然超过了百分之六十。

自然，不光在政治领域，堕落成了居住于南美洲的拉丁民族的显著特征，在文明的任何要素里都是如此。任其自生自灭，这些倒霉的共和国会退回到纯粹的野蛮状态。他们所有的工业、商业都在那些外国人——如英国人、美国人和德国人手中。智利中西部港市瓦尔帕莱索也成了英国的一个城市；外来要素一旦消失，智利将会一无所有。正是由于外国人，这些国家才得以披着文明的外衣继续欺骗着欧洲。阿根廷共和国西班牙裔的人口占到四百万；我怀疑，除了外国人之外，是否还有哪个白人担任其主要工业领域的领导。

拉丁民族这种可怕的堕落，一旦任其发展，与邻近国家的英国民族的繁荣相比，将会是最阴暗、最令人伤心，同时也是最有启发意义的经验，可以援引过来，支持我阐述的心理学定律。

第三章 民族精神改变如何影响其历史演化

外来因素影响会立刻改变民族精神，从而改变其文明——罗马的例子——罗马文明不是被军事侵略破坏，而是被野蛮人的和平入侵破坏——野蛮人从来没有想过要毁掉罗马帝国——他们的侵入不是征服的本性——早期的法兰克首领将他们自己视作罗马帝国的官员——他们通常尊重罗马文明，其目标就是延续这种文明——一直从七世纪开始高卢的野蛮人首领才不再将罗马皇帝视作其领袖——罗马文明彻底改变不是毁灭性行动的结果，而是一个新的民族采纳了一种古代文明——美国现代的移民运动——这些外来移民会导致内部争斗，并导致美国分裂为相互独立的敌对州——外国人移民至法国及其导致的后果。

上述我们引用的例子表明，民族的历史不是取决于其社会制度，而是取决于民族性格——也就是说，取决于其民族。当我们研究历史民族形成时，会进一步看到，杂交繁殖导致民族瓦解，那些维护团结与力量的民族——比如古代印度的雅安人，现代各殖民地的英国人——他们总是小心翼翼，避免与外国人通婚。一个民族中间外国人的存在，即使数量较少，也足够影响其精神，因为这会让这个民族失去保护其民族特性的能力、失去保护其历史遗迹的能力和失去保护其祖先成就的能力。

这个结论源自我们前面章节得到的结论。如果一种文明的不同要素被认为是民族精神的外在体现的话，显而易见，民族精神一旦改变，其文明就会随之改变。

过去的历史为我们提供了无可辩驳的证据，证明事实就是如此，未来的历史还会提供更多这样的证据。

罗马文明的渐进式转变是最引人注目的案例之一，历史学家通常将这一事件看作是野蛮人毁灭性入侵带来的后果；但是，认真研究这一事实显示，一方面，导致罗马帝国覆灭的入侵形式是以和平的而不是以战争的形式；另一方面，那些野蛮人绝对无意推翻罗马文明，而是致力于采纳并延续他们尊重和欣赏的体制。他们试图使用罗马的语言、体制和艺术。直到梅罗文加王朝的最后一个朝代，作为继承者的他们一直都在努力延续这种伟大的文明。这种指导思想反映在查理曼大帝的所有行为之中。

然而，我们知道，这个任务通常是不可能完成的。野蛮人需要几个世纪的时间，才能通过重复的交叉和相同的生存条件，形成一个同质的民族；当这个民族形成后，仅仅也因为其创建的事实，它会拥有新的语言、新的社会体制和新的文明。罗马人强大的传统在他们的文明上印下了深深的痕迹，但复兴其自身文明的各种努力通常都枉费了。文艺复兴运动想复兴其艺术，结果只能是徒然，大革命运动只是恢复了其社会体制。

从公元一世纪开始，野蛮人接连入侵罗马帝国，最终占领了这个国家后，他们从来没有打算毁灭其文明。相反，他们是打算延续这种文明。如果他们从来没有对罗马发动过战争，如果他们只是限于与罗马进行越来越多的融合，历史的轨迹就不会发生改变了；他们可能不会毁灭这个帝国，但仅仅与罗马的融合就足够毁灭其民族精神了。那时，可以说罗马文明从来没有被推翻过，只是延续下来，随着时代变迁，落入不同民族人的手中，改变了自身。

粗略浏览野蛮人入侵的历史就足够证明前面所述的正确性了。

现代学者的著作，尤其是库朗热的作品已经清楚地显示，野蛮人进行的是和平的而不是进攻性的入侵——进攻性的入侵很容易被当时仍旧服从罗马帝国的野蛮人排斥——导致罗马帝国实力的渐渐消亡。早在第一个帝王时，就有了在军队里雇佣野蛮人的习俗。随着罗马人越来越富有，服兵役时越来越难管教，野蛮人在军队里的数量也在增加，直到几个世纪之后，编制的军队里只剩下了外族人："西哥特人、勃艮第人、法兰克人成了在罗马帝国服役的联盟士兵。"

当罗马军队里只剩下野蛮人，当各个省份由野蛮人首领统治时，这些首领显然慢慢地变得越来越独立。确实，他们在这方面非常成功，而这又是罗马的荣耀，即使罗马落入他们的手中，他们都从来没有想过要推翻罗马帝国。当他们其中一个首领，当时听从于罗马帝国的何璐提国王奥多亚克，在公元476年占领了罗马时，他赶紧请求居住在君士坦丁堡的罗马皇帝，授权其以贵族头衔统治意大利。其他首领的做法也别无二致。他们都是以罗马的名义对自己所辖的省份进行管制的。他们从来没有想过处置领土或篡改制度。克罗维斯将自己看作一个罗马官员，当他从罗马皇帝那里得到领事的封号时非常自豪。他死后三十年的时间，他的后继者仍然接受罗马皇帝颁布的法律，他们认为自己有义务遵守这些法律。到十七世纪初期，才发现高卢的野蛮人首领开始冒险发行印有他们自己肖像的货币。在那以前，他们货币上的肖像通常都是罗马皇帝的。就是从这段时期开始，可以说高卢人民不再将罗马皇帝看作他们的首领。实际上，历史学家让法国的历史从两百年前开始有点太早了，给了我们十个以上国王。

没有哪次侵略战争比这次野蛮人的入侵更不像一次侵略行动了，因为人们仍旧居住在他们原来居住的土地上，使用自己的语言，实施自己的法律，与真正的侵略战争——比如诺曼人侵略英格兰的战争——根本沾不上边。

罗马势力的消失很可能是渐进式的，那个时期的人都没有觉察。各省的首领几个世纪以来还是以罗马皇帝的名义对各省份进行管理。出于对自己利益的维护，各省首领渐渐地、缓慢地开始进行统治。所以，看上去没有发生什么变化，在整个梅罗文加王朝统治期间，新主人们仍延续同样的体制。[1]唯一的真正变化，最终发展为深远的改变，是形成了新的历史民族，这会涉及一个必然的结果——根据我们已经确立的法则——新的文明的生成。

由于相同现象的永久性重复出现，好像成了最稳定的历史法则，我们可能注定要在当代史中见证那些与导致罗马文明改变的入侵相似的和平入侵。考虑到现代文明的总体发展，如今好像不再有野蛮人了，或者至少这些野蛮人已经与亚洲人和非洲人相似，和我们距离太远，因此不再那么可怕了。我们确信不再担心被他们侵略，如果真的害怕他们，也只能是因为他们作为欧洲经济劲敌的时代到来了，我将在下一本著作里论述这些。所以，这里我们关注的不是他们，而是虽然野蛮人好像距离我们非常遥远，但实际上却非常近，比罗马帝国时代近得多。事实就是，他们存在于一个文明国度的怀抱中。由于现代文明的复杂性，还有我已经指出的个体之间越来越大的差异性，导致每个民族都包含大量的低级因素，他们不能适应高等文明，结果就产生了巨大的垃圾人口，这些垃圾人口的涌入让这些民族有理由感到害怕。

如今这些新的野蛮人步调一致地将他们的脚步直指美国，由于他们的存

[1] 库朗热先生谈道：“梅罗文加政府当时采用的体制就是罗马帝国给予高卢的体制，这个政府与封建制度没有任何关系。”

在，美国这个伟大国家的文明正受到严重的威胁。只要外国移民规模较小，而且主要包含英国元素，它的吸收就比较容易和有用，因为就是英国元素成就了美国令人惊叹的伟大。美国现在正面临着低级因素大量涌入的力量，这些既不是他们希望看到的，也不是他们能够同化的。在1880年至1890年间，他们接受了大约六百万外来移民，几乎完全由每个国家的低层次工人组成。在今天芝加哥的一百一十万个当地居民中，美国人占不到四分之一。在这些人口中，包括四十万个德国人、二十二万个爱尔兰人、五万个捷克人等。这些移民和美国人之间没有任何融合。他们甚至都不会费力去学习他们所在的新国家的语言。在这个崭新的国度，他们自己形成一个群体，从事着报酬极低的工作。他们因对现状不满而变得危险。

似乎显而易见，在美国人的美国和外国人的美国之间发生的内战中，胜利不属于野蛮人。这场激烈的斗争无疑最终导致一场大屠杀，重现马吕斯对新布吕人进行的大规模彻底的民族灭绝场景。如果这场战斗延期，移民继续涌入，最后的解决办法就不会是完全毁灭性的。在那种情况下，美国的命运可能会和罗马帝国的命运一样——也就是说，共和国的各州会分裂为独立州，就像欧洲各国或西班牙裔南美洲国家的分裂或频繁战乱一样。

美国不是唯一被这些移民入侵威胁的国家。还有一个欧洲国家——法国——同样受到这种威胁。这是一个富裕的国家，其周围贫穷国家的人口都在持续增长，而它的人口却没有增长。这些邻国的移民是不可避免的，随着农业工业的发展需要，劳动阶级数量增多，移民更是必然的结果。这些移民在我们的国土上发现了明显的好处。他们不用履行义务兵役，作为外来流浪者他们基本不用或很少纳税，工作非常轻松，报酬也比在他们本土要高。而且，他们进入我们国家，不仅因为我们富有，还因为大部分国家总是颁布法律，禁止他们入境。

外国人涌入更可怕的原因在于，它会自然地将许多低级要素、那些无法在他们自己国家顺利谋生的人都移居到国外去。我们的人道主义原则注定让我们遭受持续增长的外国移民的涌入。四十年前，仅仅有四十万这种外国移民；今天，他们的数量已经超了一百二十万。而且，他们总是大批涌入。仅仅考虑意大利移民的数量，马赛就可以被称为意大利殖民地了。意大利都不曾有那个单独的区域容纳这么多的意大利人。如果现状不变，也就是说，如果这种移民趋势不停下来，只需很短的一段时间，三分之一的法国人口就会成为德国人，三分之一就会成为意大利人。在这种情况下，还谈什么团结或一个民族的生存呢？战场上最大的灾难也没有这种移民入侵的后果严重。[1]这是一种必然的本能，让古代人惧怕外国人；他们清醒地意识到一个国家的环境不仅由其居民的数量决定，还由其公民的数量决定。

我们再次发现，在所有历史和社会问题下，都隐藏着一个不可避免的民族问题。它支配着其他所有因素。

[1] 这种移民是某种经济发展的结果，不可能控制，也不可能阻止这种趋势。然而，还是可以采取一些措施，至少可以遏制这个趋势：二十五岁以下的外国人在国外居住两年以上，必须在外国军团服兵役；对年长的移民征收兵役税；在法国定居不到50年的外国人征收收入或工资的四分之一作为税收。促使该法律通过选票的代表，感激他的国家会为其建造一座雕像。

第四卷　民族心理特点如何变化

第一章　民族生活中思想的作用

每种文明主流思想的数量总是很少——它们的诞生和消亡都是极其缓慢的——思想直到转化为情感时才会对人的行为产生影响——之后它们形成民族性格的一部分——正是因为思想缓慢的进化，文明才能拥有稳定性——思想如何生根——理智什么也影响不了——肯定的主张和威望的影响——热心家和信徒的角色——思想渗入大众时经历的变化——被普遍接受的思想很快会影响文明的所有因素——正是由于群体思想的存在，每个年龄段的人才会有一系列一般性概念，使他们的思想和行为非常相像——习俗和主流思想的束缚——直到古老的思想已经失去了其影响力，但还没有被取代的关键时期，传统习俗和主流思想才会松懈——这个关键时期是各种思想的辩论都能被容忍的唯一一段时期——各种教条能站住脚的条件就是没有人对其进行讨论——如果人们没有被迫改变他们的文明，就不会改变他们的思想和信念。

前面章节已经说过，民族的心理特点拥有极大的稳定性，各民族的历史正是这些心理特点发展的结果，这里我们再加以补充，心理因素就像物种的解剖学因素一样，长期内可能被缓慢的遗传积累改变。文明的发展在很大程度上依赖这些改变。

各种因素都能导致心理变化。物资短缺、生存竞争、某种环境的作用、科学和工业进步、教育、信仰和其他许多因素都能发挥作用。我们已经用了大幅篇章对每种因素进行了研究。这里不可能再详细论述这个问题。我们再次提起这个问题，只是选择几种根本因素，说明他们的行为机制。本章和之后的章节就是为了致力于这一研究。

对世界起源之日起交替出现的各种文明的研究证明，在其发展过程中，文明一直受少数几种决定性思想引导。如果各民族的历史只局限于其思想史，它就决不会持续太长时间。如果一种文明在一个世纪的时间里，在文学、艺术、科学或哲学领域成功地创立一两种基本思想，就可以认为这种文明异常灿烂。

思想只有经过缓慢的演变，从思想的移动区域发展到情感的稳定和无意识区域，才会对民族心理有实质性的影响，只有在情感稳定的无意识区域，我们的行为动机才可以得到阐述。于是，它们变成民族性格的要素，可以对行为产生影响。性格是在无意识思维的层面上形成的。

当思想经历这些缓慢演变时，它们的力量是巨大的，因为理智不再对他们产生影响。被某种思想、宗教或其他东西支配的狂热者，无论他有多么聪明，是不可能有理智的。所有他将去尝试、而大多时候又不会努力去做的事情，他会试着通过思想的作用，并将其作较大改变，让任何似乎与支配他的观念相矛盾的思想和其观念最终变得一致。

如果思想从意识领域缓慢地下降到无意识领域后，才会开始发挥其作用，那么，他们慢慢地变化，产生少数几种文明的主流思想，还需要很长的进化时间，就变得可以理解了。我们应该庆幸，事实就是如此；要不是这样，文明就不可能有任何稳定性了。同样幸运的是，新的思想观念可以进行长期的自身移植，因为如果旧的思想绝对不能改变，文明就不能实现任何进步。因为我们心智的变化缓慢，必须历经许多代人的努力才能确保新思想的胜利，而如果要旧思想消亡，就需要更多代人的努力。最文明的民族就是那些主流思想能够在可变性和稳定性中间维持平衡的民族。历史上到处都是无法维持这种平衡的民族残骸。

那么，我们就很容易理解，研究不同民族的历史时，最醒目的东西不是他们思想的丰富和新颖，而是这些思想的极度匮乏，他们转变的速度和他们施加的力量缓慢。文明是少数几种基本思想发展的结果；当这些思想发生变化，文明立刻就会被迫改变。中世纪时有两种主要思想存在：宗教思想和封建思想。它的文学、艺术，还有对生活的整体概念都来源于这些思想。文艺复兴时期这些思想经过一些改变；重新发现的古老的希腊罗马世界的理想在欧洲进行了自我移植，人们对生活的理解、艺术和文学立刻随之改变。于是，传统的权威地位开始动摇，科学真理开始逐渐更新换代，文明立刻也发生了改变。如今，古老的宗教思想好像的确失去了其大部分支配权，因为这个事实，所有建立在这个基础之上的社会制度都面临着毁灭的危险。

思想的起源历史、统治历史、转变历史和消亡历史，只能在援引大量案例的基础上才能进行书写。如果我们要具体描写细节，我们就需要说明每种文明要素——哲学、信仰、文学、艺术等——受到少数几种主流思想的影响，这些主流思想的进化异常缓慢。包括科学自身也逃不出这个法则。整个现代物理学都源于力的不可消灭性这个理论基础，整个生物学都源于进化理论，整个医学都是源于微生物的行为，这些思想史说明，虽然那些受邀理解这些理论的人属于非常开明的阶层，但他们也是一步步艰难地确立了自己的地位。在一个世纪的时间里，所有事情都发展得如此迅速，在调查研究这个少有激情和兴趣发挥作用的领域，灌输一种基本的科学理论需要的时间不会少于二十五年。最清晰的思想，那些最容易证明的思想，基本上不会引起什么争议的思想，要被人接受，需要的时间也是一样漫长。

无论这些思想理论的性质是什么，无论它是科学方面的、艺术方面的、哲学方面的还是宗教思想，它的传播机制总是相同的。起初，只有少数几个信徒接受它，他们对信仰的坚定程度和这些权威的名字给了这种理论极大的威信。然后，他们开始行动，更多靠倡议而不是靠科学证明。说服机制的基本要素不应该从科学证明的价值中去寻找。要想强化某种思想理论，或者靠宣传者的威信，或者就靠激情吸引，但不能只靠推理验证来吸引。人民大众不会让科学验证来说服自己，而是仅仅靠肯定的确认，这种肯定的权威性只取决于这些理论阐述者的威望。

当这些信徒成功地劝服一小圈进步人士后，这些人就成了新的信徒，新思想就开始进入讨论阶段。起初，它会激起普遍的反对，因为它肯定会与旧的已经确立的思想理论发生冲突。维护这种理论的信徒会因这种反对自然而然变得亢奋，因为这种反对只会让他们相信自己比其他人更优秀，然后他们开始竭力拥护这种新思想，不是因为它的正确性——大多时候，他们并不知道这种理论是真理还是谬误——而仅仅是因为他们接受了这种理论。于是，新思想被越来越多地讨论，也就是说，实际上它已经完全被一方接受，而被另一方完全拒绝。要么肯定，要么否定，但鲜有证据的交流，对绝大多数大众来说，接受和拒绝一种思想理论，唯一的动机不可避免地仅仅出于情感方面，理智不会发挥任何作用。

受这些充满激情的辩论推动，新思想缓慢地进步。新生一代倾向于接受这种理论，因为他们发现这种理论是反驳旧思想的，这就是他们接受这种理论的原因。总是渴望独立的年轻人，全面反对旧思想是最能接受的创新形式。

新思想继续站稳脚跟，不久它就不再需要支持。仅仅靠着模仿的作用，它就开始在各地传播，就像一种传染病似的，这是大自然赋予人类的一种能力，就像它赋予大型类人猿这种能力一样，现代科学把这种类人猿作为人的祖先。

这种感染机制一旦介入，新思想就进入，必然意味着成功的阶段。它很快就被大众接受。然后很快就会获得一种微妙的穿透性力量，慢慢地在所有知识分子当中传播，同时营造出一种特殊的气氛，创造出统一的思考模式。就像高速公路上到处飞扬的微细粉尘，它渗透到一个时代所有的概念和产品当中。新思想及其后续影响构成我们世代相传司空见惯的紧密存货的一部分，通过教育手段强加到我们身上。这种思想已经取得胜利，并进入情感的领域，很长一段时间里它都可以无所畏惧。

在引导文明的各种思想中，一些思想——比如与艺术或哲学领域有关的思想——只存在于一个国家的上流阶层；其余的思想，尤其是与宗教概念和政治有关的思想，则深入人民大众中间。抵达大众的思想一般都发生了改变，但他们对那些不善于推理的原始心智发挥的作用却是巨大的。在这种形式下，思想代表着不可战胜的力量，其传播的劲头犹如漫过河岸的洪流一样势不可挡。一旦大众被某种思想征服，就很容易在这个民族中找到十万个准备冒着生命危险来捍卫这种思想的大众。随后发生的彻底改变历史的重大事件，也只有人民大众才能完成。不是文人、艺术家、哲学家确立了统治世界的宗教，也不是他们建立了从一个半球延伸至另一个半球的庞大帝国，同时他们也不是导致欧洲面目改变的伟大宗教和政治革命的原因。这些成就的取得都是那些目不识丁的人民大众的功劳，他们受某种思想支配，为了这种思想的传播宁愿牺牲生命。没有其他东西可以依赖，除了这件理论上微不足道、而实际却非常有效的外衣，阿拉伯沙漠里的游民征服了古希腊罗马的世界一角，并建立了历史上著名的庞大帝国之一。正是靠着同样的道德外衣——思想的支配——考文垂英勇的士兵并肩作战，成功抵御了欧洲的猛烈攻击。

一种强烈的信念如此不可阻挡，只有另一个势均力敌的信念才可能成功地抵抗它。信仰唯一恐惧的东西就是另一个严肃的敌对信仰。在反对它的物质力量服务于软弱的情感和无力的信仰的地方，它一定会胜出。然而，如果它一旦发现自己受另一个同样强烈的信仰威胁，斗争就会变得激烈，这种情形下要想成功，就要取决于附属环境了，这里主要是指道德秩序环境，通过纪律的指引或更好的组织实现。认真研究刚刚提到的阿拉伯历史显示，在其早期征服战争中——这些征服行动往往是最困难却也是最重要的时期——他们遭遇了道德观念薄弱、而军事组织较好的对手。叙利亚是他们入侵的第一个国家。他们遭遇的都是由雇佣兵组成的拜占庭军队，这些雇佣兵几乎不会为任何理想事业牺牲自己。受到这种依靠使他们的力量增长十倍的强烈信念鼓舞，他们轻而易举地驱散了这些缺乏理想的军队，就像早些时候，一小撮希腊人受爱国情绪支撑，打败了赛瑟斯的庞大军队一样。如果几个世纪之前他们与罗马步兵大队发生冲突，那他们事业的结局就会大不相同了。显而易见，当道德力量相当的军队互相斗争时，胜利往往属于军队组织良好的一方。旺代人的信念肯定非常强烈，他们深信不疑；但是，考文垂士兵的信念一样强烈，当后者的军事力量更强大时，就赢得了战争。

在宗教领域，如同政治领域一样，成功总是青睐那些有信仰的人，而不会惠顾那些多疑者，就像今天，好像未来属于社会主义者，原因就在于他们是如今唯一有真正信念的政党。现代的执政阶级已经对一切都失去了信心。他们不再相信任何东西，甚至不再相信能保护自己免受四面楚歌的野蛮人包围的威胁。

当一种理想经历一段长时间或者短时间的短暂存在、修正、改变、探讨和传播后，有了确定的形态，并深入大众心理，它就形成了信条，就成了绝对真理的一种，不再需要探讨。之后它成了人民大众共同信仰的一部分，这是他们生存的基础。它的一般特性使其具有优势地位。重大的历史时期——比如奥古斯都时期或路易十四时期——恰好就是这些思想理论脱离其试验阶段，不再需要探讨，具备稳定形态，成为人们思想的至高无上的主人的时期。然后他们成了闪耀的灯塔，照亮的所有东西都呈现同一种色调。

一旦一种新思想取得胜利，它就会在文明的所有元素上留下痕迹，包括最不显眼的要素；但是，为了全面发挥作用，它应该还要渗入大众心理。从它形成时的智力高度，一层层下降，经过不断改变和修正，直至它的形态被大众心理接受，才可以确保其成功。关于其形态，可以集中于几句话，有时候只需要一个词语，而这个词汇能给人强有力的印象，要么极具魅力，要么极其可怕，但通常都会让人印象深刻。比如中世纪时“天堂”和“地狱”这样的词汇，简短的音节却有着对应世间万物的魔力，可以对简单的心智解释一切。“社会主义”这个词汇，对于现代劳工阶级，是一种有魔力的综合配方，可以对人的心理产生绝对的支配。随着其渗入的社会大众对象不同，它唤起的形象也不同。不过，虽然他们形态原始，但力量却异常强大。

对法国的理论家来说，“社会主义”这个词汇让人有身在天堂的感觉，那里人人平等，在国家不停指引下过着理想的幸福生活。对于德国劳工阶级，浮现出来的景象是，在烟雾缭绕的酒馆里，政府无偿地为每位来宾提供堆积如金字塔一样高的香肠和德国泡菜，还有数不胜数的罐装啤酒……

当这种思想一步步地将自身转变为一种情感，再成为信条后，就能确保相当长时间的成功，所有想通过论证来推翻它的努力就会白费。毫无疑问，最后这种新思想会经历它曾经替代的旧思想的命运。

就是这样，过时的思想、观点和习俗被继承下来，我们毫无保留地接受，但如果我们同意对其进行片刻讨论，它也只会对论证的努力做一点抵抗。然而，又有多少人会讨论他们自己的意见，这些观点中又有多少在经历了最肤浅的检验之后还能站得住脚呢？

所以，这种可怕的检验还是不要进行为好。幸运的是，我们很少有过这种冒险行动。形成高级能力的批判精神奇缺，而模仿精神遍地都是，大多数人毫无争议地接受了别人提供的现成思想，通过教育传播给他们。

通过遗传、教育、环境、传播和民意等作用，每个时代、各个民族的人都会有普遍性的观点，这让他们彼此异常相像，以致几个世纪过去，当我们从适当的角度来思考他们时，会通过他们的艺术、哲学和文学作品来识别出他们所处的年代。毫无疑问，这并不是说他们完全抄袭彼此的作品，而是他们有着共同的情感和思考模式，必然会创造出相似的作品。

我们有必要为自己庆祝，事物安排得如此合理，因为正是这些共同的传统、思想、情感、信仰和思维方式的大网构成了一个民族的精神。我们已经看到民族精神的活力与这个网络的强度成正比关系。实际上仅仅因为这个网络的存在，一个国家才会充满活力，只要国家不灭亡，它就不可能断裂。它立刻构成了真正的力量，成了他们真正的主人。亚洲主权国家的代表有时候就是暴君，他们的幻想就是其唯一的向导。但是，这些幻想的范围却又非常狭隘。传统的网络势力在东方尤其强大。宗教传统在我们西方国家如此软弱无力，在东方却有至高无上的地位。最反复无常的暴君也不会与他再清楚不过的、比他力量更强大的两种权力对抗——传统思想和主流思想。

现代的文明人发现自己处在一个罕见的历史关键时期，衍生文明的旧思想已经失去其支配权，而新思想还未形成，还可以对其进行探讨。他必须返回到古老文明时期，或者仅仅退回到两三个世纪之前，了解一点习俗和民意束缚下的那个时代的性质，了解一下创新者大胆地对这两种权力进行攻击所冒的风险。希腊人，无知的雄辩家已经如此自由，还是会受到主流观点和习俗的严格影响。每个公民都有一大堆绝对不可侵犯的信仰；没有人会去想讨论已经确立的主流思想，而是毫无疑义地接受。希腊人的世界，对宗教自由、私人生活自由或任何形式的自由都不熟悉。雅典法律甚至不允许其公民远离集会，或者不允许他们庆祝国家祭祀活动。这些古老世界所谓的自由不过是无意识的，从而是全体公民屈服于其城邦思想的绝对形势。如果一个社会处于全面战争的时刻，如果其成员享有思想和行为自由，这个社会连一天也维持不了。神灵、社会制度和各种信条一旦任人讨论，它们的衰落时代也就到来了。

在现代文明中，构成习俗和主流思想基础的旧思想几乎已被破坏，他们对民族精神的支配力度已经变得十分薄弱。他们已经进入疲惫不堪的阶段，旧思想正在形成偏见的过程中。只要他们还没有被新思想取代，大众的心里就会一片混乱。正是在这种混乱状态下，才可以对新思想进行探讨。作家、思想家、哲学家都寻求保护这个时代，迫不及待地想利用它，因为他们不可能再见到类似的时期了。这可能是一个堕落的时代，而它也是世界历史上罕见的一段时间，期间思想可以自由表达。这种历史时期不可能持续太长时间。考虑到文明的现有条件，欧洲民族更倾向于既不容忍也不讨论自由的一种社会状态。即将形成的新信条无法自行确立，除非他们不接受任何辩论，并且它们和之前的信条一样不可容忍。

如今，人们仍在寻找能作为未来社会状态基础的思想，这样是有危险的。对民族的历史来说，最重要的是，对它们命运有着深远的影响，既不是革命，也不是战争——这两者的废墟很快就会被抹去——而是其基本思想的变化。如果文明各要素不经历必然的同步改变，基本思想也就不会改变。真正的革命，唯一可以对一个民族的生存产生威胁的革命，就是那些能影响其思想的东西。

并不是启用一种新思想就会对一个民族有危险，因为一个民族注定要接连试验各种思想，直至最后找到一种足够牢固、足以支撑其社会大厦、取代旧思想的思想。不是因为一种思想是错误的，就一定就会变得十分危险——迄今为止，我们依赖的宗教思想是最不正确的——而是因为必须靠长时间不断重复的经验，我们才能来确定这种思想的采纳符合社会的需要，这才是危险所在。不幸的是，人民大众只能凭借经验才能评价其实用性……

历史上频繁出现一种思想不被一个时代接受付出代价的案例，但人们不能从历史上找教训。查理曼大帝费力地想重建罗马帝国，却徒然无功，统一的理想在当时没有实现，他的功业也随他烟消云散，就像日后拿破仑的功业也注定消亡一样。菲利普二世空耗了他的天赋，西班牙国家——当时曾经盛极一时的国家——一直极力反对一种自由探究精神，这种精神以新教的名义在欧洲广为传播。对这种新思想反对的结果就是西班牙国势的衰落破败，而且再也没有机会恢复元气。在我们自己的时代，最具幻想色彩的思想，受其民族无可救药的国际情绪主义煽动，导致意大利和德国的统一，也让法国付出了两个省的代价，还在将来很长一段时间内对欧洲的和平造成了威胁。军队的强大依赖其数量，这种彻底错误的思想通过一种全副武装的国民警卫队统治着欧洲，必然导致其走向失败。

起初，民族的原则对政客们如此亲切，因此他们将整套政策都建立在这个基础之上，这种原则甚至被列为主流思想之一，其危险的影响必须要经历。实现这个原则在最具灾难性的战争中将欧洲卷入其中，从该洲的一端武装到另一端，使所有现代国家一个个陷入毁灭和混乱。维护这个原则唯一能产生的显著动机就是，最大的、人口最多的国家是最强大的国家，风险最小。这也暗中反映出这种国家最适合对其他国家进行征服。然而，如今发现的事实却是，最小的、人口最少的国家——比如葡萄牙、希腊、瑞士、比利时、瑞典、巴尔干公国——他们最不惧怕邻国——统一的思想完全毁灭了意大利，这个国家起初是那么繁荣，现在却处于革命和破产的前夜。所有意大利城邦每年的预算经费，统一前为五亿五千万，现在却高达二十亿。

然而，当这些思想已经深入大众心灵深处时，它们并没有停止前进的步伐。而一旦停止前进，他们的进化过程也就完成了。这经常发生在他们被首批牺牲者保护之时。他们不是一群绵羊，温顺地跟着向导走向屠宰场。在思想的威力面前，我们必须俯首称臣。当它取得一定程度的发展，就不会再有论据或验证来反对他们。要想使一个民族从某种思想的束缚中解脱，或者要经历漫长的年代，或者必须经历激烈的革命；有时候需要两者共同作用。人类为自身创建了无数嵌合体，自己成了这些接连不断的嵌合体的牺牲品。

第二章　宗教信仰在文明进化中的作用

宗教思想的突出影响——他们总是构成民族生活最重要的要素——宗教思想是绝大多数历史事件和社会政治体制的根源——新文明总是与一种新的宗教思想共存——宗教理想的力量——它对民族性格的影响——它将所有的能量都引往同一个目标——民族的政治、艺术、文学历史是其信仰的产物——一个民族宗教信仰方面微小的变化都会导致其生活各方面发生一系列变化——各种案例。

指导人们的各种思想中，充当历史灯塔和文明标杆的宗教思想发挥的作用十分突出和重大，因此我们不得不用专门的篇章对其进行论述。

宗教信仰往往构成民族生活，从而也构成其历史的最重要的因素。最重大的历史事件，有着重大影响的历史事件，一贯以来都与其信仰的神灵存亡相关联。伴随着一种新宗教思想的诞生，新的文明也降临人间。人类所有的年代，从古代到现代，宗教问题一直都是根本问题。如果人类允许其信奉的所有神灵死亡，可以说这样的事件，考虑到其结果，可能是自文明第一次诞生以来我们这个星球上发生的最重大的事件了。

因为我们不能忘记，自从人类有历史以来，所有的政治和社会制度都是建立在宗教信仰的基础之上的，众神在世界舞台上通常都是扮演首要角色。除了爱情，它本身是一种强大的，但却是个人化和短暂的信仰，它是唯一能迅速影响民族性格的宗教信仰。阿拉伯征服战争、十字军运动、宗教法庭下的西班牙、清教徒时代的英国、圣·巴塞洛缪大屠杀时的法国，以及各种革命战争，都说明，对幻想的盲从会把人类变成什么样子。这些幻想有一种永久性的催眠作用，它是如此强烈，深深地改变了整个民族的心理结构。毫无疑问，是人创造了神，但神被造出来之后，人类又立刻成了他们的奴隶。他们并不是像古罗马哲学家及诗人卢克莱修所言，是恐惧的产物，而是希望的寄托，正是因为这个原因，他们的影响力将是永恒的。

神灵给予人类的礼物，也是迄今为止只有他们才可以赋予人类的礼物，是一种让人产生幸福感的心理状态。没有任何哲学能够完成这样的成就。

即使不是目的，所有文明、所有哲学、所有宗教的结果也会产生某种心理状态。但是，在这些心理状态中，一些意味着幸福；另一些并非如此。幸福很少依赖于外在环境，在很大程度上它依赖于我们的精神特质。面临火刑的殉道者可能比为他们行刑的刽子手更幸福。无人关心的清道夫，吃着蘸着蒜泥的面包屑，可能比为各种琐事焦虑不安的百万富翁快乐得多。

不幸的是，虽然文明的进化为现代人创造了大量需求，但没有为他们提供满足需求的手段，如此便招致普遍的不满。文明当然是进步之母，却也是社会主义和混乱之源，那是没有任何信仰支撑的人民大众可怕的绝望表达。与焦躁不安、极度兴奋、对命运不满的欧洲人相比，东方人总是对自己的命运非常满足。如果不考虑他们的心理状态，那么，他们的差异到底在什么地方呢？当一个民族的想象模式改变，从而引起其思维模式和行为模式发生改变时，这个民族也会被改变了。

一个社会总是无法长久存在，作为惩罚，它的主要义务就是找到一种方法，帮助人们创造一种使他们感觉幸福的心理状态。迄今为止，所有已经创建的社会都有一种能够征服人们精神的理想为基础，一旦人们失去这种理想，这个社会也就不复存在了。

现代最大的错误之一，就是相信人们的心灵只能从外部事物上找到幸福。幸福只存在于我们内心，由我们自己创造，很少游离于我们之外。过去的理想毁灭之后，我们发现，没有这些理想，我们根本无法生活，如果想继续生存，就必须找到替代这些理想的秘诀。

为了纪念人类真正的恩人，感激的人们为他们建造了巨大的黄金雕像，他们也配得上这些雕像。这些人有伟大的音乐家，理想的缔造者，有时候是人类自己创造出来的，但很少产生。在虚无表象的洪流中，屹立着人类曾经能够了解的唯一真相，在冰冷无情的现实世界机制之上，他们创造了强大而平静的幻象，绕开个人命运的黑暗面，为他创造了交织着梦想与希望的迷人的避难所。

单独从政治观点来看，宗教信仰的影响也是巨大的。他们构成暂时让人们拥有共同的兴趣、情感和思想的唯一因素，这种因素使其具备不可抵抗的力量。就是通过这样的方式，宗教精神一举代替了民族心理形成必须经历的缓慢的遗传积累。无疑，信服某种宗教的民族不会改变其心理结构，但他所有的能量都会指向同一个目的——其信仰的胜利——仅仅由于这个原因，因此其力量是不可战胜的。正是在其信仰最强烈的时刻，暂时性改变的民族完成了那些惊人壮举，创建人类历史上令人惊叹的庞大帝国。一些阿拉伯部落就是这样，只用几年时间，就战胜了那些对他们熟视无睹的国家，建立了庞大的帝国。

这里必须要考虑的不是宗教信仰的质量，而是他们对人们心理的影响。无论他们创造的神灵是摩洛神，还是其他更野蛮的神灵，都无关紧要。如果从更大的神性威望角度考虑的话，他们甚至可以是完全不可忍受和野蛮的。过于宽容和温和的神灵无法赐予崇拜者以力量。严格的宗教宗派在很长的时间里统治着世界的大片领土，现在仍然令人敬畏；和平的宗教从来没有建造过持久的东西，已经被历史遗忘了。

宗教精神在民族生活中也发挥着重要的政治作用，因为它是唯一能在短期内影响民族性格的因素。毋庸置疑，众神灵不能长生不老，但宗教精神却可以永恒。这种精神可能会蛰伏一段时间，但当一个新的神灵被创造出来后，它立刻就会苏醒。一个世纪前，这种精神让法国勇猛地抵抗住了全副武装的整个欧洲的猛烈进攻。世界又一次让我们目睹了靠宗教精神力量完成的壮举，因为的确在上述时期产生的新宗教鼓舞了整个民族。肉体之身的神灵无疑过于脆弱，无法持久，但只要他们存在，就会施展绝对的影响。

然而，改变被宗教控制的心理的力量则是短暂的。宗教很少能在长时间里保留强度到完全改变民族性格的地步。美梦越发缥缈，最终一切成空。部分被催眠的人们醒来，古老的性格又一次浮出水面。

甚至宗教信仰在其全盛时期，民族性格也总是能通过这些宗教采用的方式和其表现形式中识别出来。同一种宗教信仰在英国、西班牙或法国之间表现出来的差异是多么大。大革命可能在西班牙爆发，还是英国可能会同意屈服于宗教法庭的可怕束缚？在已经接受改革主义信仰的民族中，虽然他们的宗教仍然发挥着催眠作用，但是难道我们不容易看到这些民族的根本特性吗？他们还保持着其心理结构的特性：即独立自主、充满活力、推理习惯、不屈服于一个暴君的法律。

民族的政治、艺术和文学历史是其信仰的产物；不过，虽然信仰改变了民族性格，但它们同时也被民族性格深深改变。一个民族的性格和其宗教信仰是开启其命运的两把钥匙。前者的根本要素不可改变，而恰恰因为其不变性，一个民族的历史才能保持某种一致性。另一方面，宗教信仰可能会变化，也正是因为这些变化，历史才有许许多多的起伏剧变。

民族信仰中的微小改变必然导致整体的一系列转变。在前章中我们注意到，18世纪的人与17世纪的法国人有所不同。当然，这是毫无疑问的事实，但导致这些差异的根源是什么呢？唯一的解释就是在过去一个世纪的时间里，神学让位于科学，理智代替了传统，观察到的真理代替了揭示出来的真理。通过这些简单的概念转变，一个世纪以来，形式发生了改变，如果我们跟踪其效果，就会发现我们伟大的革命和那些已经发生并仍在进步的历史事件，仅仅是宗教思想进化的结果而已。

而且，如果今天，我们古老的社会还在其根基上踉跄而行，其所有的体制摇摇欲坠，原因就是它丢掉了越来越多的我们迄今为止一直赖以生存的信仰。当这些信仰完全丢弃之后，建立在新信念基础之上的新文明，必然会取代它的地位。历史告诉我们，当一个民族的神灵消失之后，各民族就不会长久存在了，一同产生的新文明也将与他们一起消亡。没有什么比死去神灵的尘埃的破坏力更大了。

第三章　伟人在民族历史中的作用

每一种文明的进步通常由少数的杰出精英促成——其作用的性质——他们集合了一个民族所有的努力——伟大发现提供的案例——伟人的政治作用——他们体现了在其民族占支配地位的理想——伟大幻想的影响——天才发明家改变了文明——狂热家和幻想家创造了历史。

在对等级制度和民族之间的差异进行研究时，我们看到欧洲人和东方人最大的差异在于，只有前者拥有精英人物。让我们用寥寥几行文字，来努力探寻这种精英作用的局限性吧。

一个文明民族都会拥有少数杰出人物——这群数量极少的精英足够将该民族每一代人的智力水平压制到更低的水平——他们是民族力量真正的化身——因为在科学、艺术、工业，一句话，在文明的所有领域都取得了进步。

历史告诉我们，我们应该讲人类所有的进步都归功于这些数量有限的精英。虽然人民大众也从这些进步中受益，但他们不喜欢被压制，所以最伟大的思想家和发明家往往因此成了他们的殉道者。然而，每一代人，一个民族所有的历史，都因这些才华横溢的天才而欣欣向荣，而这些天才则是一个民族最绚烂夺目的鲜花。他们是一个国家真正的荣耀，国家的每一位成员，直至最底层最卑微的那位，都有资格为他们感到自豪。他们的出现不是偶然，也不是奇迹，而是代表着历史长期发展达到的巅峰。他们汇聚了他们所处时代及其民族最伟大的精华。支持他们的发明和发展就是支持人类可以从中获益的那些先进成果。如果我们允许自己被人人平等的美梦迷惑了大脑，我们就会成为自己这种态度的首批牺牲品。伴随平等而来的都是劣质品；是那些粗鄙的平庸之辈才有的无聊压抑的美梦。只有在野蛮时代才能实现人人平等。一旦世界奉行平等主义，就必然会一步一步地将创造一个民族价值的任何东西都降到最低的水平。

但是，当杰出人物在文明发展过程中发挥巨大作用时，并不是像通常所说的那样。我再次强调，他们的行为包括汇聚一个民族的所有的奋斗成果；他们的发现经常是先人发现的长长一串结晶；他们建造大厦所用的石块是其他人慢慢砌好的。一般情况下，历史学家的思想都比较简单，他们通常会认为将一个人名和一种发明联系起来是正确的。然而，改变世界的伟大发明——比如印刷、火药、蒸汽或电报——不能说是由哪一个人创造出来的。当我们对这种发现的天才进行研究时，我们经常发现他们是长长一串最初的奋斗成果的集大成者：最终的发明物仅仅是整个研究活动的顶峰而已。通过观察挂灯振动，伽利略发现了钟摆的等时性原理，为精密计时表的发明铺平了道路，使航海员能够在海洋上准确设计航行路线。火药是从希腊火缓慢转变而来的。蒸汽机代表一系列发明的总和，每一项发明都付出了大量的劳动。即使一个希腊人比阿基米德那样的天才聪明一百倍，也不可能发明机车发动机，而且那个发明对他也没有用，他必须要等两千年的时间，待机械师取得进步后，才能制造出他的发动机。

伟大政治家的政治作用显然更加独立于历史。然而，与伟大的发明家相比，也不比他们少多少。黑格尔、库辛、卡莱尔这些作家被改变人们政治境遇的强有力的领袖令人炫目的才华迷惑，都希望将那些人造成一个仅次于上帝的神，他们无助的天赋已经改变了人民的命运。毫无疑问，他们能影响社会的演变，但社会不会因他们而改变轨道。克伦威尔或拿破仑那样的天才也没有能力完成这个任务。伟大的征服者可以用炮火和刀剑摧毁城镇、民众和帝国，就像孩子可以放火烧掉一座满是艺术珍宝的博物馆；但是，这种毁灭性的力量欺骗不了我们，不会影响他们作用的本质。只有当处在恺撒或黎塞留那样的情形下，他们计划努力向着与那个时代需求一致的方向行进，杰出政治家的作用才能持续；他们成功的真正原因一般都先于他们自己。如果恺撒在两三个世纪前就作过这种尝试，他就不可能让伟大的罗马共和国接受暴君的法律，同样的情形下黎塞留也不会实现法国的统一。在政治上，真正伟大的人就是那些能预感到时代的需求、为其同胞指明前进方向的人。尽管别人可能都不清楚这个方向，但进化的宿命很快会将那里的人们牵涉其中，他们的命运顿时就会掌握在那些强有力的天才手中。这些政治天才也像伟大的发明家一样，是历史进化的集大成者。

我们将不同类别的伟人进行对比，不能走得太远。发明家在未来文明的进化中扮演着重要的角色，但在民族的政治历史上没有这么直接的作用。从耕犁到电报都是人类共同遗产的重大发明，这些发明的杰出人物，从来不曾拥有创立一种宗教或征服一个帝国必需的、可以明显改变历史面目的品质。思想家太活跃，看不到问题的复杂性，政治家有着强烈的信念，对他来说，为了实现少数几个政治目的中的一个，也值得他耗费精力去试图实现。发明家可以在长期内改变一种文明；它是唯一的狂热家，是智力有限的人，但有着活泼的性格和强大的激情，能够创建一种宗教和帝国。在隐士彼得的号召下，上百万人都将自己投入到反对东方的大军中；遁世的修士路德曾经血洗欧洲。伽利略或牛顿的声音响彻芸芸众生。天才的发明家加速了文明前进的步伐。狂热者和幻想家们创造了历史。

历史到底是由什么构成的，就像一些书中写的那样，难道不是人类努力去构造一个理想，崇拜它，然后去毁掉它的长篇论述吗？在科学的眼中，这种理想的价值难道不比由于沙漠上沙粒移动产生光的反射作用，从而形成虚无缥缈的海市蜃楼的价值大吗?

还是这些幻想，这些幻想的制造者或传播者，他们给这个世界带来了影响深远的改变。从他们坟墓的深度来看，他们仍旧将其思想的束缚强加在民族心理之上，影响着民族的性格和命运。他们这些角色的重要性不容忽视；但是，同时不能忘记他们成功完成了伟业，正是因为他们无意表达了其个民族和某个时代的理想。一个民族只会受代表其梦想的人的指引。摩西代表了犹太人的理想，他们渴望获得解救，这是他们在那段身为奴隶、被埃及人鞭笞的时代念念不忘的事情。佛祖和耶稣是他们那个时代无尽痛苦的活化身，他们给了人们一种宗教形象，满足人们慈善和同情的需求，在如今众生受难的时代，这个形象就这样在世界上产生了。天才士兵拿破仑代表了军事荣耀、虚荣和革命传播的理想，这些正是当时他领导的那个民族的特点，他率领他们在十五年的时间里在整个欧洲疯狂追求其统一欧洲大陆的丰功伟绩。

实际上，正是理想，从而也正是理想的代表和传播理想的人统治着世界。幻想家和狂热家对理想的保护，确保了这些理想得以实现。他们是真理还是谬误都无关紧要。历史教导我们，正是最荒唐的思想，有着最大的狂热效应，发挥着最重要的作用。用最具狂热幻想的名义，世界陷入一片混乱，曾经似乎不朽的文明已被毁灭，其他文明的已经建立。与《福音书》跟我们保证的不一样，不是天堂的王国，而是尘世的王国，在精神上属于穷苦人民，只要他们拥有移山的信念。哲学家通常要用几个世纪致力于摧毁狂热家在一天之内创造的东西，他们应该在那些完成这类功绩的人面前俯首称臣。狂热家构成了塑造这个世界的神秘力量的一部分。他们已经确定了记录在册的最重大的历史事件。

毫无疑问，他们只是传播了理想，但迄今为止，人类正是凭借这些可怕的、迷人的、虚无的幻想生存，而且无疑会继续在这个基础上生存。这些幻想只是影子，但他们必须受到尊重。正是由于这些幻想，我们的祖先知道了什么是希望，并且在英勇而狂热的追求这些幻影的过程中，把我们从原始的野蛮状态提升到了今天所能达到的高度。在所有文明因素的进化过程中，幻想的力量可能是最大的。正是靠这种幻想，金字塔才得以建立，庞大的石头建筑在埃及坚挺五千年之久。正是靠着幻想的作用，中世纪宏伟的教堂得以建立，招致西方世界和东方开始争论坟墓的所有权。正是对这些幻想的追求，宗教才得以确立，对将近一半人类产生着影响，同时创建并破坏了最庞大的帝国。人类付出最大努力追求的不是真理，而是错误。他无法实现看得见的幻想目标；但是，它一直在努力追求他们的过程中，取得了从来没有想过的所有进步。

第五卷　民族素质的变异及其衰退

第一章　文明如何衰败和消亡

心理物种的变异——为什么它们需要几百年形成的遗传性状可能会迅速消失——一个民族通常需要很久来将文明程度提升到一个相当的高度，但在某些情况下，在很短的时间它就可能一下子衰落——民族衰败的主要原因是素质的降低——文明变异的机理对所有民族是相同的——拉丁民族都出现了衰败症状——利己主义有所抬头——积极性和意志力——素质和道德沦丧——当代青年——其危险性和其力量——它是如何使经历过这个过程的文明倒退到全野蛮的进化形式的——在这些民族中，它能够最终取得胜利。

心理学物种并不比解剖学物种有更高的持久性。保持自己素质的稳定性的环境条件不会永远持续下去。

当环境变化时，本来由其决定的心理结构的构成要素就会通过退化性改变而中止，并最终导致其消失。按照适用于身体和脑细胞的生理学规律，以及各种生物中观察到的规律，器官消失比其形成所需的时间要少得多。所有不执行其功能的器官，不久便没有能力执行其功能。生活在溶洞中的鱼的眼睛一段时间后失去了视觉的能力，而且这个弱点最终变成了遗传性状。事实上，即使观察局限于个体的短暂生命，也可以看到也许需要几十万年的缓慢适应和遗传积累形成的一个器官，当它不再被使用时，会迅速萎缩。

人类心理的结构无法逃脱这些生理规律。没有使用的脑细胞会停止执行其功能。这样，花了数百年时间形成的心理结构可能会迅速退化。勇气、积极性、活力、创业精神，以及各种用很长时间获得的素质，在它们不再行使功能的情况下，会迅速退化。

这一事实说明，一个民族为什么需要很长的时间来达到相当高的文明程度，并在某些情况下，在很短的时间内会陷入衰败的深渊。

当追究历史上受到人们关注的各民族相继衰亡的原因，无论是波斯人、罗马人，还是任何其他国家，总是发现，他们衰亡的根本原因，是因素质的恶化而引起的心理结构的改变。我不能找出哪个民族是因智力恶化而导致其消亡的。

对过去所有的文明变异的机理是相同的，事实上的确是相同的，这一点你可以问一下诗人，是不是历史上看起来有这么多的书，但实际上只是一个单页。当一个民族达到这种程度的文明，也就是说，它可以保证不再遭受其邻国的攻击时，就会开始享受和平与财富的富足带来的好处。在这种情况下，军事上的优势逐渐丧失，文明的富裕会产生新需求，而且利己主义会抬头。

除了急于享受迅速获得的优势之外，公民失去了理想，放弃了对国家公务的关心，很快就失去了曾经使他们优于其他民族的所有素质。而另一方面，野蛮人或半野蛮人的邻国虽然没有多少需求，但却执着地追求着自己的理想，于是反而会入侵一个高度文明的民族，并着手在其推翻的王朝废墟的基础上组建一个新的文明。正是因为以上的原因，虽然罗马和波斯人有强大的国家机构，但野蛮人却摧毁了前者的帝国，阿拉伯人摧毁了后者的王朝。被侵略的民族缺乏的并不是智力方面的素质。从这个角度来看，被征服者间没有可比性。正是当罗马国内部已经积累了各种即将衰败的因素时，在其国家中才出了一大批最伟大的文人、文学家、艺术家和学问家。几乎造就其伟大地位的所有作品都是在从这一历史时期开始出现的。但是，罗马已经失去了这些无法用智力的发展来代替的基本要素，即素质。[1]

旧罗马人的欲望很少，却有非常坚定的理想。这种理想——即罗马的伟大之处——完全主导他们的灵魂，每一个公民都愿意为国家牺牲他的家人、他的财富和他的生命。当罗马已经成为世界的焦点和世界最富有的城市时，它却被从世界各国蜂拥而来的外国人侵略，并且最终承认了他们的公民权利。由于他们追求的只是能被允许享受罗马的荣华富贵，因此很少关注国家的荣耀。于是，伟大的城市退变成为一个巨大的客栈，不再是罗马。尽管它看上去还活

[1] 甫斯特尔·德·库朗日写道：“罗马社会当时遭受的厄运并不是其道德腐败，而是意志力的削弱，这可以被称为素质的衰退。”

着，但其灵魂早就已经死了。

也有相似的衰败因素威胁我们现代的具有高度教养的文明，同时这些文明还受到了现代科学发现引起的人类心灵的进化造成的威胁。科学已经更新了我们的理念，彻底颠覆了我们的正统宗教和社会观念。科学告诉人类，他在宇宙中非常渺小，自然全不把他放在眼里。他已经发觉，以前他称为是自由的东西原来只不过是无视他是奴隶这个事实，从人们必然成为木偶的残酷现实来看，可以得出结论，所有生物都必然会成为自然的奴隶。

人类了解到，大自然对于我们所谓的怜悯不屑一顾，它实现的所有进步都是通过无情的自然选择来实现，这个过程包含了强者对弱者的不断蹂躏。

所有这些苛刻和无情的观念，也就是这些违背了让我们祖先心驰神往的传统教义的观念在人们灵魂深处引发了冲突的阴霾。就普通人的思路来说，以上的这些因素造成了观念上的无政府状态，这似乎就是现代人具有的特征。就年轻一代的艺术家和文人墨客来说，这些冲突已经造成了一种阴沉冷漠，这对意志力是致命的打击，这样他们就找不到任何包容和热情的理由，而只是一味追求眼前的和个人的利益。

在谈到一位现代作家对“相对的观念主宰当代思想”的效应的深入思考时，一位教育部部长在演讲中声称：“在人类知识的每个领域都用相对的观念来替代抽象的概念是科学的最大战利品。”

被声称是新的战利品的东西实际上已经非常陈旧。在许多世纪以前，印度的哲学家们已经实现了。我们不要因为这种观念在目前取得一些胜利而沾沾自喜。对现代社会来说，真正的危险恰恰在于人们对原则的价值失去了信心，而这种价值就是原则存在的基础。我非常怀疑，是否有可能在整个历史上举出一个文明、一个组织或一个信仰能够采取那些仅具有相对价值的原则立场而可以一直保持其地位。此外，如果将来被正统的教义谴责的社会主义学说会取得胜利，那是因为拥护者站在其声称是绝对真理的立场来讲话，这种学说是独一无二的。群众总是会偏向那些给他们讲绝对真理的人，而漠视所有其他的人。作为一名政治家，有必要能够渗透到广大群众的灵魂中去，了解群众的梦想，而放弃哲学的抽象概念。事物本身改变很小。只有组成这些事物的观念发生了很大的变化。正是关于这些事物的观念，我们有必要知道如何行动。

毫无疑问，我们对现实世界的认识只局限于外表，从单纯的良知上说，其价值显然只是相对的。但是，从社会的角度来看，我们可以说，对一个特定年龄和一个特定的社会来说，存在这样一种道德法律和惯例，即它们有绝对价值，因为如果没有它们在上述的社会很难持续下去。一旦这种价值受到质疑，人们的头脑中产生了怀疑的情绪，社会就会很快被判死刑。

可以向人们灌输以上阐述的真理，而不必担心，因为这些真理是属于没有科学可以颠覆的教义之一。违反真理的语言只能带来最灾难性的后果。哲学上的虚无主义通常是由代言人在弱智的人群中传播，它让人们相信我们的社会绝对不公，相信所有君主制都不合理，激发他们对所有现存制度的仇恨，并引导他们直接走向社会主义和无政府主义。现代政治家太相信惯例的影响而轻视观念的影响。然而，科学表明，前者总是后者的产物，如果没有它们做基础，就无法存在下去。

理念是事物的无形弹簧。当它们消失时，心理素质和文明基础就被破坏。当一个民族的旧观念陷入死神安息的暗淡墓地时，这是一个可怕的时刻。

从原因出发，对后果进行研究时，我们必须承认，显著的衰败严重威胁多数伟大的欧洲民族的生命力，尤其是那些自称为拉丁民族的以及真正拉丁民族的。如果不是其血统方面，至少在他们的传统和教育方面受到了威胁。他们每天都在失去他们的积极性、活力、意志力以及行动能力。他们唯一的理想是满足其不断增长的物质需求。

家庭破裂，社会这根弹簧变得紧张。不满和不安的情绪正蔓延到包括从最贫穷到最富有的所有阶层。现代人像船失去了指南针一样，漫无目的地在以前居住着神灵、现在被科学变成了一片沙漠的空间中漫步。他已经失去了信心，同时也失去了希望。

生来就比较易受影响和多变的群众，现在再也不会受到任何的障碍阻挠，所以注定要在最狂乱的无政府状态和最暴虐的专制之间来回徘徊。说些话就可以让他们转向，他们在某一天信奉的神灵有可能很快成为他们的受害者。在表面上看他们似乎热烈渴望自由，而实际上，他们根本无法得到，不断请求政府为他们打造自由。他们盲目顺从最无名的帮派和心胸最狭隘的暴君。浮夸的演说家想象他们带领群众，但最忠心跟随他们的人也变得急躁紧张，他们发泄自己愿望的方式是在不断渴望有一个具有真正的独立精神，而且对以前的群众领袖不屑一顾的人来替代原来的领袖。无论是否代表人民的政权，国家都是各党派围绕的中心，即神灵。人民只有向国家寻求法律和保护，这样国家就变得越来越暴虐，即使对最琐碎的行为也规定了拜占庭式的和暴君式的程序。年轻一代更倾向于放弃的需要有自己的判断、积极性、活力和个人的努力，以及义无反顾的事业。即使是最轻的责任，也会把他们吓倒。

他们满足于国家用财政工资来养活他们的普通职位。商业阶层对这种全由政府官员组成的集中地不屑一顾。[1]政治家已经把活力和行动力换成了可怕的个人讨论的话题，对群众来说，就是通过热情和仇恨来表述，而或仇恨文人墨客却表达了泪眼婆娑模糊的和徒劳的感情主义，同时也对目前存在的悲剧做出各种声明。无边的利己主义在各方面得到了发展。个人开始充斥了自我观念。良知不断堕落，道德不断恶化，并逐渐衰败。[2]每个人失去了对自己的控制能力。人再也不能控制自己，不能控制自己的人就不可避免地要长期受别人控制。

要改变这一切是一项艰巨的任务。首先有必要变更，我们所有可悲的拉丁教育。如果持续这样的传统方式，对积极性和主动性来说是致命的。它通过把年轻人的理想埋没在可恶的考试中而使每一丝独立的光芒都熄灭其中，因为他们只需要努力的记忆，所以我们行业中把奴性的模仿能力放在重要的位置，这就否定了所有的个性和所有个人努力的重要性。参观大不列颠学校时，英国校长对基佐说："我试着把铁水浇入学生的灵魂。"拉丁美洲国家有什么校长

---

[1] 从1890年11月27日M·艾蒂安（当时为殖民地秘书长）在下院的讲话中，我注意到以下颇有特点的段落，我是从报纸《时代》上摘录的。

"交趾支那有一百八十万居民，其中有一千六百个是法国人，一千二百个是政府官员。该国由这些一千二百个官员来选举殖民地议会以管理这个国家。它有一个代表人。你肯定惊讶无政府主义统治着整个！（多数席位的人发出感叹和笑声。）"……你知不知道这样一个体制结果是什么？其结果是这种现象，即减少到两千二百万的预算中，九百万的开支是被政府机构消耗了。"是的，1877年，我设法减少各种官员的数目。我在总共九百万开支中减少了开支有三百五十万法郎。我在10月份采取这一方案。我归属的内阁被推翻后，次年3月我曾经压制的那些人又官复原职了。"

[2] 观察诸如地方行政长官和公证员的职业时，我们可以明显看到有道德堕落的现象，在这些职业中诚实就好比士兵的勇气。至于公证人道德目前已经下降到一个很低的水平。官方统计证实，在一万个公证员中有四十三名被指控，而整个法国人口的平均比例是相同人数中只有一名被指控。1890年1月31日公布的司法部长写给共和国总统的政府内部文件中，我找到了下面这段话：早在1840年就开始的灾害目前已经开始激发公众内心的不安逐渐上升到相当高的程度，以致1876年我的一位前任只好打电话给地方长官，提请特别注意公证员的这种情况。公证员被开除和公证业的灾难发生频率让人不能接受，形势非常严峻。灾害数量不断从1882年的三十一上升到1883年的四十一，到1884年的五十四，再到1886年上升至七十一，而且在1880年和1886年期间，由公证员所犯的挪用总额达六千二百万法郎。最后，在1889年，一百零三个公证人被开除或被迫辞职。意大利国家银行的丑闻，其中大规模抢劫案件首当其冲的就是政治家干的，葡萄牙的破产、西班牙和意大利的萎靡状态，以及拉丁美洲共和国学生的衰退证明，某些民族的素质和道德持续受到了无法治愈的伤害，他们在世界上的作用已经接近结束。

或教学计划能够实现这样的梦想？军事政权也许会意识到这一点。在任何情况下，这是能够实现这种理想的唯一的教育工作者。颓废民族中得到改善的主要条件之一，是一个非常严格的普遍兵役制组织和长久灾难性战争的威胁。

正是由于这种普遍的品性下滑，公民没有能力对自己进行管理和以自我为中心的冷漠，尤其是因为绝大多数拉美民族经历过的重重困难造成了这样的结果，这些拉美民族生活在自由法制下，远离独裁统治，也远离了无政府状态。不难理解，这样的法制不适合大众的胃口，因为专制统治提供给他们的承诺，即使是他们不怎么重视的自由，无论如何也要让他们在奴役状态下实现足够的平等。另一方面，如果我们不考虑先辈产生的重要影响，就实在无法理解为什么共和体制会遭受来自最开明阶层的强烈反对了。各个领域的杰出人物，尤其是智力领域的精英们，难道不是靠这样的体制才最有机会表现自己吗？可以说，唯一真正反对这种体制的，是那些无论付出任何代价，也要实现平等的人，他们支持形成强大的精神贵族。然而，相反，无论是对品性还是对智力方面来说，最令人难以忍受的体制，就是各种形式的专制体制。对此，我们所能说的就是，它在衰退中促进了平等，在奴役中造就了谦卑。它非常适合堕落民族低级的心智，这也是他们总是一有机会就求助于此的原因。随之而来的首批从众洪流往往成了采纳这种专制体制时的借口。当一个民族过了时钟该敲响的时刻，它的命运也就完结了。

……

第二章　综论

在本书的序言部分，我们已经论述过，该书仅仅是一个概述，是我们致力于文明历史研究的几卷文字的综合。本书的每一章内容应被视为先前研究得出的结论。所以，很难将已经浓缩的内容再加以浓缩了。然而，为了方便身处珍贵时代的读者，我还想试图用简短地概括来揭示代表本书哲理的根本原则。

一个民族拥有的心理素质特征，像它的生理特征一样稳定。像解剖学物种一样，心理学物种的转变只是漫长年代积累的结果。

物种的心理特征具有稳定性和遗传性，这两种特性相互作用形成了一个民族的心理素质，如同所有的解剖学物种一样，各种环境变化造成了其附属要素。这些附属要素不断更新，赋予一个民族特定程度的显著的可变性。

民族心理素质不仅代表拥有这种素质的生物的综合体，更代表着对这种心理素质形成做出贡献的所有先辈的综合体。是死者，而不是生者，在民族的生活中起着决定性的作用。他们是民族道德和行为的无意识源泉的创造者。

解剖学上的巨大差异，与心理学上的巨大差异一起，共同对不同人类物种加以区分。仅仅将民族的一般性代表进行对比时，心理差异经常看起来很小。而一旦在各个民族较高级别的元素之间进行对比，他们之间的差异就变得很大。尤其是将高级民族和低级民族区别开来的，是前者拥有一定数量高度发达的心智，而后者没有这种心智。

构成文明程度较低民族的个体彼此之间表现出明显的平等性。民族的文明程度越高，他们成员之间的区别就会变得越大。文明不可避免的结果就是将个体和民族区别开来。结果，民族之间不是朝着平等的方向前进，而是朝着不平等的方向前进。

民族的生活和其文明所有的表现形式仅仅是其心理体现，是隐形事物的显性而真实的标志。外来事件仅仅是决定这些事件的隐藏结构的显性表象。

不是偶然事件，也不是外在境遇，更不是政治体制，在民族的历史中扮演着根本性的角色。是民族的品性决定了其命运。

一个民族的各种文明元素仅仅是其心理素质特征的外在符号，是一个民族特有的感情和思考模式的表现形式，这些要素不可能原封不动地照搬到另一个具有不同心理素质的民族中去：所有能移植的都是其外在的、肤浅的、次要的表现形式。

不同民族心理素质结构之间存在的深刻差异，导致这些民族用不同的眼光看待这个世界。结果就是，他们用不同的方式感觉事物，做出推理，开展行动，最后发现，跟别的民族接触时，他们彼此之间对所有的问题都有争议。占据历史大部分时间的多数战争就是这些争议的结果。征服战争、宗教战争、王朝战争，实际上总是民族之间的战争。

不同起源的人的集合体无法形成一个民族，无法形成集体心理，直至经过持续的几个世纪的杂种繁殖，在相同的条件下过着相同的生活之后，这个群体才能获得共同的情感、共同的兴趣和共同的信仰。

文明民族中很少有自然民族，只有在历史条件下形成的人造民族。

环境变化只能影响新民族，也就是由于杂交繁殖，其原始特征已经消失的古老民族的混合体。遗传是对抗遗传唯一的强大力量。环境变化只对稳定的民族特征尚未被杂交繁殖影响的民族有着毁灭性的作用。原始民族宁愿消亡，也不愿经历转变，来适应新环境。

获得牢固的集体心理标志着民族最伟大的时刻。这种心理的消失经常标志着其衰亡时刻的到来。外来因素的介入是导致这种心理消亡确定的方式之一。

如同解剖学物种一样，心理学上的物种受时间的作用。他们注定都会发展壮大并最终走向衰落。他们形成的过程通常十分缓慢，但消亡的速度却异常之快。这足够造成他们器官运行紊乱，导致它们经历退化转变，结果通常是物种的迅速灭亡。民族需要经历几个世纪才能获得某种心理素质结构，却会在很短的时间内失去这种心理素质。指引他们走向高度文明的上升道路经常很长，而带领他们走向衰退的下降速度经常很快。

和民族性格一起，思想被视为文明进化的关键因素之一。只有经历缓慢的进化过程，当它们已经转化为情感，从而形成民族性格的一部分时，它们才会产生影响。于是，这些思想不再受争论影响，历经多年之后消亡。每一种文明都是少数普遍接受的根本思想的结果。

宗教思想是文明最主要的主导思想。大部分历史事件都间接地因宗教信仰的变化而起。人类历史通常与其信奉的神灵共消亡。我们这些梦想的孩子的力量如此强大，因此只要整个世界不立即陷入一片混乱，它的名字就不会改变。新神灵的诞生经常标志着一种新文明的出现，它的消失也总是标志着这种新文明的衰退。